Ottmar Schulz

Jakobsweg
Der Trail zum Glück

Ein Pilgerbericht über Resilienz,
Spiritualität und emotionale Aufladung

1. Auflage, Dezember 2024

Dies ist eine überarbeitete Ausgabe des Buchs „Auf dem Jakobsweg zur Resilienz", erschienen im Mai 2023 und bezieht sich auf meine Pilgerreise im Jahr 2019.

Text und Bilder von Ottmar Schulz

© 2024 Ottmar Schulz
Verlag: BoD · Books on Demand GmbH,
In de Tarpen 42, 22848 Norderstedt
Druck: Libri Plureos GmbH, Friedensallee 273,
22763 Hamburg
ISBN: 978-3-7693-1475-5

Inhalt

Vorwort

„Der Jakobsweg gibt dir nicht immer das, was du suchst, aber das, was du brauchst." Diese Erkenntnis und unerwartete Erfahrung hat mich veranlasst diesen Pilgerbericht zu schreiben. Ich hatte nicht damit gerechnet, dass meine seelische Widerstandkraft von der Pilgerreise profitieren, ich so viele schöne Erlebnisse haben und mich emotional glücklich aufladen würde.

Auf dieser sechswöchigen Pilgerreise vom 27. April bis 7. Juni 2019 gab es viel Zeit zum „Runterkommen" und „Loslassen", um Neues zu entdecken und sich selbst neu kennenzulernen, für Freude und Glück. Aber die 800 km Fußweg des Camino Francés in Nord-Spanien sind keine Kleinigkeit und kein Spaziergang, sondern mit einer Menge Fußschmerzen und Strapazen verbunden. Und dennoch fühlen sich die meisten Pilger am Ziel in Santiago de Compostela beschenkt und mit Lebensfreude erfüllt.

Als Resilienztrainer wurde mir schnell bewusst, dass meine innere Widerstandkraft durch das Pilgern, insbesondere durch die vielen positiven Emotionen gestärkt wird. Resilienz ist deshalb der Schwerpunkt dieses Pilgerberichts. Dabei orientiere ich mich an zwei Fragen:

1. Welche Schutzfaktoren der Resilienz wurden bei mir durch das Pilgern gestärkt?

2. Wie bzw. durch welche Erlebnisse und in welchen Situationen wurde meine innere Widerstandskraft gestärkt?

Dieser Pilgerbericht schildert Etappe für Etappe die täglichen Eindrücke und Erfahrungen inklusive überraschender Erlebnisse wie das Nähen von Fußsohlen und Massagen im

Gartenschuppen. Und am Ende jeder Etappenbeschreibung erfahren Sie etwas über die Highlights des Tages, glückliche Momente und über Resilienz, d.h. die seelische Widerstandkraft des Menschen.

Neben der Resilienz berichtige ich über meine persönlichen Erfahrungen bezüglich besonderer emotionaler Aufladung und Spiritualität, d.h. meine inneren Momente, in denen ich glücklich und tief berührt war. Als kirchlich nicht gebundener Mensch habe ich dennoch das Bedürfnis nach Spiritualität und hatte beim Pilgern zum Glück entsprechende Erlebnisse.

Ich möchte meine Erfahrungen gern teilen und Sie anregen, sich auch auf den Jakobsweg einzulassen und sich mit diesem Trail zum Glück zu beschenken.

Mit dem alten Pilgergruß „Ultreïa" - immer weiter, immer vorwärts - wünsche ich Ihnen viel Freude bei der Lektüre dieses Buches, beim Pilgern auf dem Jakobsweg sowie eine erfolgreiche Stärkung Ihrer Resilienz mit vielen schönen und glücklichen Momenten.

Alles Gute und „buen camino"!

Ottmar Schulz

1. Übersichtskarte vom Jakobsweg

Der französische Jakobsweg in Nord-Spanien, Camino Francés genannt, ein Weg von 800 km Länge von den Pyrenäen bis zum Ziel Santiago de Compostela.

Quelle: www.istockphoto.com/de - lizensierte Grafik

Bay of Biscay

FRANCE

Bílbao

Saint-Jean-Pied-de-Port

Roncesvalles

Larrasoana

Pamplona

Puente de la Reina

Calzadilla de la Cueza

Hornillos del Camino

San Juan de Ortega

Santo Domingo de la Calzada

Los Arcos

Frómista

Carrión de los Condes

Castrojeriz

Burgos

Belorado

Nájera

Logroño

Sahagún

ón

edo

Duero

Ebro

Zaragoza

AÑA

CAMINO FRANCÉS
Camino de Santiago

Camino Francés
Camino Fisterra

„Wie ein Baum, dessen Äste sich im Sturm biegen und schwanken, anstatt unter Druck zu brechen, haben wir die Kraft, inmitten der Herausforderungen des Lebens flexibel und stark zu bleiben ... resilient zu sein!"

Prof. Dr. Mary Steinhardt, Universität Texas, Austin

2. Grundlagen der Resilienz

2.1 Begriffserklärung

Die Resilienz, d.h. die seelische Widerstandkraft des Menschen, ist die Fähigkeit in Krisen, bei Stress und traumatischen Erlebnissen nicht an den Belastungen zu zerbrechen, sondern aufgrund der persönlichen inneren Stärke die Belastungen auszuhalten und optimistisch und lösungsorientiert nach vorn zu blicken. Insofern kann Resilienz als das Immunsystem unserer Seele verstanden werden.

Resilient sind Menschen, die mit sich so umgehen können, dass sie auch unter Belastungssituationen handlungsfähig bleiben. Oftmals wird das Bild von Schilfgräsern oder Bäumen verwendet, welche sich bei Wind und Sturm auf das Äußerste biegen können, nicht brechen, sondern den äußeren Kräften standhalten und sich danach wieder aufrichten. Auf diese Weise soll auch die Resilienz, d.h. die psychische Widerstandskraft des Menschen, wirken.

Ursprünglich kommt der Begriff der Resilienz aus der Physik und Werkstoffkunde und bezeichnet Materialien, die sich unter Druck verformen lassen, aber nach dem Wegfall der äußeren Kraft wieder in ihre ursprüngliche Form zurückkehren, wie z.B. beim Auseinanderziehen eines Gummibands. Der Resilienzbegriff wird heute aber auch in anderen Bereichen verwendet, u.a. in der Ökologie, Politik und Unternehmen. In der Regel tauchen dann die Fragen auf, wie belastbar, widerstandfähig und regenerierbar sind Lebensräume, die Natur, ökonomische und politische Systeme sowie Gesellschaften und ganze Staaten.

Im Gesundheitsbereich gehört die viel zitierte Langzeitstudie der amerikanischen Psychologin Emmy Werner zu den bekanntesten Untersuchungen der Resilienz beim Menschen. Über einen Zeitraum von 40 Jahren untersuchte sie auf der Hawaii-Insel Kauai die Resilienz von teilnehmenden Kindern bis in ihr Erwachsenenalter. Das Hauptinteresse lag auf den Kindern, die in sehr schlechten Verhältnissen, den sog. Risikofaktoren, aufwuchsen, z.B. Armut, Arbeitslosigkeit, schwere Krankheit, Kriminalität, Alkoholismus und Drogensucht der Eltern, sich aber in ihrem Kinder- wie Erwachsenenleben erfolgreich behaupten konnten und nicht die gleichen negativen Lebens- und Verhaltensweisen ihrer Eltern fortsetzten.

Was waren die Erfolgsfaktoren dieser Kinder? Die Untersuchungen zeigten, dass die vielen persönlichen Strategien und Muster der Kinder zu sog. Resilienzfaktoren bzw. psychologischen Schutzfaktoren zusammengefasst werden konnten. Die Forscher identifizierten sieben Faktoren, u.a. die Faktoren Akzeptanz und Unterstützung. D.h. zum einen, dass die Kinder in der Lage waren, die Probleme im Elternhaus anzunehmen, zu akzeptierten und nicht ständig dagegen ankämpften. Sie rieben sich nicht auf, verloren nicht an Kraft oder kapitulierten frustriert, sondern lernten damit zu leben. Zum anderen waren sie in der Lage, sich von anderen Menschen Hilfe und Unterstützung zu holen, welche ihre Eltern ihnen nicht geben konnten, z.B. bei den Großeltern, bei Geschwistern, Nachbarn, anderen Verwandten, dem Pfarrer der Gemeinde, den Lehrern, Trainern und weiteren Personen ihres Umfelds.

Diese Ergebnisse machen Hoffnung. Sie bestätigen, dass auch unter schlechten Lebensbedingungen, den sog.

Risikofaktoren, positive Biografien möglich sind. Weitere Forschung und Umsetzung der Ergebnisse haben Programme für das Training der Resilienz hervorgebracht. Es wird davon ausgegangen, dass die innere Widerstandskraft keine statische Größe ist, sondern veränderlich, d.h. zu- oder abnehmen kann. Studien belegen, dass sich die Resilienz von uns Menschen trainieren lässt.

In Bezug auf eine Pilgerreise lässt sich daher fragen, inwiefern wird die Resilienz gefördert und stellt das Pilgern ein gewisses Training für die innere Widerstandskraft dar. In diesem Sinne möchte ich meine Pilgererfahrungen analysieren und setze mich dafür ein, dass Menschen nicht an ihren persönlichen Schwierigkeiten ersticken, sondern die Schutzfaktoren der Resilienz kennenlernen, diese individuell trainieren und für sich nutzen, um mit den Herausforderungen des Lebens besser umgehen zu können.

2.2 Schutzfaktoren der Resilienz

Um erfolgreich im Alltag gegen Stress und in Krisen bestehen zu können, haben Forscher aus den einzelnen Ergebnissen ihrer Untersuchungen, d.h. aus den Strategien der resilienten Probanden die folgenden Schutzfaktoren der Resilienz entwickelt.

Akzeptanz

Hier geht es darum, sich mit Unveränderlichem abzufinden. Das Motto heißt „vorbei ist vorbei". Weshalb soll ich mich noch lange Zeit nach einer Entscheidung bzw. Veränderung

in meinem Leben dagegen auflehnen? „Es ist wie es ist!"
Weshalb unnötig Kraft und Zeit dafür aufwenden, wenn die
Situation doch nicht mehr verändert werden kann? Ich
vergeude nur Energie. Es gilt jetzt, das Neue zu akzeptieren.
Resiliente Menschen akzeptieren Veränderungen, statt
ständig dagegen an zu gehen. Sie sind sich bewusst, dass das
Leben aus permanenten Veränderungen besteht.

Doch Akzeptanz beginnt zunächst bei uns selbst. Erst
wenn wir uns selbst mit unserer eigenen Lebensgeschichte
annehmen, sind wir in der Akzeptanz. Erst wenn wir unsere
eigenen Stärken und Schwächen sowie Fehler akzeptieren,
fällt es uns auch leichter, die Fehler und Schwächen unserer
Mitmenschen anzunehmen. Dazu gehört auch, auftretende
Gefühle wie Wut und Trauer anzuerkennen und diese auch
zulassen zu können.

Akzeptanz ist letztendlich eine Akzeptanz des Selbst und
des eigenen Lebens. Bestandteile der Akzeptanz sind die
eigene Anpassungsfähigkeit, eine wohlwollende Toleranz
sich selbst und anderen gegenüber sowie eine flexible Sicht
auf die Umwelt, die eigene Person und den persönlichen
Lebensweg.

Realistischer Optimismus

Resilienz bedeutet optimistisch im Denken und Handeln zu
sein und zu bleiben, auch wenn es gerade etwas schwierig
ist im Leben und eine schlechte private oder berufliche
Situation vorherrscht. Optimismus bedeutet positive
Ergebniserwartungen zu haben, frei nach Friedrich
Hölderlin, „wo aber Gefahr ist, wächst das Rettende auch".
Es gilt, weiterhin darauf zu bauen, dass es wieder besser
wird.

„Das Glas ist halb voll und nicht halb leer", heißt es. Mit dieser veränderten Sichtweise lässt es sich leichter leben. Optimistische Menschen zeigen eine größere Handlungs- und Durchhaltebereitschaft sowie ein aktiveres Bewältigungsverhalten in belastenden Situationen. Dabei ist es wichtig, sich selbst auf etwas Positives zu fokussieren, d.h. möglichst immer positiv zu denken und positives Denken zu üben.

Hoffen dürfen wir alle. Natürlich muss das positive Denken realistisch sein. Denn in ausweglosen Situationen und bei unerreichbaren Zielen kann kein Optimismus gedeihen. Es geht immer wieder darum, sich positive Sichtweisen für Herausforderungen und belastende Situationen im Leben zu erarbeiten.

Hierfür lohnt es sich, die Haltung für einen realistischen Optimismus einzunehmen und zu bewahren.

Selbstwirksamkeit und Selbstwirksamkeitserwartung

Im Prinzip geht es darum, selbstbestimmt das eigene Leben im Griff zu haben. Aufbauend auf positiven Erfahrungen und Erfolgen aus meiner Vergangenheit weiß ich, dass ich etwas bewirken kann und die Kraft habe, das Leben positiv zu gestalten. Selbstwirksam leben heißt, sich seiner Stärken und seines Selbstwertgefühls bewusst zu sein, diese Stärken einzusetzen und mit Selbstvertrauen und Mut Probleme anzugehen.

Selbstwirksamkeit bedeutet demnach die subjektive Erwartung zu haben, Anforderungen und Belastungen des Lebens aus eigener Kraft bewältigen zu können. Durch hohe Selbstwirksamkeitserwartungen werden belastende Situationen seltener als bedrohlich erlebt, Gefühle der Hilflosig-

keit seltener verspürt und häufiger aktive Bewältigungsstrategien gewählt.

Selbstwirksamkeit bedeutet aber auch Achtsamkeit zu
praktizieren, sich nicht ständig selbst zu strapazieren,
sondern für das richtige Maß von Anspannung und Entspannung zu sorgen.

Aufgrund der Komplexität und Bedeutung von
Achtsamkeit, die ein Teil unserer Selbstfürsorge und Selbstwertschätzung darstellt, ist sie unter dem Punkt Eigenverantwortung noch einmal genauer aufgeführt.

Netzwerkorientierung und soziale Unterstützung

Ein soziales Netzwerk beinhaltet, dass ich in der Lage bin,
mit anderen zu leben und zu arbeiten. Zusammen geht vieles
besser. Ich kann bewusst kommunizieren, Konflikte lösen,
um Unterstützung bitten, delegieren, Netzwerke positiv
gestalten, gute Kontakte zu anderen pflegen, meine
Dialogfähigkeit einsetzen, anderen vertrauen und von
anderen Hilfe annehmen.

Wichtig ist, dass ich meine sozialen Kompetenzen
einsetze, diese ausbaue und mit anderen kooperiere. Soziale
Netzwerke und soziale Unterstützung können emotionale
und praktische Unterstützung beinhalten. Dazu zählen
einerseits Zuwendung, Trost, Verständnis und das Gefühl
der Zugehörigkeit und des Rückhalts sowie andererseits
alltägliche Hilfen, unter Umständen auch finanzielle
Unterstützung.

Hinzu kommen der Austausch von Informationen und
konkrete Hinweise für Problemlösungen. In Studien wurde
nachgewiesen, dass der Schutzfaktor „soziale Unterstützung" einen positiven Effekt auf unsere Gesundheit und

unser psychisches Wohlbefinden hat. Soziale Unterstützung ist somit ein Schutzfaktor gegen Belastungen, z.B. kann sie Belastungen von uns fernhalten, wenn Nahestehende helfend zur Seite stehen. Bei der tatsächlichen sozialen Unterstützung kann es aber auch zu negativen Folgen kommen, wenn sie zwar positiv gemeint ist, aber als unerwünschte Einmischung in die persönlichen Angelegenheiten empfunden wird.

Soziale Unterstützung ist aber dann besonders wirksam, wenn sie zu den aktuellen Bedürfnissen und Zielen einer Person passt. Es geht aber nicht nur um die tatsächliche soziale Unterstützung, sondern auch um die Erwartung, bei Bedarf unterstützt zu werden. Diese Erwartung hat eine schützende Wirkung, auch wenn noch gar keine Hilfe in Anspruch genommen wurde.

Lösungsorientierung

Bei der Lösungsorientierung geht es um den Umgang mit Herausforderungen und Belastungssituationen. Priorität haben nicht die Problemanalyse, das Grübeln, die Flucht vor den Herausforderungen, das Verdrängen oder der Kampf dagegen, sondern die Fokussierung auf eine angemessene Lösung und deren Umsetzung.

Dabei stehen persönliche Bedürfnisse und realistische Möglichkeiten für eine gute Lösung im Vordergrund. Ich bin mir bewusst, dass es immer mehrere Möglichkeiten gibt, Schwierigkeiten zu begegnen. Die Probleme überwältigen mich nicht, weil ich mich nicht in ihnen verliere und in der Problemanalyse stecken bleibe. Ich schaue nach vorn auf die Lösung und vertraue immer wieder auf meine eigenen Fähigkeiten, Lösungen zu finden.

Probleme betrachte ich als Herausforderungen, die ich annehme, einen Plan schmiede und die ersten Schritte einleite, frei nach dem Motto: „Loslegen und machen". Insofern kann Lösungsorientierung als eine konstruktive Bewältigungsstrategie verstanden werden.

Hoffnung, Ziel- und Zukunftsorientierung

Hinsichtlich der Resilienz bedeutet Hoffnung, dass es die positive Erwartung gibt, Ziele zu erreichen. Diese positive Erwartung wirkt in Belastungssituationen als Schutzfaktor. Dabei ist Hoffnung kognitiv und motivational wirksam und beinhaltet zum einen die Fähigkeit, Ziele festzulegen und Wege dorthin zu finden und zum anderen die Zuversicht, diese Ziele auch erreichen zu können, und die Motivation, im Sinne der Zielerreichung zu handeln.

Hoffnungsvolle Menschen erleben weniger Belastung, sind häufig erfolgreich, wirken stärker sozial kompetent und erhalten meist mehr soziale Unterstützung. Hoffnung ist sehr stark mit Zielorientierung verknüpft. D.h. ich setze mir eigene Ziele und orientiere mich an diesen. Ich bewege mich auf sie zu, indem ich aktiv Entscheidungen hierfür treffe.

Außerdem geben mir meine Ziele zusammen mit meinem Handeln Tag für Tag einen Sinn in meinem Leben. Dadurch schaffe ich mir Zukunft. Ich bin mir bewusst, Ziele können immer wieder neu gewählt werden, um gut durch das Leben zu kommen. Ich orientiere mich einfach nach vorne und setze mir Ziele, die mich in die Zukunft tragen.

Eigenverantwortung

Ich handle eigenverantwortlich, wenn ich Situationen und eigene Bedürfnisse bewusst wahrnehme und entsprechend handle, d.h. aktiv angemessene Entscheidungen treffe. Ich weiß, ich kann mich auf mich und meine Sinne verlassen.

Ich traue mir zu, das geplante Vorgehen umzusetzen, d.h. meine Handlungsfähigkeit und meine Lernfähigkeit einzusetzen. Ich kann Situationen immer wieder neu einschätzen und selbstverantwortlich sowie flexibel auf die Umwelt reagieren. Eigenverantwortung bedeutet daher, dass ich vernünftig mit mir umgehe, meine persönlichen Belastungen ernst nehme und auf sie im Sinne einer angemessenen Lösung reagiere. Hier geht es zunächst nur um mich. Deshalb achte ich auf meine physischen und psychischen Bedürfnisse, nehme diesbezüglich Widerstände in mir war und versuche, diese aufzulösen. Ich gebe mir die Erlaubnis für mein Wohlbefinden zu sorgen.

Einen wichtigen Beitrag hierfür leisten positive Emotionen, die die Gesundheit und das psychische Wohlbefinden fördern. Deshalb nutze ich die Fähigkeit, mich über alltägliche Dinge und Ereignisse zu freuen. Ich weiß, positive Emotionen stärken mein Selbstwertgefühl und meine Bewältigungsstrategien in belastenden Situationen.

Die Eigenverantwortung umfasst aber auch die Selbstwertschätzung und Achtsamkeit. Dies bezieht sich auf folgende Fragen: Wie gehe ich mit mir um? Sorge ich ausreichend für mich? Wie gehe ich mit meiner Energie um? Werde ich mir selbst gerecht? Die Antworten darauf stellen den Grad meiner Selbstwertschätzung dar, die ich mir gegenüber erbringe. Nur wenn ich mich selbst Wert schätze, habe ich ausreichend Kraft und Energie für die Herausforderungen im Leben.

Kraft und Energie erhalte ich u.a. durch Achtsamkeit. In diesem Sinn heißt achtsam sein, auf sich selbst achten und für sich selbst sorgen zu können. Durch gute Ernährung, ausreichend Schlaf und Erholungsmöglichkeiten, Erfahrungen in der Natur, Bewegung, Selbstreflexion und Selbstbewusstsein finden wir das richtige Verhältnis zwischen Anspannung und Entspannung in unserem Leben und kommen so in die Balance.

Auf sich selbst achten heißt, seinem Leben einen Sinn und eine Struktur geben, Prioritäten setzen, ein ausgewogenes Verhältnis zwischen Arbeit und Freizeit schaffen, notwendige Pausen einhalten, auf eigene Bedürfnisse und private Zeiten achten, Termine und Gespräche gut planen sowie spontan Entspannung einlegen, z.B. bei hohen Belastungen kurze Übungen wie das bewusste Atmen durchführen.

Achtsamkeit umfasst noch viele weitere Punkte, u.a. Gelassenheit und Humor sowie Klarheit in Situationen, bei Zielen und Entscheidungen zu schaffen, Zeitdruck und Ungeduld zu vermeiden, möglichst bewertungsfrei zu leben und die Gedanken nicht ständig in die Zukunft oder Vergangenheit zu lenken, sondern im Hier und Jetzt zu sein und zu leben, d.h. jeden Augenblick liebevoll wahrzunehmen und in jedem Augenblick das Leben bewusst zu genießen.

Mit diesen Schutzfaktoren haben Menschen Zeit Ihres Lebens Alltagsstress, aber auch große individuelle Krisen und Traumata bestanden. Viele Beispiele in der Geschichte zeugen von Menschen mit großer innerer Widerstandkraft, z.B. Johann Sebastian Bach, der in jungen Jahren beide Eltern verlor und später zahlreiche eigene Kinder und dennoch stabil blieb und große Werke schuf.

Ein weiteres Beispiel für große Resilienz ist Nelson Mandela, der zur Zeit der Apartheit in Südafrika 28 Jahre in Einzelhaft verbrachte und nie die Hoffnung auf Befreiung und Veränderung in seinem Land aufgab. Und nach der Befreiung war er kein gebrochener Mann, sondern ein gestärkter politischer Anführer und Präsident, der die politische Apartheit überwinden konnte und für Millionen von Südafrikanern zu einem großen Vorbild und Hoffnungsträger wurde.

Zahlreiche, verfolgte Menschen, darunter viele jüdisch Verfolgte in der NS-Zeit und die sog. „Boat People", d.h. vietnamesische Flüchtlinge in den 1970er und 1980er Jahren, zeigen, dass trotz der schrecklichen, existenzbedrohenden Umstände die Rückkehr in ein erfolgreiches Leben durch die innere Widerstandskraft möglich ist.

Aber Resilienz haben nicht nur diese Menschen in ihren extremen Lebenssituationen bewiesen, sondern die innere Stärke zeigt sich auch uns im Alltag, d.h. bei jedem Menschen, wenn er sich gegenüber den Herausforderungen des beruflichen und privaten Lebens bewähren muss. Ich denke zum Beispiel an neue berufliche Aufgaben, denen wir uns stellen und an denen wir i.d.R. wachsen oder an Prüfungen in der Schule, die für viele Menschen ein Graus sind oder waren. Doch die meisten von uns haben diese Prüfungen bestanden und können diese als erfolgreiche Erfahrungen verbuchen, darauf aufbauen und die innere

Widerstandkraft damit stärken. Die Resilienz zeigt sich uns daher täglich in unserer Selbstwirksamkeitserwartung, Akzeptanz, Selbstwertschätzung, Achtsamkeit und Eigenverantwortung, unserer sozialen Kompetenz, unserer sozialen Unterstützung und unseren Netzwerken, unserem Optimismus, unserer Hoffnung, unserer Zielorientierung und Lösungsorientierung sowie in unserem Selbstbewusstsein über unsere eigene innere Stärke.

Der nun folgende Erfahrungsbericht soll zeigen, wie die oben beschriebenen Schutzfaktoren der Resilienz auf meiner Pilgerreise des 800 km langen Jakobsweges, dem Camino Francés, zum Tragen kamen.

3. Motive und Vorbereitung der Pilgerreise

Graffiti am Jakobsweg auf einer Mauer in Villafranca del Bierzo: „Santiago ist nicht dort. Ist in Dir." Was Du auf dem Jakobsweg suchst oder am Zielort in Santiago de Compostela zu finden wünscht, ist bereits in Dir. Du bist der Weg und das Ziel.

Motive

Weshalb pilgert ein Mensch über 800 km zu einem Ort, an dem eine Kathedrale mit den Reliquien eines Heiligen steht? Diese Frage ist nicht gerade leicht zu beantworten, allenfalls für religiös motivierte Menschen. Auf jeden Fall sind Hunderttausende in den letzten Jahren den Camino Frances gepilgert.

Im Jahr 2019 sind nach offizieller Zählung der katholischen Kirche 347.578 Pilger in Santiago de

Compostela angekommen und haben ihre Pilgerurkunde entgegengenommen, und ich war einer von ihnen.

Über die persönlichen Motive sprechen die meisten Pilger nur ungern, und so ist dieses Thema häufig ein Tabu. Viele schieben andere Gründe vor, wenn man mit ihnen spricht. Die meisten sind nach meiner Einschätzung auf der Suche, z.B. auf Sinnsuche oder nach Antworten, wie es im Leben weitergehen soll. Viele stehen vor Entscheidungen oder wurden durch Lebensentscheidungen anderer in Situationen geworfen, die sie erst einmal verarbeiten müssen.

Und das Verarbeiten von Veränderungen braucht seine Zeit.

Die Mehrzahl der deutschen Pilger wurde meines Wissens durch Hape Kerkeling inspiriert, den Camino Francés zu laufen. An dieser Stelle kann ich nur über mich sprechen und meine Motive darlegen. Ich habe mich schon einige Jahre früher damit beschäftigt und wurde u.a. durch Paulo Coelho und sein Buch „Auf dem Jakobsweg" angeregt.

Für mich als passionierten Wanderer – meine längste Tour vor dem Jakobsweg war der Rennsteig in Thüringen mit 169 km – galt es immer als eine besondere sportliche Herausforderung und ein Abenteuer, diese 800 km in einem Stück zu bewältigen. Ich wollte wissen, ob ich in der Lage bin, diese sportliche Leistung zu vollbringen.

Mit der Konkretisierung und näheren Planung der Pilgerreise kamen weitere Motive für mich hinzu. Erstens die Natur zu erleben und sich mit der Natur verbunden zu fühlen, zweitens andere Menschen und Gleichgesinnte kennenzulernen, sich über Begegnungen mit Menschen zu freuen und eine gewisse Verbundenheit zu erleben, drittens das Bedürfnis nach Spiritualität und viertens hatte ich noch ein paar persönliche Fragen an das Leben, die ich für mich klären wollte.

Später auf dem Camino haben sich meine Motive durch die Pilgererfahrungen zum Teil noch einmal erweitert. Auf jeden Fall haben mich die Begegnungen mit Menschen aus aller Welt sehr beeindruckt – es sind sogar Freundschaften entstanden – und meine Motive beeinflusst.

Zusätzliche Motive kamen im Laufe der Pilgerfahrt durch die Geschichte des Jakobsweges hinzu. Ich war beeindruckt von der täglich erfahrenen, kulturell und historisch großen Bedeutung des Jakobsweges, d.h. immer mehr über den Jakobsweg zu lernen und zu wissen, dass vor mir seit vielen Jahrhunderten Millionen von Pilger diese Reise unternommen hatten.

Das zog mich in einen gewissen Bann. Dazu gehören u.a. die vielen historischen Stätten wie die Kirchen, Klöster, Hospize, Kapellen und Kathedralen. Auch viele der traditionsreichen Städte und Dörfer in den unterschiedlichen Regionen Spaniens, z.B. in Navarra, Kastilien und Galicien, sind bewundernswert und motivieren, die Strapazen auf dem Jakobsweg zu ertragen und immer weiter zu pilgern.

Zwischen den Motiven der Pilger und der Resilienz besteht natürlich auch ein Zusammenhang. Zum Beispiel laufen viele, um einen schmerzlichen Verlust in der Familie zu verarbeiten, um über Belastungen in ihrem Leben nachdenken zu können oder um für besondere Herausforderungen und Entscheidungen die nötige innere Stärke auf dem Weg zu erlangen.

Ein wichtiger Punkt dabei ist der Abstand zum Alltag, der sich durch das tägliche Gehen einstellt. Auf diese Weise ergeben sich neue Impulse, neue Perspektiven und neue Lösungswege für die Bewältigung der persönlichen Herausforderungen. Somit gibt der Camino einem die Möglichkeit zum Aufbau der notwendigen Widerstandkraft. Und durch die Erweiterung der Resilienz können die persönlichen Ziele konsequenter erreicht werden.

Darüber hinaus kann das Pilgern selbst, d.h. das einfache Leben als Pilger, die Begegnungen mit Menschen und der Umgang mit den täglichen Anforderungen auf dem Jakobsweg die Resilienz stärken. Diese Möglichkeiten der Stärkung unserer seelischen Widerstandkraft werden in diesem Pilgerbericht aufgezeigt, analysiert und ergeben in gewisser Weise ein Resilienztraining.

Vorbereitung

Für die Vorbereitung ist es empfehlenswert, sich ein wenig über die Geschichte des Jakobsweges zu informieren. Kenntnisse über die Geschichte und Bedeutung des Camino Francés können das Erlebnis des Pilgerns verstärken und verschönern. Primär geht es in der Vorbereitung aber natürlich um die Ausrüstung.

In der Literatur, in vielen Pilger- und Reiseführern und im Internet gibt es zahlreiche Listen, was mitzunehmen ist, woran man denken muss etc. Ich möchte hier nur die wichtigsten Dinge ansprechen, die eine gute Planung und Vorbereitung ausmachen.

Ein guter Rucksack, ein leichter 600g-Schlafsack, sehr gute Wanderschuhe – Halbschuhe eher nicht wegen des fehlenden Knöchelschutzes und fehlender Stabilität, das ist aber individuell verschieden – und nur wenig Kleidung, so dass man möglichst nahe an die Regel „Rucksackgewicht = 10% vom Körpergewicht" herankommt. In meinem Fall klappte dies anfangs überhaupt nicht. Mit 12 kg bei 84 kg

35

Körpergewicht sah ich mich nach drei Etappen genötigt, in Pamplona 3 kg hochwertige Outdoor-Kleidung nach Hause zu schicken.

Jedes Kilogramm weniger erleichtert das Tragen des Rucksacks über die weite Strecke von 800 km. Die Schultern, der Rücken, die Gelenke, die Muskeln, die Knie, die Füße und die Gesamtphysis danken es einem. Ansonsten muss der Körper mit mehr Gewicht fertig werden und u.U. leiden und zusätzliche Schmerzen ertragen.

Der zweite Aspekt für die Vorbereitung ist das Training. Ich habe acht Wochen vor der Pilgerreise mit Wanderungen von 10 bis 20 km begonnen. Jede Woche zweimal trainieren war mein Motto. Das Training hat mir unglaublich viel geholfen, z.B. zu Beginn des Jakobsweges den Aufstieg über die Pyrenäen mit 1600 Höhenmetern und 30 km Länge zu bewältigen.

Außerdem ermöglichte mir das Training, täglich meist Etappen um die 24 km zu laufen. Aber auch Ungeübte können den Camino Francés wandern, wenn sie einigermaßen fit sind. Dann fallen die Tagesetappen eventuell kürzer aus oder es werden mehr Pausentage eingelegt, je nach individuellen Möglichkeiten und Wünschen.

Ein dritter wichtiger Punkt ist die Organisation. Dazu gehört erstens ein guter Pilgerführer mit vielen Adressen von Herbergen und guten Wegbeschreibungen. Mir hat der Führer von Raimond Joos aus dem Outdoor-Verlag sehr gut gefallen und geholfen, mich überall zu orientieren und notwendige wie nützliche Informationen zu erhalten. Es gibt sicherlich noch andere gute Pilgerführer, Apps und digitale Angebote. Da ich diese aber kaum kenne, kann ich keine genauen Aussagen dazu treffen. Ich weiß aber, dass viele Pilger die „Buen Camino" –App nutzen, die sehr informativ und wohl empfehlenswert ist.

Zu den wichtigen Punkten der Organisation gehören nach meinen Erfahrungen außerdem die Beschäftigung mit der Anreise, die Frage der Übernachtungen, die Überlegung eines Gepäcktransportes, der unterwegs in den Herbergen individuell buchbar ist, das Thema Essen/Proviant und das Thema Wanderstöcke.

Die unterschiedlichen Möglichkeiten der Anreise (Bus, Bahn, Flugzeug) sind je nach Geldbeutel, Zeit und Präferenz in den einschlägigen Pilgerführern beschrieben. Die Frage der Übernachtung ist schon etwas schwieriger. Grundsätzlich gibt es drei verschiedene Arten von Herbergen (Refugios) sowie die klassischen Privatunterkünfte in Hotels und Pensionen. Letztere aber nicht überall. Die Herbergen gibt es in fast jedem kleinen Ort und im Abstand von meistens 5 – 7 km bis auf wenige Ausnahmen auf der gesamten Strecke.

Ich musste aber erst einmal lernen, um welche Art von Herberge es sich handelt. Zunächst gibt es die öffentlichen, von den Gemeinden und Städten betriebenen Refugios. Diese können meist nicht reserviert werden. Das heißt, um hier einen Übernachtungsplatz für ca. 10 Euro zu ergattern, muss man zeitig eintreffen. Das bedeutet wiederum im Frühjahr/Sommer, dass man morgens zwischen 6 und 7 Uhr starten muss, damit man nach einer durchschnittlichen Etappe von ca. 6 Std. und ca. 25 km in der Mittagszeit ankommt. Danach füllen sich die Plätze in den Schlafsälen sehr schnell und die später Eintreffenden gehen leer aus.

Als zweites gibt es die privaten Herbergen, die sich telefonisch meistens reservieren lassen. Somit ist die Ankunft auch später möglich. Bei den privaten gibt es zum einen die vielen Privatpersonen, die Quartiere in Form einer Herberge anbieten und sich hinsichtlich der Qualität unterschiedlich stark engagieren und zum anderen ein paar Vereine, die mit freiwilligen Hospitaleros die Herbergen sehr engagiert betreiben, z.B. die „Paderborner Herberge" in Pamplona oder der Stuttgarter Verein „Ultreia", der in Galicien in La Faba eine Herberge unterhält.

Als drittes gibt es noch die kirchlichen Herbergen, die auch größtenteils Reservierungen annehmen und in der Regel sauber und gut in Schuss sind.

Doch in einer Herberge zu nächtigen ist nicht für jeden Menschen etwas. Ich erinnere mich immer wieder ungern an die mit 4 – 9 Etagenbetten oder mehr ausgestatteten Schlaf-säle, in denen wenig Ruhe einkehrt und keine Privatsphäre herrscht. Selbst mit guten Ohropax bin ich durch entsetz-liches Schnarchen am Schlafen gehindert worden, so dass ich mich entschied, überwiegend in privaten Pensionen und kleinen Hotels zu übernachten.

Eine gute Nachtruhe mit ausreichend Schlaf und gutes Essen sind die zwei wichtigsten Grundvoraussetzungen für die Bewältigung der täglichen, körperlichen wie mentalen Herausforderungen des Pilgerns.

Eine gewisse Planung für die Mitnahme von guter Kost ist deshalb auch ratsam. Bananen und ausreichend Wasser sind wichtig. Weitere Verpflegung nach Gusto wie z.B. Obst, Nüsse oder Käsebrote. Auf dem Weg gibt es auch meistens zahlreiche Cafés und Bars, in denen Salate, Bocadillos (belegte Brötchen), Kuchen, Omelette, frisch gepresster

Orangensaft und andere Leckereien meist zu günstigen Preisen angeboten werden.

Abends gibt es in den Bars und Herbergen fast immer ein Pilgermenu, das in der Regel aber sehr einseitig ist und aus Pommes Frites und nicht hochwertigem Fleisch besteht, ggf. ist noch etwas Salat dabei. Besser ist es, gemischten Salat zu bestellen, Fisch und andere gesunde Kost.

Abschließend ein Wort zum Thema Wanderstöcke. Ich habe es mir angewöhnt, bei längeren Touren einen Stock aus dem Wald zu holen und meinen Schritten Unterstützung zu geben. Beim Bergauf- und Bergabgehen ist eine deutliche Entlastung durch einen Wanderstock zu spüren. Zudem vermittelt ein Wanderstock ein gewisses Sicherheitsgefühl. Auf der anderen Seite muss ein zusätzliches Gewicht getragen werden. Und die meisten Etappen des Camino Francés sind Flachetappen, auf denen nicht unbedingt ein Wanderstock benötigt wird.

Ich habe mir vor Beginn der Reise Wanderstöcke ausgeliehen und sie ausgiebig nach dem Motto „eins, zwei oder keins" getestet. Letztendlich habe ich mich aufgrund des Gewichts und der Stabilität dazu entschieden, nur einen Nordic-Walking-Stock eines Qualitätsherstellers mitzu-nehmen. Den typisch kultigen Pilgerstab gibt es natürlich auch, zum Beispiel in einem der Touristenläden am Startort in Saint-Jean-Pied-de-Port. Dort gibt es auch die gegen Regen gut schützende Pellerine, einen Umhang für Körper und Rucksack. Doch eine gute Regenhose und -jacke samt Regencover für den Rucksack tun es auch.

4. Anreise, innere Stärke und Ankunft am Startort

Anreise

Für die Anreise wähle ich eine Flugreise von Hamburg nach Bordeaux. Nach der Ankunft in Bordeaux und einer Zwischenübernachtung geht es am nächsten Tag weiter mit dem Zug Richtung Süden nach Bayonne.

Im Zug lerne ich die ersten Pilger kennen, Natascha und François, ein Pärchen in meinem Alter aus Quebec in Kanada. Sie spricht nur Französisch, er außerdem noch Englisch. Zum Glück kann ich mich in beiden Sprachen ganz gut verständigen. So entwickelt sich eine witzige Unterhaltung zwischen uns. Ich wechsle lustig zwischen den beiden Sprachen hin und her. Wenn François mich auf Englisch etwas fragt und ich auf Englisch antworte, übersetzt Francois es für seine Frau ins Französische. Und wenn Natascha auf Französisch fragt, antworte ich auf Französisch. Der Sprachwechsel verläuft wie ein Ping-Pong-Spiel und amüsiert uns sehr.

Leider verlieren wir uns auf dem Bahnhof in Bayonne aus den Augen, weil es hier sehr voll ist, wie auf einem internationalen Flughafen und es für den nächsten Zug nach Saint-Jean-Pied-de-Port nur 5 Min. Umsteigezeit gibt. Als ich in diesen Zug einsteige, will ich am liebsten gleich wieder raus. Er ist voller Pilger mit vielen Amerikanern, Asiaten und Europäern - unglaublich. Zum Glück kann ich noch einen Platz an einem Vierertisch ergattern, nachdem ich eine Pilgerin gebeten hatte, ihren Rucksack vom Sitz zu nehmen und ins Gepäcknetz zu legen.

Im Zug eng gequetscht rollen wir unserem Bestimmungsort entgegen. Am Tisch mir gegenüber sitzt eine Amerikanerin, die ich gleich nervig finde. Auf dem Tisch vor ihr liegt eine große Tüte Chips mit einer streng riechenden, Ekel erregenden Geschmacksrichtung, die sie genüsslich in sich reinzieht. Ich halte das nicht aus, ärgere mich und verwünsche sie zurück in ihre Heimat.

Doch später habe ich sie auf dem Camino noch ein paar Mal wiedergesehen, auch in Begleitung eines gut aussehenden jungen Franzosen. Doch davon an anderer Stelle mehr.

Innere Stärke – Hinweise zur Resilienz

Aus Sicht der Resilienz liegen in diesen ersten Erfahrungen bereits vier Anhaltspunkte für das Training der inneren Stärke. Erstens die Bereitschaft, andere Pilger kennen zu lernen, zu grüßen, sich vorzustellen und mit ihnen zu kommunizieren, ermöglicht im Sinne der Resilienz, ein Netzwerk aufzubauen und diese Kontakte zu nutzen. Durch den Austausch mit anderen erhält der Pilger wichtige Informationen und Unterstützung. Er weiß sich in Gemeinschaft und kann ggf. Hilfe erhalten.

Soziale Unterstützung zum einen und soziale Kompetenz zum anderen sind wichtige Punkte für die innere Stärke. Deshalb empfiehlt es sich beim Pilgern, aufgeschlossen zu sein und offen für Kontakte und Gespräche mit Pilgern, die einem sympathisch erscheinen. Dies gilt natürlich nicht nur auf der Pilgerreise, sondern auch in unserem Alltag bezogen auf Menschen unseres Umfelds.

Zweitens der Humor. Er gehört zum Bereich der Eigenverantwortung. Wenn wir humorvoll, witzig oder lustig sind, löst sich die Anspannung und es stellt sich gute Laune ein. Ohne Humor geht es nicht im Leben. Wir geben uns Raum für lustige Ideen, werden kreativ und befreien uns vom Druck, etwas Bestimmtes darstellen oder leisten zu müssen.

Wir sind selbstwirksam, denn wir merken, dass wir Situationen positiv beeinflussen können. Durch Humor erleben wir positive Emotionen, sind gelöst, entspannen uns und stärken unsere Nerven. Stress wird abgebaut, und es macht einfach Spaß und Freude zu lachen. Die gute Stimmung aus der Situation überträgt sich auf unser Gemüt und macht das Leben leichter.

Drittens, meine Überraschung und Enttäuschung im Zug, dass dieser mit so vielen Pilgern überfüllt war, ist allein der Tatsache geschuldet, dass ich mich vorher nicht richtig informiert hatte und falschen Erwartungen nachhing. Natürlich ist der Camino Francés in Nordspanien nicht für kontemplative Einzelgänger geeignet. Ehrlich gesagt gleicht dieser Weg meinem Eindruck nach auf vielen Etappen einer touristischen Massenveranstaltung.

Auf der zweiten Tagesetappe erfuhr ich, dass es im Frühling und Sommer Tage gibt, an denen ca. 400 Pilger den Camino beginnen. Ist das nicht irre? Wie soll ein Mensch da noch zur Ruhe kommen, nachdenken, Gott oder etwas Spirituelles erleben können? Hätte ich meine Erwartungen ein wenig heruntergeschraubt, wäre mir diese erste Enttäuschung auf dem Jakobsweg erspart geblieben.

Das ist auch eine Erkenntnis für die Resilienz, für unsere innere Stärke. Wenn wir realistisch mit Planungen und Situationen umgehen, ersparen wir uns Enttäuschungen. Wir geraten weniger in Stress, Wut oder Ärger.

Viertens die Chips essende Amerikanerin im Zug regte mich innerlich sehr auf, zumal ihre Chips einen ekligen Geruch verströmten. Was tun, um diese Situation zu beenden, fragte ich mich. Das Abteil verlassen? Sie bitten, das Essen einzustellen?

Aus Sicht der Resilienz wäre es besser gewesen, zunächst einmal meine Gefühle wahrzunehmen und anzuerkennen. Das heißt, in die Akzeptanz der Gefühle zu gehen und dann die Fragen zu stellen: Weshalb rege ich mich darüber so auf? Was hat das eigentlich mit mir zu tun?

Innere Stärke besteht auch darin, nicht auf jeden Impuls von außen sofort zu reagieren. Ich nehme es unter Umständen wahr, dass diese Chips unangenehm riechen und diese Frau sie gierig in sich aufnimmt, aber ich bewerte diese Situation als resilienter Mensch nicht unbedingt. So muss ich mich auch nicht aufregen und in mein altes Muster fallen, dass streng riechende Chips eklig sind und die dazugehörigen Personen nervige Zeitgenossen. Es ist also ganz einfach: Nicht bewerten und gelassen bleiben.

Achtsam und resilient sein heißt also auch, bei sich sein, bei sich bleiben und keine bzw. weniger Bewertungen der äußeren Eindrücke vornehmen. Und falls doch Gefühle aufkommen, diese anzuerkennen und anzunehmen.

Natürlich ist mir bewusst, dass wir nicht alle Situationen im Leben ignorieren oder tolerieren können. Das ist mit dem Vermeiden von Bewertungen auch nicht gemeint. Doch in vielen Fällen ist Zurückhaltung und bewertungslose Kenntnisnahme die stressvermeidende Alternative und der Weg zur Resilienz.

Ankunft am Startort in St.-Jean-Pied-de-Port

Mittags erreicht der Zug endlich den Bahnhof von St.-Jean-Pied-de-Port. Eine angespannte Hektik entwickelt sich im Zug, die vielen internationalen Pilger schnappen ihre Rucksäcke und strömen nach dem Öffnen der Türen wie ein Schwarm von Ameisen aus dem Zug.

Und wieder denke ich, oh Gott, so viele Menschen hier. Ist dieser Jakobsweg wirklich der richtige für mich? Ist das die richtige Entscheidung? Will ich wirklich an so einer touristischen Massenveranstaltung teilnehmen?

Zum Glück verteilt sich die Menge der Pilger sehr schnell im Ort, und ich gehe zu einer der zahlreichen Herbergen im Zentrum. Es regnet, doch die Herberge hat noch nicht geöffnet. Zehn Pilger stehen bereits vor der Tür. Und unter dem Dachüberstand der Herberge befinden sich in einer Reihe aufgestellt mindestens zehn weitere herrenlose Rucksäcke, die auch auf Einlass warten. Ich stelle mich regengeschützt brav dazu und warte ebenfalls auf Einlass, der aber erst 45 Min. später erfolgen wird.

Das geht ja gut los für einen ungeduldigen Zeitgenossen, denke ich. Bereits zu Beginn der Pilgerreise wird meine Geduld auf die Probe gestellt. Ist dies die erste Prüfung, der erste Hinweis auf den tieferen Sinn meiner Pilgerreise? Ich rede mir gut zu und sage mir, bleib jetzt erst einmal ruhig und gelassen. Gelassenheit in dieser Situation kann wirklich nicht schaden. Das war meine erste, wenn auch banale Erkenntnis auf dieser Pilgerreise.

100 m weiter erkenne ich die nächste Warteschlange, die sich bis auf die Mitte der Straße bildet. Das ist die Schlange vor dem offiziellen Pilgerbüro. Dort gibt es Pilgerpässe, den ersten Pilgerstempel und Informationen zur Wegführung

über die Pyrenäen sowie die Adressen der Herbergen bis nach Santiago de Compostela. Ein toller Service betrieben von sehr freundlichen, ehrenamtlichen Helfern, wie ich später herausfinde.

Nach dem Einlass in die Herberge bekomme ich ein Bett in einem 18-Personen-Zimmer. Neun Etagenbetten stehen in einem kleinen Raum relativ eng beieinander. Mein Bett ist unten und so muss ich nicht das obere erklettern. Auf das Hinaufklettern habe ich heute auch noch keine Lust. Später erfahre ich, dass die unteren Betten bevorzugt an die älteren Pilger vergeben werden – na, danke – und in einigen Herbergen muss man für das untere Bett sogar etwas mehr bezahlen. Hier ist das zum Glück nicht der Fall.

Die Zusammensetzung in unserem Zimmer ist international, viele Asiaten, d.h. Süd-Koreaner, dann Italiener, ein Kanadier, zwei Deutsche, ein Litauer und andere mir nicht bekannte. Es herrscht ein unruhiges Gewusel in diesem Zimmer. Sachen werden aus den Rucksäcken geholt, Schlafsäcke entrollt, ein Kommen und Gehen zur Küche, Toilette und Dusche. Kleidung wird gewechselt und andere legen sich nieder oder essen ihren Proviant.

Also hier herrscht null Privatsphäre. Seit meinen Jugend(herbergs-)zeiten kenne ich das in dieser Intensität nicht mehr. Aber irgendwie nehme ich es gelassen. Na geht doch. In meinem Umkreis komme ich ins Gespräch mit Franco aus Italien, einem Frühpensionär aus dem Piemont und Henry aus Kanada, einem Uni-Dozenten. Wir verabreden uns für den Abend auf ein Bier in einer der vielen Bistrots des Ortes.

Nach dem Einzug in mein unteres Etagenbett, das in dem Entrollen meines Schlafsacks besteht, mache ich mich auf den Weg, die Altstadt von Saint-Jean-Pied-de-Port zu erkunden und Proviant für den nächsten Tag, für meine erste Etappe, einzukaufen. Im ortsansässigen Supermarkt finde ich Bananen, Wasser und Kekse, d.h. eine gute persönliche Grundausstattung für die Pilgeretappe über die Pyrenäen. Natürlich werde ich am nächsten Tag noch belegte Brote oder ein Baguette mitnehmen.

Ich habe von zu Hause auch noch eine halbe Tüte Nussmüsli dabei, die ich als Notfallration nutzen will. Im Supermarkt finde ich außerdem noch ein Leinenhandtuch, wahrscheinlich für Geschirr. Es spricht mich irgendwie an und sagt zu mir, kaufe mich und nutze mich als Kopfkissenschutz.

Obwohl die Herberge und das Kopfkissen sauber sind, gebe ich meinem Impuls nach und kaufe dieses hellblaue Geschirrhandtuch aus Leinen mit Baumwollanteil. Ich schließe daraus, dass ich etwas Eigenes, etwas Privates haben möchte bzw. etwas Unbenutztes für mich persönlich. Ein merkwürdiges Verhalten schon am Tag vor dem Start.

Nach der kurzen Besichtigung des Ortes gehe ich zur Unterkunft zurück und ruhe mich auf dem Bett aus. Mein neues Leinenhandtuch finde ich als Kopfkissenschutz sehr geeignet und angenehm.

Es gibt einige Pilgerführer, die empfehlen sogar einen Kopfkissenbezug mitzunehmen, zum einen für den Fall, dass das Kopfkissen nicht sauber sein sollte, zum anderen, dass es keine Kopfkissen geben sollte. Dann ließe sich der Bezug mit Kleidung zu einem Kopfkissen ausstopfen. Zum Glück habe ich beides auf der Pilgerreise nicht einmal erleben müssen. Dennoch nutzte ich mein eigenes kleines Handtuch regelmäßig.

Abends gehen Franco, Henry und ich in ein gemütliches Bistrot im Ort, eine urige Kneipe könnte man sagen, in der auch viele Einheimische verkehren. Es herrscht eine angenehme Atmosphäre und das baskische Bier schmeckt mir sehr gut. Durch die sehr fremd klingende Sprache der Einheimischen und die Speisekarte nehme ich gleich einen intensiven Eindruck der baskischen Kultur wahr. Sehr angenehm empfinde ich diesen Moment und Aufenthalt. Am liebsten würde ich an diesem Ort bleiben und nicht am nächsten Morgen losmarschieren.

Zu groß ist der Respekt vor dieser Herausforderung. Und so besteht der Hauptgedanke des Abends in der Frage: Wie können wir das schaffen, die Strecke von 800 km bis nach Santiago de Compostela zu bewältigen? Der Kanadier Henry hat einen festen, sehr eng gesetzten Plan, weil er unterwegs noch Freunde treffen und mit ihnen weiterreisen will. Das heißt, er darf keine Zeit verlieren, muss schnell sein und auch viele lange Etappen von 30 km und mehr bewältigen.

Da bin ich doch sehr froh, dass ich viel Zeit eingeplant habe. Franco ist nicht minder ambitioniert als Henry und möchte so schnell wie möglich durchkommen. Nix für mich, denke ich, aber interessant, andere Pläne und Sichtweisen kennenzulernen.

Hinweise zur Resilienz

Für mich ist an diesem Abend wichtig, meine Zweifel über die zu bewältigende Herausforderung zu teilen, frei nach dem Motto: Geteiltes Leid ist halbes Leid. Hier tritt wieder das Prinzip der Netzwerkorientierung und sozialen Unterstützung in Erscheinung.

Das Gespräch mit Franco und Henry entlastet mich. Und das Kennenlernen ihrer Meinungen eröffnet mir neue Perspektiven, die meine Denkweise und meinen Handlungsspielraum erweitern werden wie sich später noch herausstellen wird. Durch das Gespräch mit Franco und Henry erhalte ich Orientierung, Kraft und mehr Sicherheit.

In Bezug auf den Kauf des Leinenhandtuchs habe ich nach meiner Rückkehr gelesen, dass der Schutz des Privaten grundlegend für die psychische Hygiene sei. Etwas Eigenes zu haben und nicht alles mit anderen teilen zu müssen, sei sehr wichtig, um den eigenen Kernbereich zu wahren.

Da hat sich mein Unterbewusstsein ja gut um mich gekümmert, denke ich. Und zum Glück habe ich meinem Impuls nachgegeben und das Ding gekauft. Dadurch konnte ich mein Bedürfnis nach Schutz des Privaten im Schlafsaal der Herberge erfüllen und etwas für meine innere Stärke tun.

„Wanderer, deine Spuren sind der Weg und nichts anderes mehr;

Wanderer, es gibt keinen Weg, den Weg bestimmst du beim Gehen.

Mit dem Gehen machst du den Weg, und wenn du zurückschaust, siehst du den Pfad, den du nimmermehr gehen wirst.

Wanderer, es gibt keinen Weg, sondern nur Spuren im Meer."

Antonio Machado, spanischer Lyriker

5. Tagesetappen und ausgewählte Beispiele für Resilienz

Herberge in Saint-Jean-Pied-de-Port am Morgen nach der ersten Übernachtung. Ein lauter Schnarcher bescherte mir eine schreckliche und schlaflose Nacht – gefühlt habe ich nur zwei Stunden geschlafen.

Etappe 1: Saint-Jean-Pied-de-Port – Burguette, 30 km, 27. April

Nach dem Duschen und Rucksack packen spricht mich eine junge Deutsche an. Sie heißt Elena und fragt mich, ob wir zusammen über die Pyrenäen und den Pass gehen können. Sie hat viel Respekt vor dieser ersten Etappe, da am Vortag das Wetter sehr schlecht war und den Weg eventuell schwer begehbar gemacht hat. Sie erzählt, die Bergwacht habe gestern sogar einige Pilger vom Berg holen müssen.

Nichts ahnend, worauf ich mich da einlasse, willige ich ein, denn ich sehe eigentlich nichts Nachteiliges in einer Begleitung.

Nach dem Frühstück in der Herberge laufen wir los. Doch vorher fällt mir noch ein Paar aus Südafrika auf, die schrecklich nervös ihre Kontakte in den sozialen Medien mit den neuesten Informationen versorgen. Die ganze Zeit sitzen sie über ihren Handys und tippen Nachrichten in ihre Accounts.

Das haben die beiden gestern Abend auch schon gemacht, denke ich und frage mich: Für wen machen die beiden eigentlich ihre Pilgerreise? Resilient wäre es, hier das richtige Maß zwischen digitaler Aktivität und digitaler Abstinenz zu finden. Für die innere Einkehr wäre es bestimmt sinnvoll, ganz auf das Smartphone zu verzichten. Aber wem gelingt das schon? Erschreckender Weise habe ich auf der Pilgerreise noch zwei Mal ähnlich krasse Situationen erlebt. Doch davon später mehr.

Bevor es aus der Stadt hinausgeht, gibt es beim Bäcker noch zwei belegte Baguettes, denn schließlich stehen ca. 7 Std. Wanderung auf dem Programm. Der erste Anstieg geht auf einer kleinen asphaltierten Landstraße immer gemächlich den Berg hinauf. Eine Menge Pilger sind unterwegs.

Elena und ich unterhalten uns anfangs ohne Anstrengung. Sie ist 29 Jahre alt, kommt eigentlich aus Lüneburg und studiert Sozialpädagogik in Hannover. Dann muss ich unsere Unterhaltung erst einmal ruhen lassen. Der Weg wird steiler und meine Atmung kürzer. So konzentriere ich mich auf die Schritte. Nicht lange und ich komme ins Schwitzen, so dass ich die Softshelljacke unter meiner leichten Wanderjacke ausziehen muss.

Die Pyrenäenlandschaft ist einmalig schön. Es sieht für mich irgendwie nach Allgäu aus. Grüne Wiesen und Bergketten mit grünen Hügeln. Anscheinend gibt es auch Wildpferde. Wir sehen jedenfalls keine Einzäunungen. Ein tolles Panorama während des gesamten Aufstiegs. Noch ist die Sicht gut, aber die Wolken nehmen zu.

Nach 7 km und 500 Höhenmetern erreichen wir den Ort Orisson. Ich sehe nur ein Haus, d.h. eine Gastwirtschaft mit Terrasse. Auf ihr sitzen viele Pilger, die hier eine Pause machen. Auch für uns sind ein Kaffee und ein zweites Frühstück wohl drin. Elena erzählt mir, dass sie gestern eigentlich hier übernachten wollte, doch ihre Reservierung sei nach telefonischer Auskunft nicht mehr frei gewesen. Sie meint, dass die Herberge häufig überbucht werde. So etwas gibt es also auch auf dem Jakobsweg.

Da muss ich mich wohl noch auf viele Unannehm-lichkeiten gefasst machen. Erkenntnis des Tages: Pass bei den Reservierungen auf.

Wir setzen uns zu Gyntas, einem Litauer, der auch in unserer Herberge übernachtet hat und unterhalten uns sehr angeregt über die Wegstrecke und die nächsten Etappen mit ihm. Nach dem Frühstück können wir mit Gyntas nicht Schritt halten. Mit einem irren Tempo rast er den Berg hinauf und davon. Auch Franco und Henry haben wir nicht wiedergesehen, vermutlich wegen ihrer hohen Geschwindigkeit. Sie sind aber auch früher gestartet als wir. Elena und ich haben ungefähr das gleiche Tempo, und so geht es langsam Schritt für Schritt den Berg hinauf.

Kurz vor der Passüberquerung schlägt das Wetter um, Wolken ziehen mit starkem Wind über die Bergkuppe auf 1200 Höhenmetern, und es fängt leicht an zu regnen. Also halten wir und ziehen die Regenklamotten an, auch die Rucksäcke bekommen ihren Regenschutz. Wir trotten weiter und weiter. Im Nebel tauchen immer wieder Gestalten vor uns auf, d.h. andere Pilger, die wir dann auch überholen. Plötzlich stehen François und Natascha vor mir. Was für eine Freude. Ich habe sie gestern im Zug bei der Anreise kennengelernt und jetzt treffe ich sie hier wieder. Irgendwie bin ich überrascht. Aber warum eigentlich? Sie laufen doch den gleichen Weg wie wir.

Nach einer kurzen Unterhaltung ziehen Elena und ich weiter. Es wird immer kälter, maximal nur noch 2° C, und auf einmal sehen wir Reste von Schneefeldern auf 1300 m Höhe. Der Weg ist matschig, doch endlich überqueren wir den Pass.

Wir gehen weiter, und da es sich um die Route Napoleon handelt, kommen wir auch an dem Roland-Brunnen vorbei. Zu Roland gibt es eine Legende, die von einer Schlacht handelt, bei der er gefallen sein soll, aber Karl den Großen noch warnen und die Feinde noch ein wenig aufhalten konnte. Der Brunnen ist in den letzten Jahren modernisiert worden, aber aufgrund von schmucklosem Beton nicht sehr schön gestaltet. Wasser brauchen wir keins, und das Wetter ist schlecht. Also pilgern wir weiter.

Die Natur entlang des Weges scheint dann auf einmal zu erwachen. Ich bemerke, dass sich trotz Nebel und kalter Temperaturen die Knospen der Bäume geöffnet haben und im Unterholz bereits ein wenig Grün gewachsen ist. Das stärkt unsere Moral für die Anstrengung, die wir spüren und erleichtert ein wenig jeden Schritt, den wir gehen. Denn die Füße fangen nach 20 km langsam an zu schmerzen und der Rucksack auf den Schultern macht sich auch unangenehm bemerkbar.

Jetzt ist bereits der Abstieg erreicht. Einige Kilometer vor Roncesvalles entscheiden wir uns bei einer Weggabelung für die Straße. Es geht steil hinab, und die Straße windet sich in Serpentinen. Nach einer gefühlten Ewigkeit des Gehens erreichen wir unser Etappenziel.

Das mächtige Kloster in Roncesvalles mit den großen Nebengebäuden ist imposant und zieht die Blicke auf sich. Im Klosterhotel ist kein Platz mehr frei und in der Klosterherberge gibt es vor dem Büro eine 50 m lange Schlange auf dem Flur, denn ca. 100 Pilger warten auf Einlass. Es riecht unangenehm nach Essen und Reinigungsmitteln auf dem Flur, und die Wartezeit für die Zuteilung eines Bettes beträgt ca. eine Stunde. Nein, danke! Ich habe genug, verabschiede mich von Elena und ziehe weiter in den nächsten Ort.

Dort gibt es keine Unterkunft, aber eine Cola und einen Kaffee zur Stärkung. So schaffe ich es, noch ein Dorf weiter nach Burguette zu gehen und habe dort Glück im ansässigen Hotel. Es ist zwar schon ausgebucht, aber an der Rezeption hat man Mitleid mit mir. Weil es regnet, gibt mir der Portier ein Zimmer auf dem Dachboden, das sich eigentlich noch in der Renovierung befindet. Was soll´s? Ich bin heil froh, schlafe bis zum Abendessen wie ein Stein und kann das Schlafdefizit der letzten Nacht ein wenig aufholen.

Hinweise zur Resilienz

Aus Sicht der Resilienz ist Elena auch eine gute Netzwerkerin und verfügt über soziale Kompetenz, denn sie sucht sich eine Begleitung über die Pyrenäen. Ich habe einmal von einer jungen, 19jährigen Frau gehört, die den Jakobsweg nach einer Woche abgebrochen hat. Sie war emotional erschöpft, weil sie keinen Kontakt zu anderen Pilgern aufbauen konnte. Sich sehr allein fühlend ging es für sie einfach nicht mehr weiter.

Anders erging es Elena und mir. Wir haben auf der weiteren Pilgerreise ständig neue Leute kennen gelernt und mit einigen von ihnen ein lockeres Netzwerk gebildet. Dadurch konnten wir in einem größeren Kreis kommunizieren, uns Unterstützung geben und Freud und Leid miteinander teilen. Ich bin davon überzeugt, dass dieses Netzwerk dazu beigetragen hat, dass wir alle an unser Ziel gekommen sind.

Hinsichtlich der Stärkung meiner Resilienz war es außerdem sehr achtsam von mir, dass ich nicht im Kloster Roncesvalles geblieben bin, sondern mich dazu durchringen konnte, weiter zu einer Einzelunterkunft zu wandern, obwohl ich nach 27 km Bergetappe und 1400 Höhenmetern bereits ziemlich erschöpft war. Die Einzelunterkunft war genau das richtige, was ich gebraucht habe.

Die innere Widerstandkraft wird gestärkt, wenn wir in uns hinein hören, auf unsere Bedürfnisse achten, Eigenverantwortung übernehmen, lernfähig sind und zielorientiert vorgehen. Und in meinem Fall haben mein Optimismus und meine Zuversicht auf eine bessere Unterkunft mir zusätzlich Kraft gegeben, den Weg trotz Müdigkeit und Erschöpfung weiter zu gehen.

Etappe 2: Burguette – Zubiri, 18 km, 28. April

Beim Frühstück im Hotel sitzen bereits einige Pilger, am Nebentisch eine US-Amerikanerin und eine Südamerikanerin, die sich anscheinend angefreundet haben. Nach ihren Angaben gehen sie nur langsam und schaffen maximal 15 km am Tag. Ich bin etwas arrogant und denke, das interessiert mich jetzt ehrlich gesagt überhaupt nicht, da ich ganz andere Ziele verfolge. So wende ich mich dem Buffet zu und organisiere Proviant für den Weg.

Elena holt mich wie verabredet am Hotel ab und wir starten zur heutigen, etwas kürzeren, zweiten Tagesetappe.

Aufgrund der gestrigen Erfahrung habe ich bereits heute Morgen eine Übernachtung in einer Pension mit Hilfe meines Pilgerführers in Zubiri gebucht. Ich bin froh, denn als wir dort ankommen, laufen zahlreiche Pilger kreuz und quer durch den Ort und suchen Unterkünfte.

Ich kann mich gar nicht richtig auf die schöne, romanische Brücke, die in den Ort hineinführt, konzentrieren. Es ist die „Tollwutbrücke", die einer Legende nach Tiere vor Tollwut schützen soll, wenn sie unter der Brücke Wasser trinken.

Elena ist auch froh, dass sie reserviert hat. Abends lernen wir im schönsten Café des Ortes drei Deutsche kennen: Matthias, André und Jens. Sie haben keine Reservierung und konnten nur noch in der Turnhalle des Ortes aufgenommen werden, die der Bürgermeister freundlicherweise für die Pilger kurzfristig geöffnet hat. Viele andere Pilger mussten weiterlaufen. So auch François und Natascha aus Kanada, die ich mittags traf. In meiner Pension erfahre ich, dass im Frühling und Sommer pro Tag ca. 400 Pilger starten und der Ort Zubiri nur 200 Übernachtungsgäste aufnehmen kann. Erschwerend kommt in diesem Jahr hinzu, dass die Herberge im nächsten Ort wegen Renovierung geschlossen ist. Das schafft einen gewissen Druck und veranlasst Reservierungen vorzunehmen, die eigentlich gar nicht gewollt sind. So nimmt man sich die Möglichkeit, Etappen spontan und in der jeweils nach Tagesform und Situation gewünschten Distanz zu laufen. Mal sehen, wie das noch weitergeht.

Diese Etappe war sehr schön, aber auch anstrengend, weil es sehr viel bergab ging, u.a. über den Erropass, und teilweise verlief die Wanderung auf sehr steinigen Wegen. Das Wetter war herrlich, da die Sonne vom blauen Himmel strahlte und eine gigantische Weitsicht frei gab. Die Pyrenäenausläufer sind sehr grün bewaldet und wunderschön. Der Weg verläuft meistens bergab durch Wälder und entlang von Weiden mit Kühen, Schafen und Ziegen. Das Bergabwandern geht dann aber bei vielen Pilgern auf die Knie. Zum Glück hatte ich meinen Wanderstock dabei, der viel Last abfedern konnte.

Doch Jens hat es heute erwischt, er hat höllische Knieschmerzen und denkt schon nach der zweiten Etappe ans Aufhören. Das wäre ja jammerschade. Seine Freunde bieten ihm an, am nächsten Tag seinen Rucksack zu tragen. Doch erst einmal steht ihnen die Nacht in der Turnhalle auf dem harten Boden bevor. Hoffentlich gibt es dort Turnmatten für die Jungs, denke ich.

Bevor es zur Nachtruhe geht, nehmen wir noch ein paar Getränke zu uns und prosten uns für die weiteren Etappen Mut und Durchhaltevermögen zu, u.a. mit einem leckeren spanischen Brandy.

Ich beschließe an diesem Abend in mein Tagebuch eine besondere Erkenntnis und drei Highlights des Tages aufzunehmen.

Also, die Highlights des heutigen Tages sind:

- Die sehr schöne Wanderung, d.h. ich konnte die wunderschöne Natur der Pyrenäenlandschaft und das hervorragende, sonnige Wetter genießen.
- Die Füße und Beine fangen richtig an zu schmerzen (= negatives Highlight ☺)
- Den spanischen Brandy und freundliche Pilger kennen gelernt.

Erkenntnis des Tages:

„Reservieren lohnt sich!"

Hinweise zur Resilienz

Aus Sicht der Resilienz sind Erholung, Belohnung und Genuss die richtigen Mittel, um die Strapazen für Körper und Seele erträglich zu gestalten und wieder aufzutanken. Sich selbst zu verwöhnen und für sich etwas Gutes zu tun sowie genießen zu können, sind wichtige Fähigkeiten, um wieder ins Gleichgewicht von Anspannung und Entspannung zu kommen.

Die Fähigkeit, sich verwöhnen und genießen zu können, gehört zur Selbstfürsorge und Eigenverantwortung, verschafft Lebensfreude und stärkt somit die innere Widerstandkraft. Selbstfürsorge und Eigenverantwortung sind Ausdruck von Achtsamkeit und Wertschätzung gegenüber uns selbst. Außerdem entstehen dadurch viele positive Emotionen, die unser Wohlbefinden fördern.

Etappe 3: Zubiri – Pamplona, 22 km, 29. April

Am Abend vorher hatten Elena und ich vereinbart, dass wir getrennt und allein weiterlaufen, um mehr Zeit zum Nachdenken zu haben. Wir wollen uns aber in zwei Tagen wieder treffen und dann einmal sehen, ob wir wieder eine Etappe zusammen bestreiten.

Mich beschäftigt die Frage: „Was brauche ich eigentlich im Leben, täglich und im Allgemeinen?" Über diese Frage könnte ich in der nächsten Zeit wirklich einmal nachdenken und nach Antworten suchen.

Der heutige Weg ist wieder sehr schön. Sonnenschein und blauer Himmel im Frühling und eine Natur, die aufblüht. Herrlich. Was brauche ich mehr? Mittags eine Rast am Fluss in einer Bar mit einem leckeren Bocadillo und einem Milchkaffee geben mir wieder Kraft für die Weiterwanderung. Und einen Sello, einen Stempel für den Pilgerpass, gibt es auch noch in der netten Bar am Fluss. Stempel zu sammeln ist sehr wichtig, um einen Nachweis zu führen und am Ziel die Urkunde, die Compostela, zu bekommen. Doch man muss es auch nicht übertreiben. Viele Pilger sammeln Stempel auf Teufel komm raus bei jeder sich bietenden Gelegenheit, was nicht notwendig ist. Einer pro Tag reicht aus.

Kurz vor Pamplona geht der Weg am Ort Arre vorbei. Dort ist eine sehr schöne, christliche Herberge am Fluss Ulzama, in der Elena heute übernachten will. Ich versuche, Herbergen erst einmal zu meiden und ziehe weiter nach Pamplona, der Hauptstadt von Navarra, zu meinem vorgebuchten Hotel.

Die Antworten auf meine Frage, was ich zum Leben brauche, fallen nach der heutigen Wanderung sehr dünn aus.

Zunächst sind dies Sonnenschein, blauer Himmel, Frühling und eine blühende Natur. Weitere Erkenntnisse habe ich noch nicht gewonnen. Ständig schweife ich mit meinen Gedanken ab. Immer wieder lasse ich mich ablenken, am meisten durch die Natur und genieße das herrliche Wetter und das Laufen, obwohl die Füße sich schon wieder stark bemerkbar machen und enorm schmerzen.

Ich stelle fest, beim Gehen ist es einfach schwer, sich auf bestimmte Gedanken zu konzentrieren. Das Pilgern ist ein Gehen in die Gegenwärtigkeit, habe ich einmal gelesen. So erlebe ich es auch. Und das ist gut so. Ich freue mich über die Gegenwärtigkeit, die bewusste Wahrnehmung der mich umgebenden Gegenwart und das Freiheitsgefühl, das mich hier beim Wandern erfasst.

Mein Hotel in Pamplona ist einfach, aber ruhig. Ich kann mich gut erholen und bleibe noch einen weiteren Tag für eine längere Pause zur Erholung meines Körpers und speziell meiner Füße. Mir ist bekannt, dass die ersten Tage der Pilgerfahrt sehr anstrengend sind und dem Körper sehr viel Kraft abverlangen. Die Eingewöhnung und das ungewohnte tägliche Tragen des Rucksacks können zur körperlichen Überforderung führen.

Mein Rucksack mit einem Gewicht von 12 kg ist mir eindeutig zu viel. Deshalb entscheide ich mich, das Gepäck um 3 kg zu reduzieren. So sende ich hochwertige Outdoor-Kleidung mit der Post nach Hause und genieße die Stadt Pamplona.

Am besten gefallen mir die Plaza Castillo im Zentrum mit den vielen Cafés und Restaurants, insbesondere das „Irun", das in einem Nebenraum die am Tresen sitzende Bronze-statue von Ernest Hemingway beherbergt. Die Spanier verehren ihn hier, auch wegen seiner Liebe zum Stierkampf. Deshalb gibt es eine weitere Statue von Hemingway vor der Stierkampfarena. Mir gefallen auch die Spanier, die abends die Stadt bevölkern. In den Gassen und auf den Plätzen sind ganze Familien mit kleinen Kindern und den Großeltern unterwegs, unterhalten sich angeregt, sind ausgelassen und nehmen vor den Bars Getränke und Tapas ein. Pardon, hier im Baskenland nennt man diese Pintxos. Was für ein Trubel hier herrscht - einfach schön zu sehen wie das Leben hier pulsiert.

Meine Highlights des Tages:

- Morgens zum Frühstück mein eigenes Müsli mit frischem Joghurt und Banane gegessen.
- In der Natur bewegen: Sonne, Frühling und viel „Grün" erlebt.
- Pamplona erreicht und ausruhen können.

Erkenntnis des Tages:

„Allein laufen geht auch und gibt Zeit und Raum für die Selbsterkundung."

Hinweise zur Resilienz

Meine Resilienz wurde heute durch Achtsamkeit gestärkt. Achtsam sein, das Hier und Jetzt erleben – das vermittelt die Gegenwärtigkeit beim Wandern. Die bewusste Wahrnehmung des Augenblicks und der Landschaft bringen mich in Einklang mit der Natur. Das Gehen an sich wirkt befreiend. Die Gedanken und kleinen Sorgen des Alltags von zu Hause fallen mir wie eine Last von den Schultern. Und ein Wohlbefinden stellt sich ein, wären da nicht die schmerzenden Füße.

Aus Sicht der Resilienz kommt mit der Entscheidung für einen Ruhetag meine Eigenverantwortung zum Tragen. Ich habe wahrgenommen, dass meine körperliche Verfassung, insbesondere meine Füße Erholung benötigen, und so habe ich mich bewusst dafür entschieden zu pausieren.

Nicht nur mein Körper hat von dieser Pause profitiert, auch meine mentalen Kräfte wurden positiv gestärkt. Mit Freude habe ich die Stadt Pamplona für mich kennen und schätzen gelernt. Der Pausentag hat sich voll und ganz gelohnt.

Etappe 4: Pamplona – Puente la Reina, 24,6 km, 1. Mai

Zwei Tage nach der Ankunft in Pamplona, an einem verabredeten Punkt in der Altstadt, auf dem mit gelben Markierungen versehenen Camino de Santiago, der hier in Spanien nur kurz Camino genannt wird, treffe ich mich morgens um 7.30 Uhr mit Elena. Wir haben uns bewusst entschieden, wieder eine Etappe gemeinsam zu gehen.

Wir sind nicht die einzigen, die zu früher Stunde durch die Stadt pilgern und den gelben Pfeilen folgen. Vor und hinter uns sind schon viele Pilger unterwegs. Es dauert eine Zeit lang bis man aus der Stadt Pamplona herausgewandert ist und in die freie Natur kommt. Elena und ich erzählen uns die Erlebnisse und Begegnungen der letzten zwei Tage, Berufliches und Persönliches. Sie bestätigt noch einmal, dass die Herberge in Arre ein Volltreffer war mit einem schönen Garten und einem geruhsamen Schlaf. Danach hat sie in Pamplona in der „deutschen Herberge", die von einem Paderborner Verein betrieben wird, übernachtet und wieder einige Pilger kennen gelernt. Ich schwärme von meinem Hotel und meiner Begeisterung für das spanische Nachtleben.

Wir tauschen uns auch über andere Pilger aus, die uns aufgefallen sind. Sie hat zwei weitere Pilger kennengelernt, einen aus Dresden und nennt ihn Pamplöna, weil er so schön sächselt und das Wort Pamplona immer mit „ö" ausspricht wie Pamplöna, und einen anderen namens Harald, einen 60jährigen Frührentner aus Duisburg.

Dann sehen wir auf dem Weg vor uns eine Frau, die ich schon kenne, mit einem jungen Mann zusammenlaufen. Es ist die Amerikanerin mit den ekligen Chips aus dem Zug von Bayonne nach St. Jean. Und Elena kennt den Namen des gut aussehenden jungen Mannes, der einen Zopf trägt. Er heißt Alain und ist Franzose. Wie sich später noch herausstellen wird, ist er der bestaussehende Pilger auf dem ganzen Camino nach Einschätzung von Elena. Wir denken, wer da wohl wen aufgerissen hat und machen unsere Scherze.

Ab jetzt beginnt die Steigung auf den Alto de Perdon. Wir verlangsamen unsere Geschwindigkeit und lassen die beiden ziehen. Aber wir haben unser Thema und quatschen über Beziehungen. Elena hat einen Freund in Lüneburg, mit dem es zur Zeit wohl etwas kriselt. Sie meint, der Camino könne ihr die Gelegenheit geben, einmal darüber nachzudenken. Aber das sei nicht der Grund, weshalb sie pilgert. Es geht eher um ihr Studium und ihre berufliche Zukunft, über die sie nachdenken will.

Nach einem langen Aufstieg erreichen wir den Pass vom Puerto del Perdon auf 734 m Höhe, auf dem ein modernes Pilgerdenkmal steht. Es ist ein aus Eisen gefertigter Pilgerzug mit Menschen, Pferden, Esel und Hund. Rundherum stehen auf den Bergkuppen viele Windkraftanlagen und nutzen den frischen Wind für die Energieerzeugung. Dadurch erhält man den Eindruck, Spanien ist ein Land, das modern, ökologisch und nachhaltig ist.

Nach einer kleinen Pause gestaltet sich der Abstieg schwierig, ein steiler Weg mit Schotter und vielen großen Steinen verläuft bergab. Da muss man schon sehr aufpassen, wohin man tritt. Abermals bin ich dankbar, dass ich meinen Wanderstock dabeihabe und die knöchelschonen Wander-stiefel trage. Elena hat sogar zwei Nordic-Walking-Stöcke und zeigt sich auch sehr zufrieden damit.

20 Meter rechts vom Wegesrand sehen wir auf einmal auf einem großen Felsen sitzend den schönen Alain und die

Amerikanerin, die ihn anschmachtet, bei der Rast. Was daraus wohl noch wird? Wir sind gespannt.

Nach einigen Kilometern schlägt Elena einen Umweg von 3,6 km vor, bevor wir zu unserem Tagesziel nach Puenta la Reina gehen. Wie bitte? Ich bin doch jetzt schon ziemlich kaputt, merke ich an. Ja, aber es handele sich um eine besondere Kirche, die den Umweg lohne, meint sie. Ich und Kirchen? Von denen gibt es doch so viele hier auf dem Camino. Aber es sei die romanische Kapelle Eunate mit einer besonderen Ausstrahlung und Mystik, erwidert Elena. Na gut, also lass ich mich überreden.

Als wir nach dem beschwerlichen Marsch an der Kapelle ankommen, kann ich Elena nur zustimmen. Der Umweg hat sich vollends gelohnt.

Kapelle Eunate, ein Kraft spendender Ort

Es handelt sich um einen Achteckbau, der in der Landschaft ruht und eine spirituelle Atmosphäre ausstrahlt. Der

Ursprung ist unklar, eine Grabeskirche oder eine Templerkirche vielleicht. Im Innenraum befindet sich eine kleine, sehr einfache, aber wunderschöne Marienfigur mit Christuskind. Um die Kirche sind Flintsteine gepflastert, und der Pilgerführer empfiehlt für ein spirituelles Erlebnis einmal barfuß um die Kirche zu wandeln. Ich lasse mich darauf ein, muss aber feststellen, dass mich nichts Spirituelles erreicht, nur weitere Schmerzen in den Füssen. Aber schließlich war es doch eine Art Fußmassage und nach einer Pause geht´s erholt weiter nach Puente la Reina.

In Eunate liefen einst die beiden Jakobswege, der Navarrische und der Aragonesische, zusammen. Heute ist Puente la Reina der offizielle Treffpunkt dieser beiden Wege.

In Puente la Reina landen wir in der Herberge Santiago Apostol, die auf der anderen Seite des Flusses liegt. Also überschreiten wir die berühmte Brücke und Namensgeberin des Ortes. Erst nach dem Einchecken merke ich, dass die Herberge für mich überhaupt nicht geeignet ist. Es ist laut hier, sehr laut. Ständig werden die Türen zugeschmissen und es hallt in dem großen Speisesaal, der am Rand von einem langen Tresen begrenzt wird. Ich habe das Gefühl, dass ich in einem riesigen Sportheim mit großer Tanzfläche stehe.

Am Tresen, respektive der Rezeption herrscht ein wildes Treiben. Biere werden gezapft, Anmeldungen durchgeführt, Pilgerpässe gestempelt, Essen ausgegeben und hinten knallen laut die Türen zu den Schlafsälen. Ich flüchte mit meinem Bier in den Garten. Hier ist etwas Ruhe und auch noch Sonnenschein. Ich kann die Füße hochlegen und ein wenig Erholung finden.

Nach einem kleinen Nickerchen öffne ich die Augen und vier Meter von mir entfernt sehe ich einen älteren, spanischen Herrn, der am Nachbartisch an seinen Füßen herumfummelt. Was macht der denn da, frage ich mich und sehe wohl nicht recht. Der alte Mann hat eine Nähnadel mit Faden in der Hand und näht seine Füße, d.h. er steckt die Nadel durch die aufgerissene Hornhaut des rechten Fußes mehrere Male hin und her. Mir wird fast schlecht.

Am Tisch nebenan sitzt auch ein Pilger, der entgeistert diese Szene beobachtet. Wir schauen uns an, schütteln die Köpfe und kommen ins Gespräch. Es folgt ein Austausch über den Pilgerweg und unsere Erfahrungen. Er heißt Andreas und kommt aus der Schweiz und ist erst heute in Pamplona gestartet, demnach seine erste Etappe gelaufen. So geht es also auch, denke ich.

Inzwischen ist der Fuß des Alten mit Jod und Blut verschmiert und er schneidet mit einer Schere die überstehenden Fäden ab. Ich bin immer noch geschockt über das Zunähen der Hornhaut und brauche noch ein weiteres Bier. Später auf dem Camino werde ich erfahren, dass es eine gängige Methode bei Pilgern ist und es sogar spezielle Fäden in der Apotheke dafür gibt, die die Wundflüssigkeit aus dem Fuß ableiten können. Naja, von dieser Methode möchte ich lieber nicht Gebrauch machen und nehme mir vor, meine Füße besser zu pflegen und die Hornhaut vernünftig zu feilen.

Abends schaue ich in meine Mails und habe eine Nachricht für einen wichtigen beruflichen Termin erhalten. Ich hatte gedacht und geplant, dass dieser Termin erst nach der Pilgerreise käme. Doch ich muss in den nächsten Tagen zurück und beschließe kurzerhand den Camino zu unterbrechen und buche kurzfristig einen Flug von Pamplona nach Deutschland. Mir bleiben noch drei Tage

Zeit, weiter zu pilgern, bevor ich den Camino unterbreche. Und so reflektiere ich den Tag.

Meine Highlights des Tages sind

- das super schöne Wetter des heutigen Tages
- keine zu großen Blessuren oder Blasen bekommen, nur kleine Druckstellen an den Füßen
- die schlichte, aber beeindruckende Kapelle in Eunate und
- meine Freude über meine mutige Entscheidung, den Camino zu unterbrechen. Schließlich geht es um meine berufliche Zukunft.

Erkenntnisse des Tages:

„Ich werde meine Füße gut pflegen."

„Der Weg kann nur mein eigener sein."

Hinweise zur Resilienz

Natürlich ist es widersprüchlich, sich für sechs Wochen eine Auszeit zu nehmen, um den Camino zu laufen und ihn dann einfach zu unterbrechen und wieder nach Hause und zurück zu reisen. Schließlich liegt kein Notfall vor. Doch was ich diesbezüglich in den ersten Tagen auf dem Jakobsweg gelernt habe, hat mir meine Entscheidung erleichtert.

Ich habe in diesen Tagen einige Pilger gesprochen, die den Weg auf ihre ganz persönliche Art laufen, ihn in Phasen einteilen, z.B. pro Jahr immer „nur" 200 km wandern oder nur zwei Wochen Zeit haben für die erste Teilstrecke und ihn so weit wie möglich gehen. Andere setzen erst später ein, so wie Andreas, der in Pamplona gestartet ist. Da stellt sich mir die berechtigte Frage, weshalb darf ich mir nicht die Erlaubnis geben, den Camino zu unterbrechen. Denn schließlich ist es doch mein Weg, den ich laufe, also frei nach dem Motto: „I do it my way."

Diese Entscheidung ist mir trotzdem nicht leicht gefallen, denn neben Kosten sind auch Zweifel damit verbunden. Dennoch ist diese Entscheidung in diesem Moment genau die richtige für mich.

Aus Sicht der Resilienz ist es m.E. sehr wichtig, sich in bestimmten Situationen die Erlaubnis zu geben, aktiv zu werden und nach den eigenen Wünschen zu handeln, gerade auch in Situationen, in denen wir nicht gebunden sind. Es kommt darauf an, dass nicht immer die Zweifel, das sog. schlechte Gewissen oder die Vernunft uns beherrschen, sondern auch einmal die Emotionen und das Bauchgefühl uns leiten.

Bei dieser Entscheidung konnte ich letztendlich meine seelische Widerstandkraft nutzen und stärken. Es kamen meine Selbstwirksamkeit, das Leben aktiv gestalten zu können und meine Lösungsorientierung, Eigenverantwortung und Zukunftsorientierung zum Tragen, weil ich in der Lage bin, mich auf meine Ziele hin zu bewegen, flexibel zu sein und meine Kurzfristziele anzupassen, um gut durch das Leben zu kommen.

Viele Menschen halten starr an ihren Planungen fest und blockieren sich durch diese Starrheit selbst. Aus Sicht der seelischen Widerstandskraft kommt es aber darauf an, Planungen auch hin und wieder zu überprüfen und bei neuen Erkenntnissen flexibel zu reagieren. Denn Resilienz bedeutet Veränderungen und Flexibilität als Lebensprinzipien zu akzeptieren und anpassungsfähig zu bleiben.

Etappe 5: Puente la Reina - Estella, 23 km, 2. Mai

Die Brücke Puente La Reina und Namensgeberin der Stadt von der Morgensonne angestrahlt

Es ist eine saublöde Nacht, laut und unruhig in dieser Herberge. Das Frühstück ist miserabel und das Geld nicht wert. Serviert wird billigstes Weizenpapptoast und Karokaffee. Es ist eine Massenabfertigung, eher noch eine Massenfütterung. Echt scheiße! Ich bin stinksauer.

Mit dieser schlechten Laune muss ich erst einmal fertig werden und laufe allein los. Elena ist schon vorausgegangen. Sie braucht Zeit für sich zum Nachdenken. An diesem Morgen nervt mich noch lange diese schlechte Unterkunft, und so arbeite ich mich körperlich und seelisch an der ersten steilen Steigung des heutigen Weges ab. Nach einer Weile denke ich, diese Gedanken sollte ich jetzt aber auch mal lassen und achtsam mit mir sein. Und so konzentriere ich mich wieder auf die Umgebung. Der herrliche Sonnenaufgang und das gute Wetter entschädigen mich. Der heutige Weg hat ein paar steile Anstiege und geht teilweise an der Autobahn entlang.

In einem der nächsten Dörfer treffe ich Elena und viele andere Pilger in einem Café. Ich kann mich wieder freuen und stelle fest, dass es schön ist, gemeinsam Kaffee zu trinken und Gedanken auszutauschen. So unterhalten wir uns über die Pilger aus Südkorea, die hin und wieder zu sehen sind. Wir haben nicht damit gerechnet, Asiaten auf dem Camino anzutreffen. Uns fällt auf, dass sie sehr freundlich sind und immerzu lächeln. Das wirkt hin und wieder etwas überzogen.

Anschließend laufen wir zusammen weiter und erzählen, was uns beschäftigt. So sprechen wir über unsere Fuß-schmerzen und unsere Zweifel, ob wir die Gesamtstrecke überhaupt schaffen werden. Ich spüre, der Jakobsweg hat auch etwas Reinigendes, wenn man diese besonderen Gespräche als so etwas wie eine Psychohygiene betrachtet.

Wir kommen durch schöne Dörfer, z.B. Cirauqui, das terrassenförmig auf einem Hügel erbaut ist. Am Wegesrand blüht der Mohn, und in einem weiteren Dorf gibt es wieder ein tolles Café mit leckeren Bocadillos. Jede kleine Rast ist eine Erholung für den Körper und die Seele. Doch es ist häufig schwierig, danach wieder in den Laufrhythmus zurück zu finden. Das dauert dann eine Weile.

Um 14.30 Uhr treffen wir am Zielort in Estella in der Herberge Cappucin ein. Es ist ein ehemaliges Franziskaner-kloster. Dort erhalten wir einen Schlafplatz in einem Sechs-Bett-Zimmer. Und wer sitzt schon im Garten und ruht sich aus? Andreas aus der Schweiz. Er erzählt uns wie seine heutige, zweite Etappe verlaufen ist, wobei er auch die Natur genossen hat und ebenfalls schmerzende Füße.

Abends gehen wir gemeinsam in das Zentrum und bewundern die interessante Altstadt von Estella, baskisch

Lizarra genannt. Hier gibt es ein paar wirklich alte und bedeutsame Bauwerke der Pilgergeschichte aus dem 12. Jhdt., z.B. den Palast der Könige von Navarra und die Kirche del Santo Sepulcro, ein einschiffiger, frühgotischer Bau mit einer sehenswerten Fassade, insbesondere das Tympanon mit Abendmahl, Kreuzigung und Grablegung. König Sancho I. ließ im Jahr 1090 den Jakobsweg nach Estella verlegen, um mehr Einnahmen erzielen zu können. Aber lange können wir uns mit der Geschichte und Stadtbesichtigung nicht befassen, denn unsere Beine sind müde, und wir müssen noch ein Lokal suchen.

Zum Essen finden wir irgendwie nicht das Richtige und landen in einem Bistrot bei einer Pizza. Das ist akzeptabel, denn folgende Tatsache ist zu berücksichtigen. Das Essen auf dem Camino ist oft eine besondere Herausforderung, wenn nicht sogar eine weitere Prüfung. Meistens gibt es ein sog. Pilgermenu, das immer aus viel Pommes Frites und einer gegrillten Scheibe Fleisch besteht.

Zum Glück gibt es alternativ auch meistens Salat, d.h. gemischten Salat mit Thunfisch, Ei und Spargel. Der Spargel aus Navarra ist sehr gut, richtig lecker und empfehlenswert. Das ist dann schon die bessere Kost, die dem Pilger die nötige Energie zurückgibt. Leider ist dies heute Abend für uns nicht zu bekommen.

Im weiteren Verlauf des Caminos stelle ich fest, dass ich auch viel Schokolade esse, um die nötigten Kalorien zu erhalten. Mich wundert, dass ich auf dieser Reise trotzdem abnehme. Wie gesagt, das richtige Essen ist eine tägliche Herausforderung, und gutes Essen ist eine Grundvoraussetzung für die Kraftanstrengung bzw. das Erreichen der Etappenziele und des Zielortes Santiago de Compostela.

Highlights des Tages:

- Schöne Dörfer gesehen, die auf Hügeln gebaut sind, mittelalterliche Kerne aufweisen und über romanische Kirchen verfügen.
- Über Reste von römischen Fernstraßen und Brücken gewandert.
- Die 23km-Wanderung ist gut verlaufen.
- Die schöne Altstadt von Estella, baskisch Lizarra, mit dem Palast der Könige von Navarra und zahlreichen romanischen Kirchen.

Erkenntnisse des Tages:

- „Was will der Weg mir sagen? Antwort: Sei geduldig und beherrsche Dich, aber lass die Wut auch mal raus."
- „Mir geht es besser, wenn ich den Camino mit seinen Strapazen als Pilgerreise mit besonderen Herausforderungen betrachte und nicht als eine Art Urlaubsreise."
- „Die Pilgerreise wird durch die Strapazen zu einer Reise zu sich selbst."

Hinweise zur Resilienz

Diese Erkenntnisse beziehen sich direkt auf meine Resilienz. Aus dem Ärger des Morgens lerne ich, mir geht es besser, wenn ich den Camino mit seinen Unannehmlichkeiten nicht als normale Reise betrachte, sondern als eine besondere Form der Selbsterfahrung. So lässt sich vieles für mich leichter ertragen, auch die schmerzenden Füße, die sich immer wieder tief in mein Bewusstsein bohren.

Ich darf mich auch einmal ärgern und wütend sein. Dass ich meinen Ärger bewusst wahrnehme und annehme, ist richtig. Nur sollte ich die Wut richtig kanalisieren und am besten körperlich bzw. sportlich abreagieren. Das habe ich dann auch getan. Auf diese Weise lassen sich die Stresshormone wie das Adrenalin am besten abbauen.

Hinsichtlich der Resilienz kommt es ja darauf an, in Belastungssituationen lernfähig und handlungsfähig zu bleiben und nicht in Resignation zu verfallen oder in Wut und Ärger zu versinken. Also wieder einiges richtig gemacht heute. Auch das Netzwerk funktioniert am heutigen Tag. Was will ich mehr?

Ein wunderschöner Ausgleich zu den täglichen Strapazen ist das Erleben der Natur. Das befreite Wandern in der überwiegend sehr schönen Landschaft übt die Sogwirkung aus, jeden Tag weiter zu laufen. Und so werden die Anstrengungen mehr als entschädigt. Hape Kerkeling hat dazu in seinem Pilgerbuch sinngemäß geschrieben, der Weg nimmt dir alle Kraft, aber gibt sie dir mehrfach wieder zurück.

Es ist einfach überwältigend, diese Erfahrung selbst einmal zu machen. Ähnliches habe ich vorher nur beim Sport erlebt, wenn sich nach Anstrengung und Erschöpfung eine große Freude und Glücksempfinden über die eigene Leistung und das erreichte Ziel ausbreitet, auch als Bestätigung seiner selbst.

Etappe 6: Estella – Los Arcos, 22,5 km, 3. Mai

Das Frühstück besteht heute aus einem Milchkaffee und einem Croissants, dass ich zusammen mit Elena und Andreas in dem Bistrot der Tankstelle am Ortsausgang von Estella einnehme. Nach dem Frühstück beschließen wir getrennt die heutige Etappe zu gehen. Jeder braucht jetzt wieder Zeit für sich. Das Wetter beschert uns leichten Regen an diesem Morgen. Nach 500 Metern auf dem Weg ziehe ich meine Regenhose widerwillig an.

Und nach einem weiteren Kilometer taucht die Bodegas Irache auf, eine Weinkellerei neben dem Kloster Irache, das verfallen aussieht. Das Weingut bietet eine Besonderheit für die Pilger. In einer Wand der Bodegas ist ein Zapfhahn eingebaut, der kostenlos Wein spendet. Trotz Regen hat sich eine kleine Schlange von Pilgern dort gebildet. Jeder möchte gern vom Wein kosten und ein Foto von sich vor dem Zapfhahn haben. Somit wird für die Bodegas Irache eine der besten Werbeideen umgesetzt.

Nach dieser willkommenen Abwechslung geht es weiter, und trotz Regen bin ich mit einem guten Tempo unterwegs. Ich überhole ziemlich viele Pilger und auch einen älteren Herrn, obwohl der auch ein ganz schönes Tempo drauf hat. Und ich wundere mich über diesen. Es ist nämlich der spanische Senior von vorgestern, der sich seine Hornhaut genäht hat. Meine Güte, was kann der für eine Geschwindigkeit trotz kaputter Füße laufen. Da sieht man mal, dass das Nähen der Füße etwas bringt.

Aber warum tut sich dieser siebzigjährige Mann das überhaupt noch an, frage ich mich. Und so komme ich wieder einmal nicht zu mir und meinen Fragen, d.h. über das nachzudenken, was mir wichtig ist im Leben und was ich zum Leben brauche. Ich stelle fest, ich bin viel zu sehr im Außen und lasse mich viel zu schnell von den Eindrücken aus meiner Umwelt ablenken.

Nach zwei Stunden hört der leichte Regen zum Glück wieder auf, aber es weht ein unangenehm kalter Wind. Überwiegend bin ich heute allein gelaufen. Elena und ich haben uns zwar unterwegs getroffen und sind ein Stück zusammen marschiert, doch sind wir übereingekommen, demnächst getrennt zu gehen.

Sie möchte den Camino individuell und spontan erleben und sich mehr treiben lassen, d.h. auf die kleinen Situationen während des Tages und auf das Hier und Jetzt eingehen. Mir ist es wichtiger, mein Tagesziel zu erreichen und dafür ggf. auch schneller zu wandern. So haben wir uns am Ortseingang des Ankunftsortes Los Arcos getrennt. Sie möchte in der kirchlichen Herberge übernachten. Und ich bin gleich zur ersten ausgeschilderten privaten Herberge gegangen. Aber wir haben uns an diesem Tag noch einmal eine SMS geschickt und sehen uns bestimmt noch einmal irgendwo wieder.

In der Herberge steht erst einmal Duschen und Ausruhen auf dem Programm. Nach einer erholsamen Pause wasche ich meine Klamotten mit der Hand und drehe sie im Innenhof der Herberge durch eine manuelle Trockenmangel. Ich bin begeistert, denn das Ding ist eine Antiquität, tut aber ausgezeichnet seinen Dienst. Ich hänge die Wäsche im Innenhof auf und hoffe, dass bis morgen alles wieder trocken ist.

Andreas hat angerufen und wir treffen uns im Zentrum von Los Arcos zum Abendessen. Die kleine Gastwirtschaft ist überfüllt mit Pilgern, es herrscht sehr gute Stimmung und ein reger Austausch. Am Tisch von Andreas und mir sitzt ein Spanier, der gerade erst seit einem Jahr pensioniert ist und jeden Tag 28 km läuft. Toll, denke ich. Das möchte ich auch gern können und ausprobieren. Mehrere Tage hintereinander längere Distanzen laufen, wäre doch ganz schön.

Noch ein paar Amerikaner und ein weiterer Deutscher namens Hartmut fallen mir beim Essen auf. Andreas erzählt mir vom „Pilgerfunk", d.h. von den Informationen, die zwischen den Pilgern auf dem Weg ausgetauscht werden. Dazu gehört, dass vor drei Tagen ein Amerikaner beim Aufstieg auf den 734 m hohen Puerto del Perdon gestorben sei. Herzinfarkt. Das ist für mich Anlass an die Kreuze am Wegesrand, die ab und zu auftauchen, und die verstorbenen Pilger zu denken. Mein Eindruck ist, da sind in den letzten Jahren und Jahrzehnten schon eine Menge Trauerfälle zusammengekommen. Zum Glück bereitet mir dieser Umstand weder Sorgen, Ängste, noch Traurigkeit.

Nach dem Abendessen gehen Andreas und ich in die Messe in der gegenüber liegenden Kirche Santa Maria. Es scheint für diesen kleinen Ort eine viel zu riesige Kirche zu sein, mit einem großen Kreuzgang und einem riesigem mit Blattgold überladenen Altar. Er ist unglaublich groß.

In der Messe höre ich schöne Musik und sehr schöne Stimmen. Doch der ganze Ablauf erscheint mir befremdlich und hat etwas Sektenhaftes. Wir werden aufgefordert mit unseren Sitznachbarn in der Kirche die Hände zu schütteln und uns Gesundheit und andere Nettigkeiten zu wünschen. Ich folge dem Aufruf, doch die über 70jährige Spanierin neben mir versteht kaum meine Worte wie ich ihrer Reaktion entnehme, obwohl ich Englisch spreche und es auch mit gebrochenem Spanisch versuche. Immerhin war dies ein freundliches Ritual und guttuend.

Danach geht es in einem Prozessionszug einmal um den Kreuzgang an den vom Osterfest aufgestellten blutigen Jesusfiguren von der Kreuzigung vorbei. Das ist mir „to much". Ich werde so schnell keine Messe mehr besuchen. In der Kirche sehe ich noch ein paar weitere Pilger, auch Elena ist dabei. Sie hat in ihrer Herberge Pamplöna getroffen, der eigentlich Christian heißt und noch einen weiteren Deutschen namens Stefan aus Kaiserslautern.

Ja, die deutsche Gemeinde ist neben Italienern und Spaniern auch sehr stark auf dem Camino vertreten. Und in meiner Herberge lerne ich an diesem Abend auch noch weitere Deutsche kennen, u.a. Leander, Susanne mit Finn und Roman mit Simone, aber auch eine Australierin namens Laura. Irgendwie sind alle freundlich zueinander und es herrscht eine sehr angenehme und entspannte Atmosphäre. Es macht Spaß, sich auszutauschen und von den Erfahrungen der anderen zu hören.

Susanne und Finn verbindet eine besondere Konstellation. Sie ist Sozialpädagogin und betreut den 15jährigen Finn auf dem Pilgerweg. Irgendwie hat das Jugendamt es hingekriegt für Finn, der Vollwaise ist und gerne den Jakobsweg gehen wollte, eine Sozialpädagogin, die auch gerne pilgert, zu organisieren. Ich bin erstaunt, was heutzutage alles möglich ist und freue mich für beide, dass sie dieses ambitionierte Projekt umsetzen können.

Highlights des Tages:

- Viele freundliche Pilger sind unterwegs und auch einige neu kennen gelernt.
- Andreas wieder getroffen.
- Die manuelle Trockenmangel für die Kleidung, eine Antiquität, hat es mir angetan.

Erkenntnisse des Tages:

- „Ich bin zu schnell und viel zu sehr im Außen. Eine innere Einkehr wird dadurch unmöglich bzw. erschwert."
- „Alleine laufen ist auch sehr schön: Eigener Rhythmus, eigene Pausen, keine Rücksicht auf andere nehmen. Unabhängigkeit und Freiheit spüren und diese auch genießen zu können, ist ein großes Glück."

Hinweise zur Resilienz

Aus Sicht der Resilienz lässt sich sagen, das Netzwerk funktioniert und trägt mich. Der tägliche Austausch mit anderen, eine Form der sozialen Unterstützung, ist mir sehr wichtig. Dennoch bin ich frei und flexibel, kann alleine laufen, aber auch mit anderen zusammen.

Die Selbstwirksamkeit zu spüren, schafft Zufriedenheit, schließlich bin ich mit der heutigen sechsten Etappe bereits 138,4 km gewandert. Auch ein wenig Stolz stellt sich darüber ein. Die zu Beginn der Pilgerfahrt vorhandenen Zweifel und Unsicherheiten sind gewichen. Es scheint, ich bin auf dem Jakobsweg angekommen.

Aber das Nachdenken über bestimmte Lebensthemen klappt noch nicht so richtig. Als ich den älteren, spanischen Senior sehe, frage ich mich, weshalb tut er sich den Jakobsweg noch an, ohne zu wissen, woher er kommt und wie weit er geht.

Aber vielleicht ist diese Frage eine Projektion und eigentlich an mich selbst gerichtet. Ja, weshalb tue ich mir das an? Hin und wieder denke ich schon, ich könnte die Tour auch mit dem Camping-Bus abfahren und überall dort anhalten, wo es schön ist. So würde ich mir die Strapazen ersparen, denn die körperlichen Belastungen tagein tagaus stellen die größten Herausforderungen für mich dar. Warum tue ich mir das an? Gut möglich, dass ich mir und anderen beweisen will, dass ich den Camino schaffen kann. Ich vermute, auch aus diesem Grund speist sich mein Durchhaltvermögen. Zudem habe ich eine starke Zielorientierung, bin sehr ehrgeizig und ausdauernd. Und das Pilgern auf dem Jakobsweg ist ein weiteres Training für mein Durchhaltevermögen und stärkt somit meine innere Widerstandkraft.

Vielleicht verbinde ich damit auch die heimliche Hoffnung, dass ich auch zu Hause die Belastungen des Alltags besser bewältigen kann. Mein Durchhaltevermögen basiert jedenfalls nicht auf der religiösen Vorstellung, dass mir in Santiago meine Sünden erlassen werden. Schade eigentlich. Irgendwie haben es Gläubige einfach besser im Leben, denke ich in diesem Moment.

Etappe 7: Los Arcos - Logroño, 28 km, 4. Mai

Wieder eine schlechte Nacht in der Herberge. Diesmal haben zwei Frauen geschnarcht und die Wände wackeln lassen, unglaublich. Die eine ist, glaube ich, aus Brasilien. Das tut aber nichts zur Sache. Das hätte ich nicht für möglich gehalten. Ich sollte es wirklich lassen, in Herbergen zu übernachten, wenn ich so geräuschempfindlich bin. Aber irgendwie lerne ich nicht dazu bzw. habe es in Los Arcos leider versäumt, ein Einzelzimmer zu bekommen.

Auf jeden Fall muss ich die nächste Nacht besser für mich sorgen. Ich setze mich gleich nach dem schmalen Frühstück in der Herberge hin und buche mit dem Smartphone ein Hotelzimmer in Logroño, dem Zielort der heutigen Etappe. In diesem Moment wird mir bewusst wie gut wir es heutzutage haben, verglichen mit den Pilgern in den letzten 1000 Jahren, die nach Santiago de Compostela gewandert sind. Das ist schon eine gewisse Art von Luxuspilgern. Dennoch bleiben die körperlichen Herausforderungen und einige andere erhalten.

Dann geht's los. Ich denke unterwegs daran, dass mein ältester Sohn heute Geburtstag hat und schon 22 Jahre alt wird. Ein tolles Alter, überlege ich und rufe ihn an. Wir unterhalten uns angeregt, er erzählt von seinem Studium und von der geplanten Geburtstagsparty, und ich von meinen Pilgererfahrungen und dass ich in ein paar Tagen aus beruflichen Gründen zurückkehre und den Camino unterbrechen werde.

Es ist immer wieder schön, Kontakt nach Hause zu meiner Frau und meinen Kindern zu haben. Doch ich will auch nicht zu viel Kontakt haben, damit ich Abstand bekomme und die Pilgerreise besser erleben kann. So reduzieren wir unseren

Austausch auf höchstens einmal pro Woche, aber meistens weniger.

Auf der heutigen Etappe fällt mir auf, dass viele Pilger mit schlechtem Schuhwerk unterwegs sind. Viele laufen nur mit einfachen Sneakers. Diese Freizeitschuhe sind ungeeignet für die täglichen Fünf-Stunden-Wanderungen. Naja, das müssen die Leute ja selbst wissen, was sie tun und sich nicht wundern, wenn sie Blasen kriegen.

Am Ortseingang von Sansol gibt es ein schönes Café, das leider mit Pilgern überfüllt ist. Ich überlege, ob ich bleiben soll, laufe aber doch weiter und kehre dann in das nächste Café ein. Hier ist es ruhiger und gemütlicher.

Heute weht wieder ein sehr kalter Wind, aber es ist trocken und die Sonne scheint. 3 km vor der Kleinstadt Viana mit 4200 Einwohnern überhole ich „Pamplöna" (Christian) und Stefan. Beide laufen etwas langsamer als sonst, weil sie Blasen und Schmerzen in den Beinen haben.

Bevor ich in Viana eintreffe, sehe ich eine alte Frau mit kleinem Rucksack vor dem Ortseingang an der Landstraße stehen. Sie ist bestimmt schon über 80 Jahre alt und macht einen klapprigen Eindruck. Ich überlege, ob ich ihr Hilfe anbieten und sie fragen soll, ob ich etwas für sie tun kann. Doch dann kommt ein Taxi, und die Frage hat sich schon erübrigt.

Jetzt erinnere ich mich, dass ich die alte Dame kenne. Auf der zweiten oder dritten Etappe habe ich sie abends in einer Bar gesehen. Und an jenem Abend war sie bereits als Pilgerin zu erkennen und irgendwie wirkte sie auch schon hilfsbedürftig auf mich. Ambivalente Gefühle stiegen in mir auf, als ich sie an jenem Abend sah. Zum einen die Bewunderung für ihre Leistung, die sie auf dem Jakobsweg vollbringt und zum anderen eine gewisse Portion Mitleid und die Frage, weshalb tut sie sich das an, diese Strapazen in ihrem Alter auf sich zu nehmen.

Ein paar Tage später erfahre ich, dass andere Pilger auch so über sie denken und dass sie den Camino in Erinnerung an ihren verstorbenen Mann läuft. Vor vielen Jahren sei sie den Weg schon einmal mit ihm zusammen gewandert. Eine beeindruckende, aber auch traurige Geschichte. Ich erfuhr auch, dass sich die Seniorin meistens durchschnittliche Tagesetappen von 25 km vornimmt, dann maximal „nur" 10 km am Tag wandert bis sie sich mittags ein Taxi ruft. Gute Idee, denke ich. Das sollte ich auch mal versuchen, wenn meine Füße wieder so stark schmerzen.

Ja, das Thema Füße und Fußschmerzen begleitet einen täglich und ständig. Aber nach einer Woche kann das eigentlich kein Pilger mehr hören. Und so ist dieses Thema schnell ein Tabu. Es gehört einfach zum Alltag dazu und wird als kleines Handicap akzeptiert.

Umso wichtiger ist es, abends die Füße zu pflegen und zu versorgen. Mit Fußcreme, Massagen, Pflastern und anderen Hilfsmitteln werden Blasen gelindert oder beginnende verhindert. Auch die Wanderschuhe werden getrocknet und gepflegt.

Als ich in Viana dann endlich eintreffe, sehe ich in der Fußgängerzone in einem Schuhgeschäft die Australierin Laura. Die Tür steht offen und ich grüße sie. Laura hat genug von ihren schweren Wanderstiefeln. Sie kommt damit einfach nicht mehr zu recht und ihre Schmerzen sind unerträglich, sagt sie. Ab jetzt sollen es Wandersandalen sein. Sie hat ein tolles Paar gefunden und will gleich weiter, denn sie hat noch ein weiteres Problem zu bewältigen.

Laura hat für alle Etappen die Unterkünfte im Voraus gebucht und ist jetzt ziemlich unter Druck, die Tagestouren zu schaffen. Weil sie i.d.R. langsamer geht als geplant und von den langen Touren oft erschöpft ist, muss sie des Öfteren auch den Bus oder ein Taxi nehmen. Ich verabschiede mich von Laura und suche mir in der Stadt ein Bistrot für die Mittagspause.

In der Fußgängerzone und in der Nähe der Kirche Santa Maria wird es mächtig voll. Die ganze Stadt scheint auf den Beinen zu sein. Es sieht so aus, als wäre es ein Feiertag. Der Gottesdienst ist gerade vorbei und alle strömen aus der Kirche. Ich möchte die Kirche von innen sehen und winde mich mit meinem Rucksack durch die Masse von Menschen, die mir entgegenströmt. Vor der Eingangstür ist ein Bettler, dann Dunkelheit. Ich erkenne erst einmal gar nichts in der Kirche, die abgedunkelt erscheint. Das Sonnenlicht draußen ist ein zu starker Kontrast zu dem schwachen Licht hier in der Kirche.

Ich merke in diesem Moment, dass hier keine angenehme Atmosphäre herrscht. Ich fühle mich nicht wohl und empfinde es gerade unpassend, die Kirche zu besichtigen. So lasse ich nur meinen Pilgerpass abstempeln, dann aber raus hier und ab zum Mittagessen. Irgendwie finde ich noch einen Platz in einer Bar in der Nähe der Kirche und genieße den Thunfischsalat, den leckeren Kuchen und diverse Getränke. Die Pause ist wirklich erholsam.

Ich weiß, einige Pilger werden heute hier in den Herbergen übernachten. Nichts für mich. Ich will 10 km weiter nach Logroño wandern, wo ein schönes Hotelzimmer auf mich wartet.

Auf dem Weg dorthin begeistern mich die vielen Mohn-blumen am Rand der Weizenfelder. Einige Fahrradpilger sind heute wieder unterwegs. Ich komme auch an Weinfeldern vorbei und kurz vor Logroño an einem bekannten Pilgerstand. Dort versorgt eine alte Frau die Pilger gegen eine Gabe mit Getränken, Bananen und Souvenirs.

Den berühmten Pilgerstempel mit der Aufschrift „Feigen, Wasser und Liebe" gibt es auch bei ihr. Außerdem hat sie einen Handzähler, und ich bin bereits Pilger Nr. 396 am heutigen Tag. Schnell rechne ich durch: 35 Etappen bis Santiago multipliziert mit 400 Pilgern pro Tag. Das macht 14.000 Pilger, die jeden Tag gleichzeitig auf dem Jakobsweg unterwegs sind, wenn ich richtig gerechnet habe. Wahnsinn! Auf welchem Wanderweg oder anderem Pilgerweg gibt es so etwas schon? Außerdem bin ich ein Teil dieser Veranstaltung. Oder sollte ich sagen, dieses touristischen Wahnsinns? Aber weil ich mich gerade in Akzeptanz übe, macht mir dieser Gedanke jetzt überhaupt nichts mehr aus. Ich bin zufrieden und trotte weiter meinem Ziel entgegen.

Im Hotel freue ich mich über die Badewanne, die ich ausgiebig nutze, und das bequeme Bett. Der Nachmittagsschlaf tut mir sehr gut. Und noch vor dem Abend kann ich die Stadt Logroño erkunden.

Ich komme an einer Herberge vorbei und sehe im Innenhof den jungen Pilger Finn mit einem riesigen Verband am Fuß. Es ist etwas Schlimmes passiert. 5 km vor Logroño ist Finn mit dem linken Fuß umgeknickt. Er konnte nicht mehr weiter. Zum Glück gab es dort eine Straße und gerade in dem Augenblick, als es passierte, hielt eine Spanierin mit ihrem Wagen an. Sie brachte Finn und seine Betreuerin Susanne in das städtische Krankenhaus. Er hat eine Bänderdehnung und muss für ein paar Tage pausieren. Sie wissen noch nicht, ob Finn überhaupt weiter wandern kann.

Später kommt Susanne, die sozialpädagogische Betreuerin, noch dazu und unter vier Augen frage ich sie, wie es zu dem Unfall kommen konnte. Sie meint, es sei die mangelnde Konzentration und mentale Überforderung bzw. Erschöpfung der letzten Tage, die Finn erfasst hat. Er ist erst 15 Jahre alt und lernt jeden Tag viele neue Menschen aus aller Welt kennen. Die vielen neuen Eindrücke Tag für Tag überwältigen und überfordern ihn. Seine Gedanken überschlagen sich.

Er braucht einfach mal etwas Ruhe und Erholung, kann sein Bedürfnis danach aber weder erkennen, noch in Worte fassen. Und so entscheidet dann sein Körper für ihn und sein Fuß knickt um. Das ist ihre Erklärung und die Erfahrung aus ihrer pädagogischen Arbeit mit Jugendlichen. Eine interessamte Erkenntnis wie ich meine, und ich überlege, ob ich so eine Situation auch schon einmal erlebt habe.

Mir fällt spontan meine Konfirmation vor Jahrzehnten ein. Vor Nervosität war mir damals so schlecht, dass ich mich übergeben musste. Der Körper reagierte und zog die Notbremse. Ich überlege weiter und denke, im Erwachsenalter sollte man es nicht mehr so weit kommen lassen und zum einen die Fähigkeit besitzen, die ersten Anzeichen einer Überforderung bzw. Erschöpfung erkennen können, und zum anderen die Bereitschaft und Fähigkeit, entsprechende Gegenmaßnahmen einzuleiten. Und dennoch machen es viele Erwachsene falsch, erkennen ihren negativen Stress bzw. Dauerstress nicht bzw. nicht an, erkranken und werden sogar chronisch krank.

Aufmerksamkeit, Reflexionsfähigkeit und Achtsamkeit wären in einer solchen Situation sehr hilfreich.

Abends im Hotel treffe ich zufällig Hartmut wieder. Er braucht auch wieder einmal ein eigenes Zimmer. Und er teilt mir mit, dass er aufgrund mehrerer Blasen an den Füßen heute nur 10 km geschafft habe. Hartmut sagt, er überlege, die Pilgerreise abzubrechen. Ich wünsche ihm erst einmal gute Besserung, mache ihm Mut und gehe dann auf mein Zimmer. Vor dem Einschlafen denke ich noch einmal über den heutigen, ereignisreichen Tag nach.

Highlights des Tages:

- Ich freue mich, dass ich gesund und unbeschadet in Logroño angekommen bin und wieder einmal 28 km geschafft habe.

- Das Hotelzimmer hat eine Badewanne – großartig!

- Die schöne, umtriebige Altstadt von Logroño mit den vielen Bars und Cafés gefallen mir sehr gut.

Erkenntnis des Tages:

„Man muss nicht das erstbeste Café nehmen. Das zweite geht auch und hat seine Vorzüge."

Hinweise zur Resilienz

Aus Sicht der Resilienz habe ich heute gut für mich gesorgt, die richtige Unterkunft gewählt, entsprechend meinem Bedürfnis nach Kommunikation Kontakte gepflegt, mich bezüglich der Fußschmerzen in Akzeptanz geübt, an der

Natur erfreut und die einfachen Dinge des Lebens, einen leckeren Thunfischsalat und ein bequemes Bett, genossen und darüber Glück empfunden.

Die Alltagssorgen, die ich noch zu Hause hatte, sind mir wie eine Last von meinen Schultern gefallen. Ich empfinde eine Befreiung beim Wandern, genieße die Bewegung in der Natur und freue mich, dass ich unabhängig bin und meinen Tag nach Lust und Laune gestalten kann. Das ist ein Leben im Hier und Jetzt. Das Gegenwärtige intensiv zu erleben, empfinde ich als ein riesiges Geschenk und pures Glück für mich. Die vielen positiven Emotionen stärken meine Widerstandskraft. So kann ich die Strapazen und Belastungen beim Pilgern leichter ertragen.

Wieder stelle ich fest, dass es sehr wichtig ist, für sich selbst zu sorgen, Pausen einzulegen und das Leben zu genießen, d.h. Eigenverantwortung zu übernehmen. Gerade Pausen sind sehr wichtig auf dem Camino. Und sehr empfehlenswert sind viele kleine Pausen. Die mache ich, indem ich öfter anhalte und zum Fotoapparat greife.

So kann ich auch noch mein Hobby praktizieren und mich über die festgehaltenen Eindrücke freuen. Darüber hinaus lenkt mich das Fotografieren auch von negativen Emotionen ab und stellt somit eine weitere Strategie zur Bewältigung von Belastungen dar.

Etappe 8: Logroño – Navarette, 12,5 km, 5. Mai

Heute um 9.00 Uhr vom Hotel losgewandert. Bis Navarette sind es nur 12,5 km. Eine kleine Etappe ist auch mal gut. Unterwegs muss ich ein großes Pflaster setzen, um eine Blase am rechten Fuß zu verhindern. Heute habe ich einen 66-jährigen Spanier auf dem Weg kennen gelernt, er läuft zum dritten Mal den Camino, heißt Jesus Alvarez und lässt sein Gepäck transportieren. Ich denke, das sollte ich zur Not auch einmal machen.

Jetzt sitze ich auf dem Marktplatz von Navarette und ein deutscher „Besserwisser-Heini" mit seiner Frau taucht auf. Sie setzen sich an den Nebentisch. Er ist so ein Typ wie ein ehemaliger Nachbar von mir, der alles besser wusste und dauernd alle anderen belehren wollte. Schrecklich, oh wie schrecklich. Da sollte ich lieber gleich los, bevor ich noch angesprochen werde. Heute werde ich das Abendessen in meiner Herberge für 7 Euro einnehmen und morgen das Frühstück für 3 Euro. Aber vorher rauche ich noch eine Zigarette und trinke in aller Ruhe mein Bier aus ohne Kontakt mit den deutschen Pilgern aufzunehmen.

Später in der Herberge stelle ich fest, das Pilgermenü für 7 Euro ist sehr spartanisch: Spiralnudeln mit Pesto und etwas Salat, hinterher Joghurt mit Marmelade aus der Plastikverpackung. Besser als das Essen ist die Atmosphäre, denn die anderen Pilger sind sehr lustig. In dieser Herberge sind viele Engländer, ein paar Spanier, Hartmut und ein paar andere untergekommen.

Der Herbergsbetreiber bittet alle Pilger darum, sich kurz vorzustellen und zu sagen, wo jeder einzelne herkommt und wie es einem auf dem Jakobsweg ergeht. Dieses Vorgehen wird des Öfteren in Herbergen praktiziert und kann zu einem fröhlichen und schönen Erlebnis werden. An diesem Abend haben wir viel Spaß, weil einige Pilger sich und ihre Partner vorstellen und darüber Witze machen, wie sie es mit ihnen beim Pilgern so aushalten.

Nachdem sich die Runde am Esstisch aufgelöst hat, gehe ich noch einmal zur Tapas-Bar am Marktplatz, weil ich noch Hunger habe und bestelle dort zwei kleine Chorrizos mit Brot. Elena, die auch in Navarette Station macht, kommt spontan dazu, und bei Bier und Zigaretten unterhalten wir uns ein nettes Stündchen sehr angeregt. Wir lassen die erste Woche Revue passieren. Uns ist aufgefallen, dass sich die Aufregung und Anspannung der ersten Tage gelegt haben. Das hat aber auch dazu geführt, dass wir jetzt weniger Energie verspüren. Zu Beginn der Woche hatten wir mehr Power und der Körper hat uns aufgrund der Aufregung mehr Adrenalin und andere Leistungshormone bereitgestellt. Denn jetzt fühlen wir uns an einzelnen Tagen schon viel schneller erschöpft als an den ersten Tagen.

Wir teilen noch weitere Erfahrungen über die Schönheit der Natur auf dem Camino, das befreite Gehen und unsere Freude, dass wir jetzt hier sind, ohne Arbeit und Verpflichtungen. Insbesondere freut sich Elena darüber, dass sie ihren studentischen Nebenjob in einer Jugendhilfeeinrichtung für ein paar Wochen den Rücken kehren kann. Am Ende unserer Unterhaltung verabreden wir uns für morgen, die Etappe gemeinsam zu gehen. Es wird meine letzte Etappe vor dem Heimflug sein.

Highlights des Tages:

- Habe das Doppelzimmer in der Herberge für mich allein bekommen.
- Elena am Marktplatz in der Bar wieder getroffen und dort Tapas und reichlich Bier genossen.
- Es war nur eine kurze Tour heute und damit die Möglichkeit, sich schneller erholen zu können.

Erkenntnis des Tages:

„Auch kleine Etappen haben es in sich. Bin froh über die Halbtages-Etappe und erhole mich auch gern einmal."

Hinweise zur Resilienz

Aus Sicht der Resilienz habe ich eigentlich nichts Neues erlebt. Ich nehme meine Selbstwirksamkeit wahr, dass ich für mich sorgen kann und mit unangenehmen Dingen (beginnende Blasenbildung, Fußschmerzen, unzureichendes Abendessen) gut umgehe. Ich nehme wahr, dass ich mich auf dem Jakobsweg positiv entwickle und an seine Bedingungen gut anpassen kann, z.B. komme ich schneller in die Akzeptanz, habe überwiegend gute Laune und erlebe die vielen schönen und glückliche Momente sehr bewusst.

Ich schaue auf die positiven Seiten des Lebens, freue mich darüber und lebe nach dem Motto: „Das Glas ist halb voll." Das ist eine sehr wichtige Betrachtungsweise auf die Dinge der Welt und die persönliche Lebenssituation. Sie drückt den realistischen Optimismus aus, der ein wichtiger Bestandteil von Problemlösungen, Gesundung, Wohlbefinden und Resilienz ist.

Mit realistischem Optimismus geben wir uns die Chance, Herausforderungen im Leben im Sinne einer sich selbst erfüllenden Prophezeiung besser zu bewältigen. Eine selbst-erfüllende Prophezeiung (engl. self-fulfilling prophecy) ist eine Vorhersage, die ihre Erfüllung selbst bewirkt. Die Prognose über eine mögliche Zukunft hat also einen entscheidenden Einfluss und ist eine wesentliche Ursache dafür, dass diese Zukunft auch eintritt.

Der entscheidende Mechanismus dahinter ist, dass Menschen an die Vorhersage glauben. Und deshalb agieren sie so, dass sie sich erfüllt. Es kommt zu einer positiven Rückkopplung zwischen Erwartung und Verhalten.

Und so erlebe ich es auch auf dem Camino. Mit meiner optimistischen Grundstimmung gestalten sich die Tage positiv, ich erreiche meine Ziele, und die Anforderungen und Strapazen wirken weniger belastend.

Etappe 9: Navarette – Najera, 17,3 km, 6. Mai

Heute ist meine letzte Etappe vor der Heimreise. Ich bin entspannt und freue mich, dass ich klar in meiner Entscheidung für die Unterbrechung bin und alles für die Rückreise geregelt habe. Über die relativ kurze Etappe heute freue ich mich auch. Das gibt mir die Möglichkeit für eine längere körperliche Erholung nach der Wanderung.

Das Frühstück in der Herberge ist schrecklich, Billigtoast und eine Plörre von Kaffee, die nicht trinkbar ist. Ein Spanier im Raum, der morgens mit mir auch ganz früh aufgestanden ist, ist ebenfalls sehr enttäuscht und schimpft vor sich hin. Was ich an dieser privaten Herberge nicht verstehe, ist die Tatsache, dass der Herbergsvater uns voller Stolz erzählt hat, wie oft er den Camino schon gepilgert sei. Dreimal soll es gewesen sein. Und an der Wand hängen mehrere Pilgerpässe mit den Stempeln der vielen Herbergen, die er seinen Gästen heldenhaft präsentiert. Er müsste eigentlich wissen, dass für Pilger gutes Essen wichtig ist.

Aber wahrscheinlich sind ihm die Kosten zu hoch, und er schaut nur auf seinen Gewinn. Ich denke, so kommst Du aber nicht ins Paradies, mein Lieber. Da musst Du wohl selbst noch einmal nach Santiago pilgern, damit Dir diese Sünde erlassen wird.

Um 7.00 Uhr treffe ich mich dann mit Elena, um weiter zu wandern. Leider finden wir keinen Bäcker in der Altstadt von Navarette. So müssen wir bis zu einem ordentlichen Frühstück in einer Bar bis nach Ventosa, ca. 7 km, weitergehen. Unterwegs gibt es einen Imbisswagen und wieder ungenießbaren Kaffee. Den hat zum Glück Elena bezahlt. Sonst hätte ich mich vielleicht geärgert, was ich ja vermeiden will. An Elena gewandt spreche ich ihr tröstende und beruhigende Worte zu, damit sich ihre Verärgerung in Grenzen hält.

Endlich kommen wir in Ventosa an und die Bar ist super. Bei Sonnenschein kehren wir dort ein und treffen auf der Terrasse viele deutsche Pilger. Ich mache auch die Bekanntschaft mit Harald, den Elena bereits vor einigen Tagen kennengelernt hat. Wir setzen uns zu ihm und unterhalten uns sehr angeregt. Harald ist in der Altersteilzeit und steht kurz vor der Pensionierung. Er erzählt uns, dass er sich mit der Pilgerreise einen Lebenstraum erfüllt und dass er den Camino voller Dankbarkeit und Demut läuft. Ja, dankbar und demütig zu sein, ist auch eine sehr resiliente Einstellung und Verhaltensweise.

Bevor wir mit dem Kaffee trinken fertig sind, startet Harald bereits wieder auf den Weg. Und wir genießen unsere Pause auf der Sonnenterrasse noch eine Weile. Ich kann mir ein weiteres Croissant und noch einen Cafe con leche gönnen und empfinde Glück über diese traumhafte Entspannung. Nach dieser schönen Rast laufen wir gemütlich weiter bis nach Najera. Das sind ungefähr noch 10 km, und wir kommen mittags um 12 Uhr an. Ich verabschiede mich von Elena, weil sie noch in den nächsten Ort nach Azofra zu ihrer Herberge, noch ca. 6 km, weiterlaufen will.

Der Abschied ist ein wenig schmerzlich, weil mir bewusst wird, dass „meine Gruppe" weiterwandern kann und ich nicht. Auch Harald treffe ich noch einmal zufällig in Najera in einem Café während der Mittagspause. Wir beide essen eine schmackhafte Tortilla und verabschieden uns danach auch sehr herzlich. Er hat es eilig und geht schnell weiter, und ich kann mir in aller Ruhe im Café Zeit lassen. Herrlich.

Anschließend gehe ich zum Bus-Bahnhof und fahre dann mit dem Überlandbus zurück nach Logroño in mein vorgebuchtes Hotel.

Für meine Rückreise habe ich einen klaren Plan und alles gut organisiert. Bevor ich am nächsten Tag zum Flughafen und nach Hause reise, bringe ich in Logroño meine Wanderstiefel zum Schuster. Die Stiefel haben doch schon etwas gelitten, weil ich bereits vor der Pilgerreise viele Wanderungen bestritten habe.

Der Schuster ist sehr freundlich und aufgeschlossen, weil er auch schon einmal nach Santiago gepilgert ist. Abends in einer Bar gibt es leckere Tapas, nein, hier heißen sie ja Pintxos, die von einem lustigen Kellner serviert werden. Er hat sehr gute Laune und macht kleine Späße mit den Gästen, so dass die Stimmung im Lokal recht gut ist. Spanische Lebensart halt. Am Nachbartisch sitzt ein Koreaner mit seiner Frau und lädt mich zu einem Glas Wein ein. Sie seien auch Pilger und er Professor im Sabbatjahr. Er erzählt in gequältem Englisch von einem berühmten Pilgerweg in Süd-Korea und dass es dort einige Klöster in den Bergen und Wäldern gäbe.

Obwohl ich eigentlich keinen Bezug zu Korea und Koreanern habe, finde ich diese Begegnung sehr freundlich, interessant und wohltuend. Ich freue mich über die Freundlichkeit der Pilger und das Gefühl in einer Gemein-schaft unter Gleichgesinnten zu sein.

Ein Treffen mit Susanne und Finn, die aufgrund des Unfalls und der Zwangspause noch in Logroño verweilen, klappt nicht. Es gibt Ärger mit Finn. Er hat sich nicht an gewisse Abmachungen gehalten, so dass Susanne diesen Abend auf ihn aufpassen muss. Ja, so ist das manchmal mit der Arbeit und betreuungsbedürftigen Jugendlichen. Da bin ich doch wieder einmal sehr froh, meine Arbeit ganz weit weg von mir zu wissen.

Highlights des Tages:

- Noch eine vorerst letzte Etappe mit Elena.
- Es hat alles gut geklappt mit der Rückfahrt nach Logroño.
- Logroño gefällt mir sehr gut. Die Stadt strahlt eine positive Atmosphäre aus, die Kellner sind lustig und die Pintxos lecker.

Erkenntnisse des Tages:

„Demut und Dankbarkeit sind wichtige Lebensbegleiter."

„Die Klarheit meiner Entscheidungen macht mich zufrieden."

Hinweise zur Resilienz

Resilient sein, heißt auch demütig und dankbar zu sein. Ja, die Sichtweise von Harald, Demut darüber zu haben, dass man den Jakobsweg laufen darf, kann ich gut nachempfinden. Schließlich ist es nicht selbstverständlich, denn nicht jeder Mensch hat die Möglichkeit, dies zu tun, sei es aus beruflichen oder privaten Gründen. Gerade auch aufgrund der Gesundheit können viele den Jakobsweg nicht mehr gehen, was sehr schade ist.

Wenn ich so darüber nachdenke, wird mir bewusst, auf dem Camino bin auch ich von Demut und Dankbarkeit getragen und fühle mich glücklich und zufrieden. Wann erlebe ich das in meinem alltäglichen Leben so intensiv, frage ich mich. Ich denke, im Alltag erlebe ich die schönen und wunderbaren Dinge des Lebens wohl zu häufig als selbstverständlich. Außerdem werden Demut und Dankbarkeit von den Pflichten und Anforderungen des Alltags überlagert, so dass es einer ganz besonderen Reflexion bedarf, sich darüber bewusst zu werden. Anders auf dem Jakobsweg, hier weitet sich der Blick und setzt das Empfinden für Schönheit, Demut und Dankbarkeit im Leben wieder ein bzw. verstärkt diesen Blick und das entsprechende Empfinden. Somit wird das Pilgern zu einer richtigen Erholungskur für die Seele.

Eine weitere wichtige Tageserkenntnis für die innere Stärke ist das Wissen um die Einhaltung der Prinzipien Klarheit, Ordnung und Struktur.

Wir fühlen uns ausgeglichen und gut, wenn wir in unseren Entscheidungen, Zielen und Vorgehensweisen klar sind. Kommt dann noch die nötige Ordnung und Struktur hinzu, gibt uns das Sicherheit und macht uns zufrieden. Wie oft habe ich in meinem Leben Ordnung und Struktur gehasst bis ich erst viel später erkannte, dass diese Prinzipien dem Leben Orientierung, Halt und Sicherheit geben. Sodann stellen sich auch Wohlbefinden und Zufriedenheit ein.

Natürlich kann man es in dieser Hinsicht auch übertreiben. Doch im richtigen Maß fördern diese Prinzipien unsere Resilienz.

Etappe 10: Santo Domingo de Calzada – Belorado, 20 km, 12. Mai

Ich bin aus Deutschland zurück und habe meine beruflichen Angelegenheiten geklärt. Gestern Nachmittag bin ich in Logroño angekommen und habe meine Wanderstiefel beim Schuster abgeholt. Der Schuster ist den Camino von Logroño bis nach Santiago, 600 km, vor 10 Jahren schon einmal mit dem Rad gefahren und berichtet begeistert davon.

Wenn ich in Santiago ankomme, soll ich doch bitte ein Ave Maria für ihn in der Kathedrale beten und eine Postkarte an ihn senden. Das zweite will ich gern tun, doch beim ersten Wunsch weiß ich nicht so recht, wie das geht und ob ich das auch gerne will.

Am Abend vorher in der Altstadt von Logroño fallen mir die vielen Pilger auf, die sich hier aufhalten und gefühlt eingefallen sind. Und ich kenne keinen von denen, fühle mich fremd unter den Fremden. Susanne und Finn sind auch nicht mehr da, nur noch fremde Menschen. Wo sind meine vertrauten Gesichter? Ich habe das Gefühl, ich gehöre nicht mehr dazu, und diese Pilger überrennen die Stadt.

Ich habe sechs Tage, d.h. sechs Etappen gegenüber „meiner Gruppe" verloren. Das ist ja furchtbar, denke ich und frage mich, ob ich sie je wiedersehen werde. In mir wächst der Wunsch, meine Pilgerbekanntschaften wieder zu treffen. Deshalb möchte ich versuchen, sie einzuholen und beschließe einen Teil der Strecke mit dem Bus zu fahren und ein paar längere Etappen von 30 km einzulegen. So könnte ich meine lieb gewonnene Pilgergruppe einholen.

Am Sonntagmorgen, den 12. Mai, nehme ich den Bus von Logroño nach Santo Domingo de Calzada und überspringe schon einmal eine Tagesetappe. So, what? denke ich. Damit habe ich kein Problem. Vorerst, denn später wird mich der Streckenverlust noch beschäftigen.

Im Bus setzt sich eine 74jährige Argentinierin aus San Juan neben mich, die sehr mitteilsam ist und nur Spanisch mit mir spricht. Ich verstehe maximal die Hälfte, doch das stört sie nicht. Sie sei vor 20 Jahren schon einmal den Jakobsweg gelaufen und dieses Mal könne sie der Füße wegen nicht den ganzen Tag wandern und fahre deshalb ab und zu mit dem Bus. Sie erzählt mir die Geschichte einer Freundin, die den Weg auch schon zweimal gegangen sei. Ihre Freundin ist Mutter und hatte ein sehr schwieriges Verhältnis zu ihren Kindern. Nach der ersten Pilgerreise habe sie ihr Verhalten geändert, sei milder geworden und das Verhältnis zu ihren Kindern habe sich verbessert.

Und aus Dankbarkeit habe sie ein zweites Mal die beschwerliche Reise auf sich genommen. Das hört sich nach religiöser Motivation an, so wie es die Pilger seit Jahrhunderten praktizieren, d.h. Gott um Vergebung bitten, sich eine Veränderung wünschen, Buße tun oder aus Dankbarkeit und Demut für eine positive Entwicklung im Leben.

Nachdem der Bus in Santo Domingo de Calzada angekommen ist, starte ich morgens um 9.00 Uhr meine heutige Etappe. In der letzten Nacht war hier eine Riesenparty. Ich glaube, es war der Namenstag von Santo Domingo.

Man sieht noch Reste von Abfällen, viele leere Stühle stehen herum, kleine, verwaiste Bühnen sowie zwei, drei Schnapsleichen, die in der Fußgängerzone liegen und ihren Rausch ausschlafen – eine amüsante Szenerie. Bei dieser Party wäre ich gern dabei gewesen. Leider ist die Kathedrale heute vor dem Gottesdienst geschlossen und so verpasse ich auch die Hühner im Käfig in der Kathedrale. So bleibt mir nur die Legende vom berühmten Hühnerwunder in meinem Pilgerführer zu lesen.

Macht nichts – ich will ja auch weiter, mache noch ein paar Fotos von der Stadt und freue mich bei herrlichem Sonnenschein über meinen Wiedereinstieg in den Camino Francés.

Unterwegs nach Belorado lerne ich Ricardo aus Miami, einen 18jährigen, gebürtigen Venezulaner kennen. Irgendwie ergibt es sich, dass wir 3 km zusammenlaufen. Während dieser Zeit, ca. 40 Min., erzählt mir Ricardo seine ganze Lebensgeschichte. Aber ich kann mich nicht richtig darauf konzentrieren. Soviel ich mitbekommen habe, ist seine Familie, als er 8 Jahre alt war, aus Venezuela geflüchtet. Sein Vater respektive seine Familie wurde von einer kriminellen Bande verfolgt und mit Gewalt bedroht. Unter schwierigen Bedingungen sind sie in die USA nach Miami gelangt und haben dort versucht, ein neues Leben aufzubauen. Doch seine Eltern haben sich getrennt, und Ricardo hatte große Probleme, Fuß zu fassen. Immer wieder Schulwechsel, Konflikte unter Jugendlichen und vor zwei Jahren hat ihn seine Freundin verlassen. Seitdem ist er auf der Suche nach dem Sinn oder einen Weg in seinem Leben.

Ehrlich gesagt finde ich seine Geschichte nervig, weil ich mit meiner eigenen Situation sehr beschäftigt bin und mir das Zuhören schwer fällt. Leider versäume ich es, das Gespräch rechtzeitig zu beenden. Und so trenne ich mich erst in dem nächsten Ort Grañón von ihm. Er will in einem Café eine Pause einlegen – ein Glück - und ich gehe weiter.

Ich brauche jetzt einfach ´mal Zeit für mich allein, will in Ruhe ein wenig über meine berufliche Situation nachdenken. Zu Hause hatte sich ergeben, dass ein neuer Aufgabenbereich für mich nicht realisiert werden konnte. Das ist bedauerlich, aber beim Wandern will ich mir die Vor- und Nachteile dieser Situation nochmal durch den Kopf gehen lassen. Und so musste ich erst einmal diesen Ricardo loswerden.

Doch vor dem Nachdenken kehre ich in das nächste Café des Ortes ein. Hier gibt´s zum Glück einen sehr leckeren Milchkaffee. Am Nachbartisch sitzt ein „Gourmetpilger". Er heißt Thomas und spricht mit seinem Tischnachbarn so laut, dass ich nicht weghören kann. Er schwärmt von den Tapas-Bars in Logroño und beschreibt die vielen verschiedenen Tapas genau in ihren Einzelheiten und Geschmacksrichtungen, so dass mir das Wasser im Munde zerläuft. Und er schwärmt und schwärmt von diesen Tapas.

Außerdem würde er hin und wieder gerne draußen nur in seinem Schlafsack unter freiem Himmel übernachten und schwärmt auch von diesen Erlebnissen. Ein interessanter Ansatz, nachts vor dem Einschlafen die Sterne zu bewundern. Draußen schlafen ist aber nichts für mich, weiß ich sicher und schnell.

Nach der Kaffeepause treffe ich – was für ein Zufall - wieder auf Ricardo. Ich merke, dass ich keine Energie mehr für den armen Jungen habe, überhole ihn mit kurzem Gruß und ziehe das Tempo an. Dann endlich kann ich meine berufliche Situation noch einmal in Ruhe reflektieren, meine Sichtweisen hinterfragen, weitere berufliche Fragen klären und endlich dieses Kapitel zufrieden bei Seite legen.

Resümierend freue ich mich, dass ich eine positive Perspektive einnehmen kann.

Kurz vor Belorado, dem Etappenziel, treffe ich noch auf zwei Frauen aus Irland. Die beiden scherzen viel herum, sind sehr lustig und tragen zu meiner Erheiterung bei. Ich freue mich darüber, dass fast alle Pilger so freundlich miteinander umgehen und meist gut gelaunt sind.

In Belorado treffe ich um 15.00 Uhr in der Mittagshitze ein und gönne mir mal wieder eine Tortilla. Die schmeckt auch hier sehr gut und ist ein wahrer Genuss. Danach nehme ich den Bus und fahre zu meinem eigentlichen Tagesziel nach Burgos. Ich bin froh mit dem Bus zu fahren, denn durch die Hitze ist das Wandern heute schon recht anstrengend geworden. Das Hotel in Burgos erreiche ich nach dem Durchwandern der Stadt erst um 18 Uhr. Ich bin sehr, sehr müde, doch die nette, junge Frau an der Rezeption möchte mir auf Spanisch unbedingt die Sehenswürdigkeiten von Burgos vorstellen und die berühmten Ausgrabungen von Atapuerca näherbringen. Sie bemüht ein paar Karten und Broschüren und meint, dort müsse ich unbedingt hinfahren.

Hätte ich mich in Belorado nicht in den Bus gesetzt, wäre ich auf dem Pilgerweg in Atapuerca vorbeigekommen. Nun ist es wohl zu spät. Vor Müdigkeit kann ich ihr nicht mehr zuhören und unterbreche sie unter einem Vorwand, gehe auf mein Zimmer und lege mich endlich schlafen.

Um 22 Uhr wache ich auf und habe Hunger. Die Reste meines Brotes reichen nicht und so mache ich mich auf in das Zentrum der Stadt. Schnell stelle ich fest, Burgos gefällt mir nicht. Das Zentrum sieht so streng und künstlich herausgeputzt aus, die gewaltige Kathedrale wirkt zu imposant und zu eng in die Stadt hineingepflanzt.

Viele Pilger vermeiden es hier und in anderen großen Städten zu übernachten. Die Städte nehmen einem die Ruhe. Ich finde kein Restaurant, das mir zusagt. Die, die noch geöffnet haben, sind mir zu voll, zu laut oder aufgrund der angebotenen Speisen nicht geeignet. Schließlich lande ich in einer kleinen Pizzeria. Ich schaffe nur die Hälfte meiner Pizza und lasse mir die andere Hälfte einpacken. So, das war´s mit der Erkundung von Burgos. Jetzt zurück ins Hotel und Kräfte sammeln für den nächsten Tag. Geplant ist eine Tour von über 30 km.

Highlights des Tages:

- Endlich wieder Wandern, alles hinter sich lassen und die Natur genießen.
- Das schöne Wetter erleben.
- Mit einem Freund aus Hamburg telefoniert.

Erkenntnis des Tages:

„Wandern hilft über bestimmte Gedanken und Sichtweisen hinweg zu kommen."

Hinweise zur Resilienz

Die Wanderung bei Sonnenschein war sehr schön, obwohl die Strecke viel an Autostraßen und der berüchtigten Nationalstraße N-120 vorbeilief und einige Kilometer an Asphalt aufzuweisen hatte. Es ist einfach anstrengend, längere Zeit parallel neben dem Lkw-Verkehr zu gehen. Der heutige Tag war mein Wiedereinstieg in den Camino und kann als gelungen gelten.

Ich konnte noch einmal meine beruflichen Angelegenheiten Revue passieren lassen, habe jetzt beruflich alles geklärt und meine Ruhe, so dass ich entspannt die nächsten 600 km weiter pilgern kann. Das Gefühl, wenn sich Ruhe und Gelassenheit einstellt, ist sehr schön, und das genieße ich.

Resilienz bedeutet, die richtige Sichtweise zu finden, um mit unumstößlichen Tatsachen besser zurecht zu kommen. Gelingt dies nicht (sofort), sollten wir den Perspektivwechsel üben und uns fragen: Wie viele und welche Perspektiven lassen sich hinsichtlich der vorliegenden Situation einnehmen? Welche Vor- und Nachteile sind mit jeder einzelnen Perspektive verbunden?

Wenn wir uns über die Antworten im Klaren sind, lässt sich auch die richtige Sichtweise besser einnehmen und die vorliegende Situation besser beherrschen und in die Akzeptanz gehen.

Allein ist es meistens schwer, neue Perspektiven zu entdecken, deshalb ist es ratsam, sich mit anderen darüber auszutauschen und so eine praktische Form der sozialen Unterstützung zu nutzen. Ich bin immer wieder überrascht, welche neuen Sichtweisen und Impulse ich von außen bekomme. Ich denke, jeder sollte die Hilfsbereitschaft seines Umfeldes für seine persönlichen Anliegen nutzen.

Mein Eindruck ist, dass am heutigen Tag eine Stärkung meiner inneren Widerstandskraft durch den Perspektivwechsel, die Akzeptanz und die Unterstützung aus meinem Netzwerk erfolgte. Hinzu kommt, dass ich durch das Gehen meine Gedanken hinreichend ordnen konnte. Das gelingt mir zu Hause beim Wandern und Spaziergehen auch schon des Öfteren ganz gut.

Etappe 11: Burgos – Hontanas, 32,3 km, 13. Mai

Morgens in Burgos, es ist viel los auf dem Camino – wie auf einer Pilgerautobahn.

Start in Burgos um 7.00 Uhr vom kleinen Hotel aus. Das Hotelzimmer in einem alten Stadthaus war sehr schön, gut renoviert, geschmackvoll eingerichtet, gemütlich und sauber. Und das Ganze für nur 41 Euro.

Die heutige Etappe soll über 32 km gehen, damit mein Plan aufgeht, meine Gruppe in den nächsten Tagen einzuholen. Bis zum nächsten Ort Tardajos sind es 11 km. Es geht sehr viel auf Straße und Asphalt hinaus aus der Stadt Burgos. Viele Pilger sind jetzt unterwegs. Immer voller wird es entlang des Weges und ich habe das Gefühl wie auf einer Pilgerautobahn zu laufen. Zum Glück zerläuft sich das Pilgerfeld nach 5 km, und das Gefühl des Alleinlaufens stellt sich wieder ein. In Tardajos gibt es ein Café, das mit Pilgern überfüllt ist und mir nicht gefällt. Obwohl ich eine Pause brauche, laufe ich gleich weiter. Nach weiteren 2,4 km kommt der kleine Ort Rabe de las Calzadas. Und hier gibt´s endlich ein Café, in dem sich eine Pause lohnt.

Ab Rabe de las Calzadas beginnt die Meseta, eine Hochebene von ca. 400 km Länge auf einer Höhe von 650 bis 900 m. Auf dieser Hochebene wächst viel Getreide, aber auch Wein. Im Norden wird die Meseta vom kantabrischen Gebirge begrenzt. Von dort wehen auch die kalten Winde über die Meseta und machen das Wandern auf dem Camino unangenehm und anstrengend.

Zum Glück weht an diesem Tag kein starker Wind, doch die Vorstellung reicht, um noch mehr Respekt vor der Durchquerung dieser Hochebene zu erhalten. Im Sommer ist es noch schlimmer, wenn die Hitze über der weiten Landschaft brütet und es kaum Schatten auf den langen, Schnur geraden Wegen gibt. In der Meseta gibt es viele Strecken von 10 bis 18 km ohne Einkehrmöglichkeit. Deshalb sollte man genügend Wasser und Proviant sowie ausreichend Sonnenschutz mitnehmen.

Die Landschaft besteht hinter Rabe de las Calzadas aus Getreidefeldern und ist weit gestreckt. Der Weg läuft immer geradeaus, und ich habe das Gefühl, das ist jetzt eine Gelegenheit zum Meditieren. Ich mag diese flache Landschaft, die ich aus Norddeutschland kenne, die den Horizont frei gibt und mir das Gefühl von Weite und Freiheit vermittelt.

In dem Moment als ich auf einem langen geraden Abschnitt des Weges mit dem Meditieren beginnen will, überhole ich eine junge Frau, die ihr Tempo verlangsamt hat und in ihr Smartphone schreit: „Mama, Mama, … bla, bla,

bla." Unschwer ist zu hören, dass sie Italienerin ist und über das Wetter spricht und über ihre Befindlichkeiten. Anscheinend muss sie in diesem Telefonat alles Mögliche ihrer Mama mitteilen. Sie entpuppt sich als eine dieser Personen, die keine digitale Abstinenz kennen und sich diesbezüglich auch gar kein bisschen einschränken. Auf mich wirkt das Telefonat sehr irritierend und bezogen auf den Jakobsweg recht unpassend. Um wieviel härter und einsamer muss das Pilgern in den letzten Tausend Jahren wohl gewesen sein, frage ich mich angesichts dieses Dauertelefonats.

Leicht genervt ziehe ich an ihr vorbei und versuche die Weite der Landschaft auf mich wirken zu lassen. Ich konzentriere mich ab jetzt nur noch auf meine Schritte und meine Atmung. Ich versuche, an nichts mehr zu denken und komme so in einen Zustand angenehmer mentaler Ruhe. Ich fühle wie entspannend und wohltuend das ist. So laufe ich 10 km bis Hornillos de Camino.

Als ich mittags den Ort erreiche, lege ich eine Pause ein. Die halbe Pizza von gestern Abend habe ich noch im Gepäck. Eigentlich esse ich keine kalte Pizza. Aber was soll's? Ich bin hier nicht auf einer Gourmetreise, und so stelle ich mich dieser kulinarischen Herausforderung.

Doch ich frage mich, stumpfe ich essenstechnisch als Pilger jetzt endgültig ab. Ich mag das einfache Pilgerleben, auch mit dem Camping-Urlaub komme ich gut zurecht. Doch für wie lange? Auf Dauer möchte ich auf Komfort und Bequemlichkeit, qualitativ gute Speisen und ein wenig Luxus nicht verzichten. Auf dem Camino reizt mich das einfache Pilgerleben, und ich teste hin und wieder meine Grenzen aus. Meine Erfahrungen in Herbergen haben mir gezeigt, dass ich meistens nicht genügend Schlaf bekomme und in einem Einzelzimmer besser aufgehoben bin. Doch ich bleibe aufgeschlossen und bin weiterhin bereit, wenn es nichts anderes gibt, in Gruppenräumen zu übernachten.

Nach dem Verzehr der halben Pizza geht's noch einmal 11 km auf der Hochebene gen Westen, leicht ansteigend bis nach Hontanas. Jetzt machen sich die Füße wieder schwer bemerkbar, denn an jedem Fuß beginnt eine Blasenbildung. So kommt meine Pflastersammlung auch endlich mal wieder zur Anwendung.

Auf dem weiteren Weg treffe ich einen Engländer, der mir sagt, wenn du 20 km gehen kannst, dann kannst du auch 30 km gehen. Ich denke, er hat wohl nur bedingt recht, auch wenn ich heute 32,3 km bis Hontanas schaffe. Ob das morgen auch noch mal funktioniert? Ich weiß es nicht.

Kurz vor Hontanas überhole ich einen weiteren Pilger. Wir kommen ins Gespräch, er heißt Marco, ist 65 Jahre alt und kommt aus Venetien. Ich stelle schnell fest, Marco quatscht sehr viel und viel zu laut. So freut es mich, dass wir schnell am Zielort ankommen. Dort gehe ich zu meiner vorgebuchten Herberge, muss aber feststellen, dass die Herberge heute gar nicht geöffnet hat, obwohl ich doch reserviert habe. Na sowas. Was tun? Zum Glück finde ich in einer anderen Herberge bei sehr freundlichen Wirten noch einen Schlafplatz in einem 8-Bett-Zimmer.

Im kleinen Zentrum von Hontanas neben der Kirche treffe ich Hartmut wieder. Den ersten Pilger aus meiner Gruppe habe ich somit schon wieder eingeholt. Mit ziemlich vielen Blasen humpelt Hartmut in die Pilgermesse. Ich esse lieber eine Suppe. Doch nach einer Stunde merke ich, dass mir die Knoblauchsuppe überhaupt nicht bekommt. Mein Magen streikt. Da muss ich schnell noch etwas Anderes essen, um den Knoblauch zu neutralisieren. Zum Glück geht mein Plan auf und ich kann noch einen ruhigen Abend genießen. Auf der Terrasse der Herberge lasse ich den Tag ausklingen und mache mir Notizen in mein Tagebuch.

Highlights des Tages:

- Sonnenschein satt, blauer Himmel soweit das Auge reicht.
- Wandern durch die Meseta, eine sehr schöne, weite Landschaft.
- Habe kurzfristig einen Platz in einem Hostal bekommen, obwohl ich woanders reserviert hatte.

Erkenntnis des Tages:

„Es sind viele freundliche Leute unterwegs, auch die Wirtin an der Rezeption, die zu meiner guten Laune beitragen."

Hinweise zur Resilienz

Die Freundlichkeit der Mitmenschen lässt mich an ein Zitat von Wilhelm von Humboldt denken: „Im Grunde sind es immer die Verbindungen mit Menschen, die dem Leben seinen Wert geben". Wenn wir unsere Sichtweise darauf einstellen, dass andere Menschen zu unserer guten Laune beitragen und uns bereichern, können wir davon in besonderer Weise profitieren und daraus viel Kraft für unsere innere Stärke ziehen.

Außerdem hat die Übung der Achtsamkeit heute zur Stärkung meiner Resilienz beigetragen. Durch das bewusste Atmen in der Natur habe ich Entschleunigung empfunden. Ich konnte beim Wandern zur Ruhe kommen, auftanken, regenerieren und zu mir finden.

Die Bewegung an frischer Luft wirkte zusätzlich entspannend, und die Wahrnehmung der Weite der Landschaft war wohltuend und brachte mich in die Balance.

Etappe 12: Hontanas – Carrión de los Condes, 56,5 km, 14. Mai

Die Nacht war mies. Ich hatte das obere Etagenbett. Ein Schnarcher neben mir und einer unter mir, zwei Italiener, ergingen sich in einem Zweikampf wilder Tiere und hielten mich vom Schlafen ab.

Übermüdet werde ich morgens um 6 Uhr auf dem Flur der Herberge zu meiner Überraschung sehr freundlich gegrüßt. Ich glaube von einem Mexikaner, der mit seiner Frau und seiner erwachsenen Tochter den Camino geht. Er spricht ein sehr gutes Englisch und erkundigt sich nach meinem Befinden und meiner Herkunft. Damit beginnt der Tag schon einmal sehr angenehm. Und dazu sehen die drei auch noch sehr lustig aus. Denn anscheinend haben Vater, Mutter und Tochter denselben Frisör, denn sie tragen alle die gleiche Frisur, d.h. den gleichen Kurzhaarschnitt mit derselben grauen Haarfarbe. Das sieht sehr komisch aus und hebt meine Stimmung trotz Müdigkeit ungemein.

In der Herberge stehen acht Rucksäcke im Aufenthaltsraum abholbereit. Ein ausgefüllter Zettel mit dem Bestimmungsort ist an jedem Rucksack befestigt. Für 5 Euro werden die Gepäckstücke von einem freundlichen Transportdienst bis zur nächsten Herberge gebracht. Ein schöner Service, der schon so manchen Pilger gerettet hat.

Um 6.50 Uhr bin ich pilgerbereit und laufe los. Das Dorf Hontanas liegt in einer Senke als würde es sich vor dem kalten Morgenwind der Meseta ducken. Doch die Sonne scheint und es wird wieder ein herrlicher Tag. Nach ein paar Kilometern komme ich an den Ruinen des eindrucksvollen gotischen Hospitals San Antón vorbei und bin beeindruckt von zwei großen Torbögen des Klosters, durch die die Landstraße gelegt wurde. Dieses Hospital hat man gegründet, um die Pilger zu heilen, die vom „Antonsfeuer" befallen wurden, einer Art schmerzhaftem Brand, der durch den Hornschwamm des Roggenkorns verursacht wird.

Was die Pilger früher alles erleiden mussten, ist unglaublich. Somit wird mir bewusst, wie gut wir es heute mit unserer medizinischen Versorgung haben. Mit diesem beruhigenden Gedanken gehe ich weiter.

Hinter San Antón überhole ich einen älteren Engländer. Wir grüßen uns und kommen ins Gespräch. Er läuft nicht direkt auf der Landstraße, sondern auf dem unebenen Straßenrand, wo sich viele Steine, Sand und Gräser befinden und erklärt mir, dass dieses Gehen viel besser für die Füße sei, weniger ermüdend als auf der Straße. Denn auf dem unebenen Grund würden sich die Gelenke, Sehnen und Muskeln in den Füßen viel abwechslungsreicher bewegen als auf der Straße. Diese Art des Gehens habe ich später auch des Öfteren praktiziert und zum Teil weniger Ermüdung in den Füßen verspürt. Der sehr freundliche Engländer gibt mir auch einen Tipp für die besten Wandersandalen und nennt mir die entsprechende Marke.

Außerdem weiß er noch eine Geschichte vom Camino zu erzählen. Vor drei Jahren sei er schon einmal den Jakobsweg gepilgert und habe ein deutsches Filmteam erlebt, das auf dem Camino ihre Aufnahmen drehte. Ich schließe daraus, dass dies wahrscheinlich die Verfilmung des Buches von Hape Kerkeling in der Hauptrolle mit Devid Striesow gewesen sein könnte.

Der Engländer meint, es sei für die Pilger nicht sehr schön gewesen, denn das Filmteam sei ständig mit dem Hubschrauber über dem Camino geflogen, quasi über den Köpfen der Pilger. Viele seien so verärgert gewesen, dass sie wütend gen Himmel geschrien und die Filmleute verflucht hätten. Ich denke, das war ja wohl nicht die feine Pilgerart und schon gar nicht resilient. Zum Glück ist es heute ruhig und wir kommen noch am frühen Vormittag in Castrojeriz an.

Auf dem Weg hierher habe ich einen Plan gefasst und telefoniere mit dem Taxidienst des Ortes. Ein schwieriges Telefonat ist das. Der Mann spricht kein Wort Englisch und ich breche mir mit meinem Spanisch fürchterlich einen ab. Erschwerend kommt hinzu, dass der Mann gerade mit seinem Taxi unterwegs ist und die Verbindung nicht die beste. Aber irgendwie gelingt uns die Verständigung. Wir abreden uns an seinem Stand in 45 Min., soweit ich das verstanden habe. Genug Zeit, um noch einmal eine Pause in einem Café zu machen. Ich finde auch ein schönes Café. An der Wand hängt ein tolles Bild von „Tintin und Struppi" mit der Überschrift „Die Abenteuer von Tintin auf dem Camino de Santiago". Ich halte es nicht aus, zücke mein Handy und schaue gleich mal nach, ob es die Printausgabe dieses Comics wirklich gibt. Doch Fehlanzeige.

Keine Fehlanzeige ist jedoch der leckere Milchkaffee. Gut gestärkt trotte ich nach der Pause zum Taxistand und hoffe, dass der Fahrer auch wirklich kommt. Dort pünktlich angekommen, überlege ich, was ich jetzt machen soll, weil das Taxi noch nicht da ist. Ungeduldig sein? Anrufen? Ich bin sehr stolz, dass ich mir sage, abwarten, erstmal eine rauchen und dann weitersehen. Das hilft ganz häufig. Ich zünde mir eine Zigarette an und vier Minuten später kommt das Taxi vorgefahren. Na, geht doch. Darüber habe ich mich sehr gefreut.

Unterwegs erzählt mir der Taxifahrer von seinem Geschäft und dass er häufig zum Flughafen nach Bilbao fahre und dort Pilger abhole. Wir fahren die Landstraße entlang, und auf einmal treffen wir auf den Pilgerweg und sehen unzählige Artgenossen von mir, die hier unterwegs sind. Es ist mir sehr unangenehm, dass ich im Taxi sitze, ja geradezu peinlich, und so hoffe ich, dass mich niemand erkennt.

Hinzu kommt, dass ich es nicht so toll finde, schon wieder 41,2 km zu überspringen. Das belastet mich und entfernt mich von meinem Ziel, die 800 km ganz zu laufen. Ich habe ja schon vorgestern Touren übersprungen und laut meinem Reiseführer 74,1 km verloren. Irgendwie frustriert mich das und ärgert mich. Ich werde gleich Elena treffen und mit ihr noch 5,5 km von Villacázar bis Carrión de los Condes laufen. So schaffe ich heute wenigstens 15,3 km. Die Freude über das Wiedersehen mit Elena und die gemeinsame Wanderung von 5,5 km werden sich aber in Grenzen halten, denn den Streckenverlust von insgesamt 115,3 km muss ich erst einmal verdauen.

In Villacázar treffe ich Elena im Café gegenüber der Kirche. Sie erzählt mir, wie die letzten Tage verlaufen sind und meint, auf den letzten Etappen hätte ich nicht viel verpasst. Der Camino bestand aus Asphalt und ging häufig an der Nationalstraße entlang.

Und natürlich erzähle ich ihr von meinem Abenteuer der Unterbrechung und dass mir der Streckenverlust jetzt zu schaffen macht. Nach der Pause gehen wir die restlichen 5,5 km des Tages an. Unterwegs stelle ich an meinen Gedanken fest, dass jetzt vieles aus mir herauskommt. Etwas Spielerisches und Kindliches, aber auch Wut und Aggression sind dabei. Verschafft sich da mein inneres Kind jetzt einmal Luft? Ich lass´ mich überraschen, wie das noch weitergeht.

Am Ziel Carrión de los Condes sehen wir uns den Ort genauer an. Es ist ein typischer Ort, der von Pilgern passiert wird. Eine schöne Kirche, ein Marktplatz mit Cafés und Bars und eine sehr antike Apotheke gehören auch dazu. Es gibt einige Herbergen, von denen sich Elena die kirchliche Herberge Santa Maria ausgesucht hat. Mit meinem Schlafdefizit benötige ich mal wieder eine gute Pension, von denen es hier auch einige geeignete gibt. Der Nachmittags-schlaf wirkt Wunder. Ich fühle mich frisch und erholt.

Am Abend treffe ich Elena, und wir suchen am Marktplatz ein Restaurant zum Essen auf. Unter den Arkaden des Platzes sitzen wir entspannt und genießen die Abendstimmung. Hier treffen wir auch noch auf zwei andere Pilger. Claire aus Australien sitzt am Nachbartisch und auch Enrique aus Madrid. Claire erzählt, sie sei mit drei weiteren „Aussies" unterwegs, ihrem Mann und einem anderen Paar. Aber die sind heute Abend einfach zu müde und in der Herberge geblieben.

Dann ist da noch Enrique. Wie sich herausstellt ist er gar kein Pilger, sondern Tourist, der mit seinem Motorrad unterwegs ist und ein paar Tage in Astorga und Galicien war. Enrique erzählt uns viel über Madrid und den Fußball in seiner Heimatstadt. Er ist ein witziger Typ und lädt uns auf ein Bierchen ein. Bei einem bleibt es nicht, und zum Abschluss spendiert er auch noch einen Gin Tonic als Absacker. Bei der Verabschiedung meint er, ich soll ihn unbedingt einmal besuchen kommen, wenn ich ein Spiel von Real Madrid sehen will.

Highlights des Tages:

- Der wunderschöne Sonnenaufgang zu Beginn der Etappe in Hontanas
- Das Wiedersehen mit Elena
- Meine Ruhe und Geduld beim Warten auf das Taxi

Erkenntnis des Tages:

„Ärgere Dich nicht, sondern sei bereit, die Konsequenzen deines Handelns zu tragen."

Hinweise zur Resilienz

Das war ein erkenntnisreicher Tag für meine Resilienz. Der „Streckenverlust" ist eine Erfahrung, wie ich mir das Leben schwermache. Der „Streckenverlust" quält mich. Schließlich erkenne ich aber, worin das Problem liegt. Ich will alles und zu viel auf einmal. Ich tue mich in diesem Fall schwer, realistisch zu sein und die Konsequenzen meiner Entscheidungen genau einzuschätzen und zu tragen.

Im vorliegenden Fall will ich zurück nach Hause und die berufliche Situation klären, will den Camino vollständig wandern, will zurück zu meiner Pilgergruppe und will dann auch noch keine Etappen und keinen Kilometer verlieren. Das alles passt natürlich nicht zusammen. Und dann ärgere ich mich auch noch darüber und bin unzufrieden, weil ich nicht bereit bin, die Konsequenzen meiner Entscheidungen zu tragen. Aber so geht das nicht. Schließlich macht sich auch noch mein inneres Kind bemerkbar und will gehört und liebevoll behandelt werden.

Ich beschließe, sorgsamer mit mir umzugehen. Achtsamkeit und Resilienz bedeuten verantwortungsvoll zu handeln, die Entscheidungen und die daraus resultierenden Folgen genau zu überlegen und die Konsequenzen bewusst zu tragen.

Eine weitere Erfahrung dieses Tages ist: Mit Ruhe, Geduld und Gelassenheit lebt es sich leichter. Es ist ein Ausdruck meiner inneren Stärke, wenn ich geduldig und gelassen bin. Ruhig und geduldig bleiben ist aber nicht immer einfach. Um in die Ruhe zu kommen, hilft bei Rauchern oftmals eine Zigarette, aber viel besser hilft die Konzentration auf die Atmung. Das bewusste Ein – und Ausatmen und die Wahrnehmung des Atems im Körper senken den Pulsschlag und führen zur Entspannung. Die bewusste Atmung setze ich immer häufiger ein, um in die Ruhe zu kommen und meine seelische Widerstandkraft zu stärken. Auf diese Weise entlaste ich mich auch von den Anstrengungen des Alltags und baue Stress ab. Durch die Wahrnehmung des Atmens wird auch der Geist beruhigt und die Anspannung löst sich, d.h. Körper und Geist entspannen sich.

Im Grunde ist es ein ständiges Wechselspiel, ein Hin und Her zwischen Anspannung und Entspannung. Wenn wir aber in einem dieser Zustände länger verweilen, baut sich eine Blockade auf. Zum Beispiel bei zu viel Stress sollten wir mit bewusster Atmung und nicht mit Nikotin oder anderen Drogen dafür sorgen, die Blockade aufzulösen, um wieder in den Flow zu kommen. So entscheiden wir selbst, dass keine unnötige Energie abfließt und unsere innere Stärke erhalten bleibt.

Etappe 13: Carrión de los Condes – Ledigos, 24,6 km, 15. Mai

Heute Morgen bin ich mir irgendwie zu viel, habe schlechte Laune und gehe mir auf die Nerven. Und die anderen Pilger gehen mir auch ein wenig auf die Nerven. Eigentlich wollte ich mit Elena laufen, doch beim Aufstehen merke ich bereits, dass ich die verabredete Zeit nicht einhalten kann. So vereinbare ich telefonisch, dass sie schon einmal losgehen kann.

Ich brauche mehr Zeit für das Packen meines Rucksacks und möchte eigentlich nach meinem eigenen Rhythmus den Tag beginnen. Das heißt, ich lasse Elena erst einmal ziehen. Sie ist nicht aus der Welt, und wir sehen uns bestimmt bald irgendwo wieder.

Die 18 km von Carrión de los Condes bis nach Calzadilla de la Cueva verlaufen immer geradeaus durch Weizenfelder. Ich empfinde es nicht so schlimm wie es im Pilgerführer beschrieben ist. Zum Glück ist es nicht so heiß, denn auf der 18 km langen Strecke gibt es keinen Schatten und keine Verpflegung. Es wird im Pilgerführer darauf hingewiesen, dass dieses Stück bis vor einigen Jahren zu den härtesten und spirituell aufregendsten des Weges gehörte.

Da der Weg heute anfangs wieder einer Pilgerautobahn gleicht, ist an Meditieren und spirituellem Erleben sowieso nicht zu denken. Zudem kommt hinzu, dass ich heute das Glück habe, Andreas und Harald wieder zu treffen. Wie durch Zufall überhole ich zunächst Andreas. Die Überraschung bei uns beiden ist groß. Wir freuen uns riesig über das Wiedersehen. Andreas läuft mit einem Pilger namens Martin, der aus Osnabrück stammt. Während des Gehens unterhalten wir uns angeregt eine ganze Weile, doch dann merke ich, dass ich schneller gehen will und auch gar nicht so viel reden möchte. So verabschiede ich mich von ihnen und ziehe in meinem eigenen Tempo davon. Irgendwie gehe ich heute schneller, denn ich überhole viele Pilger.

Nach einer guten Stunde treffe ich Harald. Auch wir teilen die Wiedersehensfreude. Harald und ich haben schon eher das gleiche Lauftempo und so pilgern wir bis zum Zielort Ledigos zusammen. Unterwegs gabeln wir noch Elena auf und beschließen, heute Abend zusammen zu essen.

Da es in Ledigos kein Hotel und keine Pension gibt, gehe ich mit Harald und Elena in dieselbe Herberge. Es ist ein ziemlich herunter gekommenes Haus, nicht in Schuss, mit alten, kaputten Möbeln, unschönen sanitären Anlagen und einfachsten, klapprigen Betten in einem umgebauten, ehemaligen Stall, der bescheiden renoviert wurde. Der Garten ist auch ungepflegt. Doch das stört mich alles überhaupt nicht. Es sind jetzt nur noch 378 km bis Santiago, worüber ich mich sehr freue. Ich bin stolz, dass ich schon fast die Hälfte meines Weges geschafft habe.

Highlights des Tages:

- Andreas und Harald wieder getroffen
- Abendessen mit Harald und Elena
- Fast die Hälfte erreicht, nur noch 378 km bis Santiago de Compostela

Erkenntnisse des Tages:"

„Es ist schön alte Bekannte, meine Gruppe, wieder zu treffen und meine Ziele zu erreichen."

„Zeitdruck ist ein Ausdruck von Stress."

Hinweise zur Resilienz

Es war ein merkwürdiger Tag, der mit schlechter Laune und Ernüchterung begann. Dann kam mit dem Wiedersehen der Pilgerbekanntschaften große Freude auf, und am Ende klang der Tag mit Zufriedenheit und ein wenig Stolz, aber auch etwas Gleichgültigkeit aus.

Heute habe ich gemerkt, dass mir der Zeitdruck am Morgen überhaupt nicht guttut. Zum Glück war ich achtsam und änderte meinen Tagesplan. Aus Sicht der Resilienz ist Zeitdruck ein Ausdruck von Stress. Und den will ich vermeiden. Ich überlege auch, für zu Hause im Alltag morgens mehr Zeit einzuplanen. Meistens habe ich morgens vor der Arbeit Zeitdruck, weil es mir bisher immer wichtiger war, noch eine halbe Stunde länger zu schlafen. Das werde ich in Zukunft ändern und beschließe meinen Rhythmus am Morgen dem Bedürfnis nach mehr Ruhe und mehr Zeit anzupassen.

Zeitdruck kann krankmachen. Zeitsouveränität und gutes Zeitmanagement sind Ausdruck von Selbstwirksamkeit und Resilienz. Durch ein gutes Zeitmanagement bin ich kein Getriebener der Zeit, sondern ein Gestalter. Das führt zu Zufriedenheit und dient der Gesundheit. Endlich können Ruhe und Gelassenheit einkehren, und dadurch wachsen die inneren Kräfte. Ein zeitlich gut strukturierter Tag mit der Berücksichtigung von ausreichend Pausen dient der Stressvermeidung und der Resilienz.

Ich beschließe, dass ich ab jetzt auf dem Jakobsweg morgens in aller Ruhe meinen Rucksack packe, mir die Zeit nehme, die ich brauche und unabhängig von meiner Gruppe in den Tag starte.

Meine Gelassenheit angesichts des schlechtes Zustands der Herberge ist zum einen ein Ausdruck der inneren Stärke. Zum anderen schone ich meine Widerstandskraft und meine Nerven, denn ich bewerte nicht, sondern nehme nur wahr. Dieser Zuwachs an Gelassenheit ist ein weiterer Schritt meiner Entwicklung hin zur Ausgeglichenheit, Balance und Souveränität. Das stimmt mich sehr zufrieden.

Etappe 14: Ledigos – Sahagún, 17,1 km, 16. Mai

Diesen Morgen beherzige ich mein neues Zeitmanagement und packe in aller Ruhe meinen Rucksack. Harald und Elena sind schon losgewandert. Für heute Abend habe ich mir eine Pension in Sahagún reserviert. Jetzt plane ich schon die übernächste Tour und buche für morgen Abend in Reliegos eine Unterkunft in einer empfohlenen Privatherberge, weil es dort laut Pilgerführer nicht so viele Herbergen gibt und schon gar keine Hotels oder Pensionen.

Im Gegensatz zu heute mit 17,1 km wird die Etappe morgen mit 31,9 km hart werden. Das bedeutet, früh zu starten, denn das Wetter wird von Tag zu Tag spürbar wärmer und das Gehen anstrengender.

Eigentlich ist meine Stimmung an diesem Morgen noch ganz gut, doch ich finde kein geeignetes Café für ein Frühstück in Ledigos und bin enttäuscht. So gehe ich dann ohne Frühstück los. Nach ein paar hundert Metern spüre ich schon die unangenehme Last meines Rucksacks und könnte ihn verfluchen. Jetzt bin ich langsam aber sicher schon etwas verstimmt. Doch zum Glück folgt nach 3,5 km der nächste Ort, und es gibt endlich ein ordentliches Frühstück.

Ohne etwas im Magen bin ich morgens zu nichts zu gebrauchen. Und das überträgt sich dann auf meine Laune. Aber ich kann auch nicht ständig gut gelaunt sein und sollte meine Stimmung auch nicht ständig hinterfragen. Es funktioniert bei mir nicht, ständig reflektiert zu sein. Außerdem will ich auch nicht ständig reflektiert sein, ständig nach Ursachen für meine schlechte Stimmung suchen und auch nicht ständig gegensteuern. Jetzt ist es einfach mal genug, denn jetzt ist es mir wichtig, meinen Zustand und die miese

Laune, so wie sie ist, einfach mal hinzunehmen, d.h. unreflektiert und bewertungslos in die Akzeptanz zu gehen.

Im besagten Café treffe ich auf Harald und Elena. Beiden geht´s auch nicht so gut, aber körperlich. Harald klagt über Knieprobleme und Elena hat Halsschmerzen. Sie ist nicht sehr gesprächig, in keiner guten Verfassung und möchte lieber alleine weiterlaufen. Auch Harald will jetzt langsamer gehen und sich schonen. So verabschiede ich mich von den Maladen und strebe meinem Zielort Sahagún entgegen. Das Gehen wirkt ab jetzt entspannend und erdet mich wieder. Ich sehe schöne Motive und fotografiere sie. So lenke ich mich bewusst ab und kann dem Tag noch viel Gutes abgewinnen.

Bei der Ankunft in Sahagun merke ich, dass mir diese Kleinstadt überhaupt nicht gefällt. Der Ort wirkt auf mich sehr trostlos wegen des Erscheinungsbilds der Stadt, der merkwürdigen Infrastruktur, der vielen schlecht gepflegten Häuser und ruinenhaften Baudenkmäler. Ich gehe erstmal Kaffeetrinken und anschließend in meine vorgebuchte Pension. In der Mittagszeit ruhe ich mich aus und sorge für ausreichend Erholungsschlaf.

Die Stadt Sahagún hat sich selbst zum Mittelpunkt des Camino Francés erklärt und entsprechend vor dem Ort ein Pilgerdenkmal errichtet. Aus diesem Grund kann der Pilger in Sahagún auch eine Urkunde erhalten, die ihm bescheinigt, die Hälfte des Weges gelaufen zu sein. Aber von diesem Angebot halte ich nicht viel.

Am späten Nachmittag entschließe ich mich, den Ort noch weiter zu erkunden und ein paar Einkäufe zu tätigen. Doch Sahagún wirkt immer noch trostlos auf mich, die Kleinstadt ist irgendwie ziemlich runtergekommen und schlecht erhalten. Auch die historischen Gebäude sind wenig bis gar nicht renoviert. Diese Trostlosigkeit drückt auf meine Stimmung.

Zum Glück finde ich in einer Drogerie endlich mal ein Shampoo, das ich kenne. Ein Shampoo von Nivea. Dass ich mich über so banale Dinge freuen kann, wird mir langsam zum Rätsel. Bisher gab es immer nur unbekannte Shampoo-Marken, bei denen ich nicht wusste, ob mir später die Haare zu Berge stehen. Aber eigentlich ist das auch schon egal, weil ich meistens eine Schirmmütze, eine sog. Cuba Cap, trage.

Auf dem Rückweg zur Pension treffe ich völlig überraschend die Kanadier François und Natascha. Oh, ist das eine Freude. Gerade als ich an einem kleinen Hotel vorbeilaufe, kommen sie aus der Tür geschneit. Diese Superüberraschung wirkt wie ein raketenhafter Stimmungsaufheller. Wir umarmen uns vor Glück und haben uns gleich ganz viel zu erzählen. Und so beschließen wir spontan, ein Pilgermenü zu essen, gehen in die Altstadt zur Plaza Mayor in ein Bistrot und tauschen unsere Erfahrungen aus.

Das letzte Mal habe ich die beiden auf der 2. Etappe gesehen. Seitdem ist viel passiert. François hat mehrere Scheuerwunden durch den Rucksack, die Wanderhose und seine Socken erlitten. Es sind die Nähte, die sich durch die Dauerbelastung bemerkbar machen. Und Natascha hat Schwierigkeiten mit ihrem rechten Knie. So passen sie ihre Etappen der jeweiligen Tagesform an und schleppen sich durchs Land. Aber sie haben gute Laune und sind sehr zuversichtlich, dass Sie den Camino bis Santiago schaffen werden.

François und Natascha kommen aus Quebec und haben dort eine Brauerei für Craftbier betrieben. Nach vielen Jahren der harten Arbeit haben sie ihren Betrieb verkauft und sind erst einmal auf Reisen gegangen, um abzuschalten und in Ruhe zu überlegen, wie es in einem Jahr weitergehen soll. Nach der Pilgerreise wollen sie noch für sechs Monate nach Costa Rica und dort Spanisch lernen.

Ich finde, das ist ein interessanter und schöner Plan und wieder ein gutes Beispiel, wofür der Jakobsweg von Nutzen sein kann.

Highlights des Tages:

- Ein neues Shampoo von Nivea gekauft. Das ist hier schwer zu kriegen.
- Große Freude über das Wiedersehen mit Natascha und François.
- Ich habe einen schönen braunen Stein auf dem Weg gefunden. Der sprach mich sofort an.

Erkenntnis des Tages:

„Überraschungen positiver Art versüßen das Leben."

Hinweise zur Resilienz

Aus Sicht der Resilienz bin ich heute mal wieder über meine enormen Gefühlsschwankungen überrascht. Ein ständiges Auf und Ab an diesem Tag. Wie ist das nur möglich? Hape Kerkeling machte ähnliche Erfahrungen und schrieb sinngemäß Folgendes: Zu Hause ist das persönliche Aussehen und die getragene Kleidung jeden Tag verschieden, doch innerlich ist man nahezu konstant. Auf dem Camino ist es umgekehrt. Das Äußerliche ist immer gleich, aber innerlich sieht es stündlich anders aus. Dies ist auch meine Erfahrung, und meines Erachtens ist dies auch einer der Gründe, der das Pilgern zu einem besonderen Erlebnis macht und bei mir nachdrücklich in Erinnerung bleiben wird.

Wichtig erscheint mir, dass mich diese Gefühls-schwankungen nicht umhauen. Ich bin standhaft, nehme die Gefühle wahr, lerne damit umzugehen und gehe in die Akzeptanz. Letztendlich zeigen diese inneren Schwank-ungen, wer ich bin und dass der Jakobsweg ein Weg zu mir selbst, zur Selbsterkenntnis ist. Die Gefühlsschwankungen zeigen auch an, welche Bedürfnisse ich habe und was ich gerade brauche. Interessant wird das Pilgern, wenn auf die Bedürfnisse und Befindlichkeiten mangels Möglichkeiten nicht sofort eingegangen werden kann. So lerne ich auf dem Camino meine mentalen und körperlichen Bedürfnisse zurückzustellen und mit diesem Spannungszustand umzugehen. Ich denke, dadurch stärke ich meine Ausdauer und Frustrationstoleranz, d.h. meine innere Widerstands-kraft. Ein weiteres Ergebnis des Auf und Ab der Gefühle ist, dass die kleinen Dinge und Ereignisse des Tages auf einmal große Bedeutung erlangen. Sie bereiten auf einmal Glück und große Freude. Verstärkt wird dieses Phänomen natürlich durch die entbehrungsreiche Zeit des einfachen Pilger-lebens.

Das Wiedererlernen des Aufschubs von Bedürfnissen und der Umgang damit werden mir zukünftig helfen, herausfordernde Situationen besser zu bestehen. Im Alltag machen wir es uns ja meistens recht schön und bequem und wollen ungern auf angenehme Gewohnheiten verzichten.

Daraus werden dann oft persönliche, fast heilige Befindlichkeiten. Werden diese nun bedroht und kommen Störungen von außen, geht der Ärger richtig los. Wir geraten häufig aus dem Gleichgewicht und fühlen uns nicht mehr wohl.

Manchmal kommen mir die Pflege der Befindlichkeiten und die mangelnde Flexibilität meiner Mitmenschen wie Wohlstandkrankheiten in unserer Gesellschaft vor. In diesem Zusammenhang erinnere ich mich gern an eine Situation in der Berufsschule. Zwei Schüler aus Osteuropa stammend, ich nenne sie einmal Kamil und Ilona, die direkt am Fenster in einem Klassenraum saßen, war es völlig egal, ob das Fenster geöffnet oder geschlossen war, im Sommer wie im Winter. Doch in der Parallelklasse saßen zwei junge Deutsche namens Lea und Markus. Ich nenne sie unerzogene Kinder, weil sie ständig meckerten, es sei zu warm oder zu kalt und alle fünf Minuten das Fenster öffnen oder schließen mussten. Sie hatten ihre Befindlichkeiten nicht im Griff und schufen sich dadurch neue, unnötige Belastungen. Hinsichtlich des Bedürfnisaufschubs waren sie nicht erzogen und konnten diesen nicht kontrollieren.

Der hohe Stellenwert der Befindlichkeiten scheint in unserer Gesellschaft aber der Trend der Zeit zu sein. Unsere Befindlichkeiten sind anscheinend ein Ausdruck unserer Individualität und Identität und zeigen im sozialen Gefüge wie besonders und einzigartig wir sind. Deshalb erfahren sie eine so hohe Bedeutung und einen sehr großen Zuspruch. Auf jeden und auf alles muss Rücksicht genommen werden. Ich meine, oftmals wird dieser Trend arg überstrapaziert und treibt so seine Blüten, so dass durch die Zementierung und Pflege von Befindlichkeiten ein nicht nachhaltiges Konsum-, Sozial- und Wohlstandsverhalten generiert wird.

Wie schön ist es da, dass es die Gegenerfahrung Jakobsweg gibt. Hier wird durch die Einfachheit des Pilgerlebens wieder Erdung und Bewusstsein für die wesentlichen Dinge des Lebens ermöglicht.

Ja, das Pilgern schafft wunderbare Gegenerfahrungen zum eingespielten Alltag und zeigt die persönlichen Belastungsgrenzen auf. Die eigenen Gewohnheiten und Befindlichkeiten treffen auf die Herausforderungen des Pilgerns, und durch diese tägliche Konfrontation wird unsere persönliche Lebensweise einer nachhaltigen Prüfung unterzogen. Ergebnis: Der Bedürfnisaufschub, die Selbstkontrolle und die individuelle Anpassungsfähigkeit werden auf dem Jakobsweg trainiert und stärken so die innere Widerstandkraft.

Bezüglich des gefundenen braunen Steins frage ich mich, welche Bedeutung er hat. Beim Gehen schaue ich viel auf den Boden. Und dieser Stein ist mir sofort aufgefallen, weil er sehr schön oval geformt, glatt und glänzend ist, fast wie ein Edelstein in einer durchgehenden Farbe. Ganz spontan, weiß ich noch nicht, was ich mit ihm mache. Aber er gefällt mir sehr gut und kann ein Erinnerungsstück für diese Etappe bzw. den Jakobsweg werden.

Schrullige und speckige Bar Elvis in Reliegos mit Graffiti: „No Pain, No Glory!" Ist das die eigentliche Botschaft des Jakobsweges?

6.30 Uhr aufstehen. Ich wähle heute die alte Pilgerstrecke, die 700 m weiter ist als die neue. Bei einer 32 km weiten Tagesetappe bedeutet das, dass sich die Tour am Ende um 10 Minuten verlängert. Man denkt es nicht, aber dies kann am Ende sehr anstrengend werden und viel Kraft kosten. Aber schließlich möchte ich den traditionellen Weg gehen und das Gefühl erleben, dass vor mir schon viele Hunderttausend Pilger auf diesem Weg gegangen sind.

Nach 8 km kehre ich im Ort Hornillas zum Frühstück in eine Gastwirtschaft ein und bin überrascht, dort Elena und Harald vorzufinden. Sie haben eine weitere Deutsche namens Marina dabei und erzählen mir, dass sie gestern auch in Sahagún gewesen sind und in der kirchlichen Herberge übernachtet haben. Harald hat sich die Halbzeit-Pilgerurkunde in der Kirche von Sahagún gekauft. Jetzt muss er dieses Ding noch 350 km mit sich schleppen. Naja, nichts für mich, aber eine schöne Erinnerung ist es trotzdem.

Ein älteres Ehepaar betreibt diese Herberge mit Gastwirtschaft mit sehr viel Liebe und ist unglaublich freundlich und zuvorkommend. So bekomme ich zwei Croissants mit Butter und guter Marmelade, einen leckeren Milchkaffee und auf Wunsch auch noch extra viel Milch dazu.

Es ist immer wieder schön zu sehen, wie viele Herbergsbetreiber sich so liebevoll und fürsorglich um die Pilger kümmern. Das ist nicht selbstverständlich und zu Hause erlebe ich so etwas in dieser Intensität und Wärme nicht sehr häufig. Dieses Kümmern und Angenommen werden stärkt die Pilgerseele und gibt mir immer wieder neue und zusätzliche Kraft für das Weiterwandern.

Nach dem Frühstück machen wir uns gemeinsam auf den Weg. Erst einmal folgt eine 16 km lange Strecke durch die Meseta mit viel starkem Gegenwind und Windstärke 5 – 6 Bft von vorn, d.h. von Westen kommend. Das ist heute schon recht anstrengend. Die andern klagen sehr. Sie sind den starken Wind einfach nicht gewohnt. Ich finde es jetzt auch nicht gerade angenehm, habe aber meine Mütze auf und kann mit dem Wind ganz gut umgehen, weil mir so etwas von der Ostseeküste nicht unbekannt ist.

Viel haben wir heute nicht zu erzählen. Ich habe das Gefühl, jeder versucht so gut es geht, durchzukommen. Am Wegesrand machen wir nach zwei Stunden eine weitere Pause. Alle spüren die Strapazen der sehr langen Etappe.

Dann komme ich mit Marina ins Gespräch. Wir hatten uns bisher noch gar nicht richtig vorgestellt, und so erfahre ich, dass sie Lehramt studiert hat und vor dem Referendariat erst einmal eine Auszeit braucht. Sie möchte sich von den Anstrengungen im Studium erholen und überlegt, ob sie auch wirklich Lehrerin werden will. Über den Vorbereitungsdienst habe sie schon so viele schreckliche Geschichten gehört. Einige ihrer Bekannten haben das Referendariat geschmissen und so weiß sie nicht, ob es das richtige für sie ist.

Ich mache ihr Mut und erzähle, dass ich als Mentor bereits ein paar Lehrkräfte in der Ausbildung betreut habe. Ich sage zu ihr, in der Praxis ließe sich das viel besser feststellen, ob es der richtige Beruf für sie sei. Wenn sie auf ihre innere Stimme höre, würde sie schon die richtige Entscheidung treffen und auch das Referendariat schaffen. Dann reime ich mir so einiges zusammen und denke, wer den Jakobsweg schafft, der hat ein gutes Durchhaltevermögen und auch gute Voraussetzungen, sich im Beruf durchzusetzen. Aber mal sehen wie sich Marina entscheiden wird.

Wir kommen jetzt an einem kleinen Wald vorbei, am Wegesrand wächst wilder Schopflavendel. Ich zücke meine Kamera und mache ein paar Bilder. Mit meiner kleinen Reisezoomkamera mache ich bessere Bilder als mit dem Smartphone und dokumentiere den Camino fotografisch. Da Fotografieren zu meinen Hobbies zählt, trage ich auch gern das zusätzliche Gewicht der Kamera. Im Wald gibt es eine Quelle mit historischer Bedeutung. Sie wurde für die Pilger zum besseren Wasserzapfen ausgebaut wie ein Hinweisschild verrät. Da wir alle genügend Wasser dabeihaben, geht's ohne Unterbrechung weiter unserem Tagesziel Reliegos entgegen.

In Reliegos angekommen, trennen sich unsere Wege. Wir verteilen uns auf die Herbergen des Ortes. Elena und Harald haben eine Herberge mit vegetarischem Essen ausgewählt. Marina hat sich das öffentliche Refugio ausgesucht. Und ich habe in einer anderen, privaten Herberge reserviert. Dort werde ich einem Sechs-Bettzimmer in der 1. Etage zugewiesen. Die Herberge ist sehr sauber, und die Pilger werden aufgefordert, ihre Wanderstiefel unten auszuziehen und in einem Regal zu deponieren.

In meinem Zimmer treffe ich die Australierin Claire wieder, die ich in Carrión de los Condes kennengelernt habe. Jetzt lerne ich auch ihren Mann und das befreundete Pärchen kennen. Nach kurzem Plausch ruhen wir uns alle auf unseren Betten aus. Doch die Ruhe währt nicht lange.

Das Bett Nr. 6, das Etagenbett über mir, wird jetzt belegt. Ein Amerikaner, der sich kurz vorstellt, zieht dort ein und bringt erst einmal Unruhe in das Zimmer. Lange halte ich das nicht aus und beschließe, mir mal den Ort anzusehen. Leider gibt es hier aber nicht viel zu sehen. Eine weitere Herberge mit Lokal hat eine schöne Terrasse, und dann gibt es noch eine interessante Kneipe, ein blau gestrichenes Haus, das mit vielen Graffitis verziert ist. Es ist die Bar Elvis, und ein Graffiti fällt mir gleich ins Auge. In großen Lettern steht auf der Hauswand „No pain, no glory". Ich muss kurz lachen und überlege, was der Weg mir bisher abverlangt hat, welche Schmerzen ich schon hatte und was der Ruhm am Ende denn wohl sein wird.

Bevor ich noch ins Philosophieren komme, entscheide ich mich lieber für ein Bier und trete ein. Oh lala, so eine speckige Bar habe ich ja schon lange nicht mehr gesehen. Das sieht hier ja aus wie in einer runter gekommenen

Studentenkneipe aus den 1970er Jahren. Der Wirt ist auch ein Original, ein kleiner lustiger Kauz, der hinter seinem Tresen herumspringt und erst mein Bier zapft und dann für einen anderen Gast von dem auf dem Tresen liegenden Serranoschinken immer schön am Knochen entlang ein paar Scheiben abschneidet. Das sieht eigentlich ganz lecker aus, doch die Bar ist mir einfach zu dreckig.

Bevor ich trinke, schau ich mir mein Glas genauer an und sehe zum Glück nur ein paar eingetrocknete Wassertropfen und nehme dann guten Gewissens mangels Kenntnis einen kräftigen Schluck bevor ich die Kneipe wieder verlasse und mich vor der Tür auf einen Stuhl setze. Irgendwie bekommt mir das Bier draußen besser, wahrscheinlich weil ich den ganzen Tag an der frischen Luft gewesen bin und abgestandene Innenluft jetzt nicht gerade zu meinem Wohlbefinden beiträgt.

Nach dem Bier geht's zurück zur Herberge. Ich muss mich beeilen, in 5 Min. beginnt das gebuchte Pilgermenü. Im Speise- und Schankraum der Herberge sitzen bereits alle hungrigen Pilger an ihren Tischen. Ich suche nach einem freien Platz und finde den letzten an einem Tisch, an dem schon zwei Damen sitzen. Sie sind sehr freundlich und bieten mir höflich den freien Platz an. Ich bin immer wieder von der Freundlichkeit der Pilger überrascht. So fühle ich mich gleich angenommen und geborgen.

Wir drei Pilger stellen uns vor und so erfahre ich, dass die beiden aus der Schweiz kommen und Marianne und Ursula heißen. Die beiden Freundinnen sind Ende 60 und wandern auch in der Schweiz regelmäßig zusammen. Beide sind sehr lustig, haben viel Humor, besonders Marianne hat viele witzige Einwürfe und bringt uns zum Lachen. Auch das Essen ist überraschend gut. Nach einer schmackhaften

Gemüsesuppe wird Hähnchen mit Gemüse und eine Art Bratkartoffeln serviert, und zum Dessert gibt es auch noch einen selbst gekochten Schokoladenpudding. Was will ich mehr? Nach so einer langen Wanderung ist das fast schon ein Festessen.

Highlights des Tages:

- Den wilden Lavendel am Wegesrand gesehen und fotografiert.
- Dem starken Wind getrotzt, eine Auseinandersetzung mit den Naturgewalten.
- Mit den Schweizerinnen Marianne und Ursula zu Abend gegessen. Das war sehr lustig.

Erkenntnisse des Tages:

„No pain, no glory".

„Lachen hilft die Strapazen besser zu ertragen."

Hinweise zur Resilienz

Aus Sicht der Resilienz könnte „No Pain, No Glory" auch als realistischer Optimismus verstanden werden. Mit dieser Perspektive komme ich zur Überzeugung, dass sich die Strapazen am Ende auch lohnen werden. Es gibt Licht am Ende des Tunnels und ich bin optimistisch, dass ich am Ziel belohnt werde. Nur weiß ich leider noch nicht wie „glory" für mich aussehen wird. Dennoch bin ich zuversichtlich und motiviert, die Anstrengungen weiterhin auf mich zu nehmen, denn ich freue mich schon jetzt über die vollbrachten Leistungen und die kommende Belohnung am Ziel. Diesbezüglich habe ich mir aber noch keine Gedanken gemacht, d.h. keine Erwartungen, und werde mich deshalb überraschen lassen. Doch das Motto „no pain, no glory" stärkt mich in meinem Pilgerdasein und spiegelt mein Kohärenzgefühl wider, d.h. meine Grundhaltung, mich den Anforderungen des Pilgerns gewachsen zu fühlen und einen Sinn darin zu sehen, diese Herausforderungen zu bewältigen.

Dass der Humor mir heute wieder mal hilft, die Strapazen besser zu ertragen, ist eine schöne Erfahrung und sehr hilfreich für meine Resilienz.

Mich hat sehr beeindruckt, wie die beiden Schweizerinnen den Humor einsetzen und damit Entlastung schaffen. Sie nehmen sich selbst auch nicht zu ernst und können über sich und viele unangenehme Situationen lachen. Auf diese Weise gehen sie achtsam mit sich um und stärken ihre seelische Widerstandkraft und ihr Durchhaltevermögen.

Etappe 16: Reliegos – Leon, 24,8 km, 18. Mai

Ich habe sehr schlecht geschlafen. Die Matratze hatte quer verbaute Federn, die sich am Rücken, am Po und an der Schulter bemerkbar machten. So bin ich mehrmals in der Nacht aufgestanden und habe Toilettengänge vorgetäuscht, um mich meinem Martyrium zu entziehen. Außerdem hat einer der Australier laut geschnarcht. Ich freue mich schon jetzt auf das Hotel in Leon.

Um 7.20 Uhr laufe ich bei 4° Celsius los und habe mich sehr warm angezogen. Später ziehe ich die zweite Regenjacke, die mir als zusätzlicher Windschutz dient, wieder aus, da es zum Glück wärmer wird. Es ist eine öde Tour heute, keine schöne Strecke, weil die Landschaft stark zersiedelt ist.

Nur Mansilla de las Mulas ist ein schöner Ort. Dort habe ich in einer Mischung aus Bar und Bäckerei einen sehr guten Kaffee mit einem Kuchenstück, einem sog. Palmero, bekommen. Das baut auf. Der Gemeinde scheint es gut zu gehen, die Straßen und Häuser sehen gepflegt aus, und viele Gewerbebetriebe haben neue Gebäude mit modernen Hallen.

Jedes Mal, wenn ich durch einen Ort komme, bemerke ich den Zustand der Häuser, Straßen und Unternehmen. Daraus lässt sich ein wenig ableiten, wie gut oder schlecht es der Gemeinde geht. Mansilla de las Mulas hat auch einige schöne Pilgerherbergen vorzuweisen. Der Ort ist ein wirkliches Highlight auf der heutigen Etappe, die nicht viel zu bieten hat. Die Strecke ist auf den letzten 15 km vor Leon immer wieder mit schrecklichen Gebäuden und Hallen übersäht.

In Mansilla de las Mulas treffe ich – oh Wunder – Harald und Elena wieder. Sie haben hier auch eine Pause eingelegt.

Ob das Zufall ist oder wir uns magisch anziehen, frage ich mich mittlerweile wirklich. Auf jeden Fall ist es schön, sie wiederzusehen und sich kurz mit ihnen auszutauschen. Ihre Herberge hat ihnen gut gefallen und das vegetarische Essen sei sehr gut gewesen. Es gab kleine, nur zur Hälfte besetzte Schlafräume und die Nacht sei ruhig verlaufen. Wir gehen ein Stück gemeinsam und dann merken wir, dass doch jeder gerne für sich und in seinem eigenen Tempo laufen möchte. Das passt mir gut, denn mich beschäftigt wieder einmal die Frage der Gesamtstrecke, die ich laufen werde. Darüber möchte ich jetzt mal in Ruhe nachdenken.

Nach den Berechnungen der Herbergenliste habe ich 113 km verpasst. Die bin ich nicht gelaufen. Das fühlt sich gerade schlecht an. Damit bin ich nicht zufrieden. Ich überlege, wie ich die 113 km kompensieren kann. Von Santiago de Compostela bis nach Finisterre, das an der Küste liegt und den eigentlichen Endpunkt des Jakobsweges markiert, sind es 89 km. Und wenn ich danach noch einmal eine Tour von 24 km zurückginge, könnte ich die 800 km der Gesamtstrecke vervollständigen. Warum beschäftigt mich dieser Gedanke eigentlich so sehr? Hatte ich nicht bereits erkannt, dass ich mit meiner Unterbrechung nicht alle Ziele erreichen werde?

Aber abgefunden habe ich mich damit anscheinend noch lange nicht. Dieses Ziel, die Gesamtstrecke zu schaffen, ist einfach zu wichtig für mich und mein Ego. So halte ich erstmal an diesem Plan fest und werde sehen, was da kommt.

Bei diesen Überlegungen fällt mir die öde Strecke gar nicht weiter auf. Erst als ich nach Leon hineinwandere, merke ich, dass der Camino entlang vieler Straßen, über Autobahn-brücken und durch hässliche Gewerbegebiete, d.h. eine die Natur und Landschaft verschandelnde Infrastruktur in das

Zentrum, verläuft. Endlich komme ich in meinem 4-Sterne-Hotel an, checke ein und bin begeistert von so viel Luxus, d.h. einem sauberen, gut bezogenen, bequemen Bett mit ordentlicher Matratze und einem modern und fachmännisch gefliesten Badezimmer.

In der Nähe des Hotels habe ich ein Waschcenter gesehen. Es wird Zeit, meine Kleidung mal wieder richtig in der Maschine durchzuwaschen. Die Handwäsche in den letzten Wochen war nie so gründlich und kann das Gefühl der angenehm reinen Kleidung nicht ersetzen.

Nach getaner Arbeit im Waschsalon geht´s zurück ins Hotel zum Ausruhen. Und für den Abend nehme ich mir die Altstadt von Leon zur kurzen Besichtigung vor.

Highlights des Tages:

- Der sehr gute Kaffee und leckere „Palmero" in Mansilla de las Mulas
- Harald und Elena wieder getroffen und ein kurzer Austausch
- Mein Hotel in Leon ist ein Traum: Badewanne und ein schönes, bequemes Bett

Erkenntnis des Tages:

„In die Akzeptanz zu gehen, kann ein lang andauernder Prozess sein."

Hinweise zur Resilienz

Ich merke, wie wichtig mir mein ursprüngliches Ziel ist, die vollständige Gesamtstrecke zu laufen. Ich finde es gut, dass ich ehrgeizig bin und einen Weg suche, um mein Ziel doch noch zu erreichen. Natürlich darf ich mich von diesem Ziel nicht zermürben lassen, es darf mich nicht beherrschen. Ich meine, dass ich noch die Kontrolle darüber habe und weiß, dass Zielorientierung ein positiver Faktor für die Resilienz darstellt.

Auf der anderen Seite kann ein zu großer Ehrgeiz auch Ausdruck meines inneren Antreibers namens „Sei perfekt" sein und im Extremfall quälend werden. Der Ehrgeiz könnte auch von meinem inneren Kritiker stammen, der mich unter Druck setzt. Hier gilt es aufzupassen, achtsam zu sein und das richtige Maß zu finden. Es ist für mich ein Ausdruck von Resilienz, wenn ich darüber reflektieren kann und die Kontrolle darüber bewahre. Schließlich bin ich handlungsfähig, kann verschiedene Optionen wählen und schädige weder mich noch andere.

Falls es mit der Gesamtstrecke von 800 km nichts werden sollte, wird mich das schottische Sprichwort trösten, „der Weg gibt Dir nicht immer das, was du suchst, aber das, was Du brauchst". Und davon habe ich bereits einiges erfahren dürfen, u.a. die wunderschöne Natur, das Gehen, Gehen, Gehen, das Gefühl von großer Freiheit und viele Menschen kennen lernen zu dürfen.

Außerdem habe ich bereits festgestellt, dass die Gesamtstrecke nicht das Wesentliche des Camino für mich ist. Primär brauche ich andere Dinge, die mir der Weg auch gibt. Ich könnte mich auch ganz von dem Ziel der 800 km verabschieden und hätte keinen Stress mehr damit, wenn ich mich nach der irischen Weisheit richten würde: „Ziele täuschen. Ein Pfeil, der nicht gezielt ist, geht nie daneben."

Ein Pausentag in Leon, 19. Mai

Heute ist Sonntag, und ich habe das Hotel für zwei Nächte gebucht. Von gestern auf heute konnte ich mich mal wieder so richtig gut ausschlafen. Da freue ich mich jetzt schon auf die zweite Nacht. Wie großartig es mir bekommen ist, dass ich so gut geschlafen habe, merke ich als ich mich morgens aus dem Hotel begebe und eine Frühstücksbar in der Nähe aufsuche. Ich fühle mich pudelwohl. Es gibt nette Bars und Cafés in diesem Stadtteil, und so finde ich eine tolle Restauration. Nach dem Frühstück mache ich mich auf, die Stadt Leon zu erkunden. An diesem Sonntag gibt es einen Stadtlauf, ein paar Straßen sind abgesperrt und einige Zuschauer stehen hinter den Absperrbändern. Die Temperaturen sind noch angenehm kühl, es weht ein wenig Wind, und dieser Morgen ist sehr sonnig. Dieses Wetter liebe ich, und so macht die Stadtbesichtigung einen Riesenspaß. Ich komme an einer Stierkampfarena vorbei und gleich danach folgt ein Flohmarkt, auf dem sich viele Menschen tummeln. Ich lass mich treiben und gelange in die Altstadt von Leon, die mich begeistert.

Auch gestern Abend waren meine Eindrücke großartig. Es war Samstagabend, und in allen Gassen waren Menschen in großer Zahl, nahmen ihre Getränke zu sich und waren in ausgelassener Stimmung. Eine herrliche Atmosphäre war das. Ich bin beeindruckt. Das Leben in Spanien spielt sich draußen ab und wirkt so leicht und unbeschwert.

Jetzt gehe ich weiter in die Altstadt hinein bis zur Kathedrale, die ich bewundere - ein einmalig schönes Bauwerk mit einer perfekten Architektur. Danach kehre ich zum Mittagessen ein und gehe anschließend wieder in mein Hotel zurück. Das Tagesmotto heißt ja Pausieren und Ausruhen.

Doch am Abend geht's erneut in die Altstadt, die sehr schön ist und mir beim Anblick Freude bereitet. Meistens sind Städte nichts für Pilger, einfach zu laut, zu quirlig und von einer nervösen Hektik geprägt. Doch hier in Leon empfinde ich das nicht so. Es liegt auch daran, dass das historische Zentrum durch eine große Fußgängerzone und viele Gassen vom Autoverkehr gut abschirmt ist. Zudem hat Leon den Ruf, ein kulinarisches Zentrum in Spanien zu sein. Ich spüre, dass hier eine wohl tuende Lebensart herrscht, die von Freude und Genuss geprägt ist.

Zwischenzeitlich ruft Harald an und wir verabreden uns für die Abendmesse. Doch vorher wollen wir uns die Kathedrale ansehen. Ich bin begeistert vom Kreuzgang mit den alten in Stein gehauenen Kunstwerken. Die Abendmesse stehe ich wieder mal nicht durch. Ich verstehe einfach nicht, was dort von den in merkwürdigen Gewändern gekleideten, alten Männern gesprochen und zelebriert wird, und so verlasse ich diese Veranstaltung vorzeitig. Es spricht mich einfach nicht an. Ich brauche so etwas nicht, fühle mich in meinem Kirchenaustritt vor vielen Jahren bestätigt und weiß, dass ich spirituell Kraft in anderen Dingen finde.

Draußen genieße ich den Blick auf die Kathedrale, bewundere die Architektur und die Altstadt von Leon. Gegenüber diesem imposanten Bauwerk befinden sich ein paar Restaurants und Bars, die so einladend wirken, dass ich beschließe dort mein Abendmahl einzunehmen. Am Nachbartisch sitzen die zwei Pilgerpaare aus Australien. Wir freuen uns über das Wiedersehen und unterhalten uns über die Stadt und die letzten Pilgererfahrungen. Sie sind auch froh, mal wieder in einem guten Hotel statt in einer Herberge zu übernachten.

Überhaupt laufen hier viele Pilger herum, die ich zu kennen glaube, denn sie gehören zu dem Erscheinungsbild des Camino, so wie ich ihn die letzten 100 km wahrgenommen habe. Ich habe das Gefühl, auf dem Weg die eine oder andere Person schon einmal gesehen zu haben. Wenig später meldet sich Elena, und nach 15 Minuten sitzt sie mir gegenüber. Wir genießen zusammen das leckere Essen, d.h. Tapas und Salat, und unterhalten uns angeregt über die letzten Tage und unsere weiteren Planungen. Elena fand den Weg vor Leon auch sehr öde und anstrengend. Das Laufen auf Asphalt ermüdet ihre Füße in besonderem Maße. Sie hat das Gefühl, ihre Kräfte besser einteilen zu müssen. In Ihrer Herberge ist eine Pilgerin, die aufgeben muss, weil sie zu große Schmerzen im Rücken und in den Beinen hat. Das ist sehr bedauerlich. Wir hoffen, dass uns das nicht passiert und prosten uns mit einem weiteren Bier auf diesen Wunsch zu.

Anschließend möchte Elena noch etwas einkaufen, in einem Supermarkt ein paar Straßen weiter, der spät abends noch geöffnet hat. Als wir dort ankommen, sehen wir den schönen Franzosen Alain, aber nicht allein. Die Amerikanerin ist nicht mehr an seiner Seite. Jetzt wird er von einer kleinen, blonden jungen Frau begleitet. Elena kennt auch diese und sagt mir, dass sie Dänin sei. Wir grüßen uns im Vorbeigehen und erledigen unsere Einkäufe. Alain hat es wieder mal geschafft, nicht allein zu bleiben oder umgekehrt. Auf jeden Fall passen die beiden besser zusammen als die Kombination zuvor. Nach dieser Begegnung und dem Einkauf genehmigen wir uns noch ein Getränk in einer Bar und verabschieden uns. Morgen wollen wir früh, aber getrennt starten, und ausreichend Schlaf kann dafür nicht schaden.

Etappe 17: Leon – Villar de Mazarife, 22 km, 20. Mai

Es dauert an diesem Morgen lange bis ich aus der Stadt Leon herauskomme und in die freie Natur gelange. Erst nach zwei Stunden erreiche ich den Ort Virgen del Camino. Bis hierher bin ich fast nur auf Asphalt gelaufen, an Autostraßen vorbei und durch hässliche Gewerbegebiete. Aber dann gibt es einen schönen Weg, wenn man die Alternativroute nimmt.

Andreas ist dem Camino der Originalstrecke gefolgt wie er mir schreibt, d.h. er läuft immer an der Nationalstraße mit viel Verkehrslärm entlang und übernachtet heute in einem Ort, den ich nicht passieren werde. Die beiden Wege vereinigen sich erst danach wieder.

Heute habe ich Sodbrennen, weil ich nicht genug zum Frühstück gegessen und in Virgen del Camino nur Kaffee zu mir genommen habe. Wie blöd, immer wieder muss ich anhalten, Wasser trinken und mit Banane und Keksen den Magen beruhigen. Schließlich hilft nur eine Magentablette und mein Ablenkungsversuch, einmal intensiv über bestimmte Lebensthemen nachzudenken. Hierbei handelt es sich um meine negativen Emotionen und mein Umgang mit dem Thema Tod. Wie ich gerade auf dieses Thema komme, weiß ich auch nicht so genau. Es muss sich aus dem Unbewussten in mein Bewusstsein geschoben haben. Hin und wieder ergeht es mir so, wenn ich in den Himmel schaue und bestimme Wolkenformationen sehe.

Dann erinnere ich mich an folgendes Erlebnis. Am Ende meines Studiums starb eine gute Freundin und Kommilitonin bei einem Autounfall. Der Schock und die Trauer darüber waren sehr groß, weil so ein junger Mensch gestorben war. Auf dem Weg zur Beerdigung fuhren wir über die Autobahn und die Wolken am Himmel waren für mich Symbole für die Verstorbene bzw. eine Verbindung zu ihr. Ich stellte mir vor, sie könnte mich sehen, und ich könne mit ihr reden. Auch an diesem Tag waren entsprechende Wolken am Himmel zu sehen.

Hinter Virgen del Camino - endlich raus der Stadt und wieder pilgern. Die Wolken erinnern mich an eine Person.

Ehrlich gesagt komme ich mit den Überlegungen zu meinen Lebensthemen heute nicht richtig weiter. Doch meine Magenschmerzen sind verschwunden. Bezüglich des Nachdenkens über bestimmte Dinge stelle ich wieder einmal fest, auf dem Weg fehlt mir meistens die nötige Konzentration. Immer wieder werde ich durch meine Umgebung abgelenkt, muss auf die Wegführung und die Kennzeichnung achten oder schieße Fotos mit meiner Reisekamera.

Außerdem scheint heute irgendwie die Luft raus zu sein. Mein Energielevel ist ziemlich niedrig und meine

Motivation für das Pilgern heute auch nicht sehr groß. Es schleicht sich etwas Ernüchterung ein. Die Anstrengung und die Strapazen des Gehens und Rucksacktragens zerren heute besonders an Körper und Psyche. Aber was soll's. Ich stelle mich dieser Herausforderung. Die letzten 6 km bis Mazarife laufe ich dann wieder auf der Straße, entlang von Gemüsefeldern bzw. abwechselnd auf Straße und auf dem schmalen Trampelpfad neben der Straße, um meinen Füßen Abwechslung zu bieten und sie vor allzu großer Ermüdung zu schützen.

Ich komme heute in der Herberge San Antonio de Padua unter. Im Keller bzw. Souterrain gibt es ein Doppelzimmer für mich, das an zwei andere Zimmer angrenzt. Hier hat man auf einfachste Art und Weise sechs Zimmer und einen Sanitärbereich errichtet. Von einem Mittelgang gehen links und rechts je drei Zimmer ab und am Ende befinden sich Duschen und das WC. Die Wände sind sehr dünn und dadurch ist es sehr hellhörig. Das merke ich besonders als ich mich nachmittags auf meinem Bett ausruhe. Ein Schnarcher nebenan ist laut und deutlich zu hören. Wie soll das heute Nacht wohl noch werden, frage ich mich. Und dann wird's richtig bizarr. Im anderen Zimmer nebenan höre ich Quietschgeräusche, die vom Bett ausgehen, und dann ein wenig Stöhnen und schneller werdendes Quietschen des Bettes. Oh, lala – was ist denn da los? Und wie lange soll das hier dauern, denke ich. Was soll ich denn jetzt tun? Meine Ohren bedecken oder seelenruhig zuhören? Ich überlege und übe mich in Achtsamkeit, d.h. erst einmal ruhig bleiben, bewusstes Atmen, nichts bewerten und die Situation geduldig aushalten. Ich muss mich schon sehr konzentrieren, um meine Atemzüge zählen zu können. Immer wieder hindern mich die Geräusche und meine Fantasie daran.

Eigentlich möchte ich mir gar nicht ausmalen, wie es im Nachbarzimmer zugeht. Aber das geht nicht. Es ist einfach zu hellhörig hier. Zum Glück ist dieser Akt nach ein paar Minuten vorbei. Nicht nur meine Zimmernachbarn sind geschafft.

Unglaublich, was ich auf dem Jakobsweg so alles erlebe. Diese Erlebnisse gibt es natürlich auch außerhalb des Jakobsweges, aber hier passiert alles so verdichtet und kompakt. Als Pilger muss man sich auf alle möglichen und unmöglichen Umstände einstellen. Mit Offenheit und Toleranz sich selbst und anderen gegenüber sowie einem gedanklichen Zurücktreten, d.h. einem distanzierten Blick, weitet sich die Sicht der Dinge und ein innerer Wandel tritt ein. Dadurch kann ein ungeahntes Maß an Lebensfreude auf dem Camino entstehen. So gestalten sich die sehr kompakt auftretenden Ereignisse und die vielen Begegnungen mit Menschen aus aller Welt zu sehr schönen Momenten und Lebenserinnerungen. Und bereits die einfachen, alltäglichen Erlebnisse auf dem Camino sind die Mühen des Pilgerns wert.

Harald und Elena sind in der Herberge Jesus schräg gegenüber untergekommen. Ich vermute, denen ist heute so etwas nicht passiert. Sie haben mich angesimst, und wir verabreden uns zum Abendessen. Wie sich herausstellt, sind beide erkältet und sehr müde. Sie meinen, sie haben vorletzte Nacht in ihrer Unterkunft gefroren. In den Herbergen, d.h. den Massenunterkünften, ist es häufig schwierig mit der Lüftung. Entweder ist es zu warm oder zu kalt und eine individuelle Regulierung kaum möglich. So kommt es, dass man sich schnell erkälten kann.

Da bin ich froh, dass ich mir meistens ein Einzelzimmer gönne und für morgen schon wieder ein Hotel in Astorga reserviert habe. Wir überlegen beim Abendessen, ob wir morgen zusammen die Etappe laufen. Mein Eindruck ist, dass es für uns drei auf Anhieb nicht so klar ist, denn zum einen nutzen wir sehr gern die Gelegenheit, uns beim Pilgern auszutauschen und über Gott und die Welt zu plaudern und zum anderen benötigen wir auch viel Zeit für uns allein, u.a. für die Wahrnehmung der Eindrücke und zum Nachdenken. Und so ist es immer wieder spannend wie wir uns entscheiden. Aber schließlich wollen wir doch die morgige Etappe zusammengehen.

Am Abend melden sich dann noch Susanne mit Finn sowie Andreas jeweils per SMS. Finn, der von Susanne betreut wird, geht es wieder besser. Er konnte nach seiner Bänderdehnung und ein paar Tagen Erholung weiterlaufen. Sie sind jetzt in Sahagun, wo Elena, Harald und ich vor vier Tagen waren. Wir hoffen, dass wir uns am Zielort in Santiago noch einmal treffen werden. Mit Andreas verabrede ich mich für morgen Abend in Astorga. Insgesamt sind das sehr wertvolle Kontakte für mich und das Wissen, dass ich nicht allein laufe, tut mir sehr gut.

Highlights des Tages:

- Freue mich, dass ich gesund bin.
- Freue mich über das Einzelzimmer, obwohl es hellhörig ist.
- Freue mich, dass ich Kontakt zu den anderen Pilgern habe.

Erkenntnis des Tages:

„Irgendwann ist bei jedem Projekt auch mal die Luft raus. Ich warte auf neue Energie."

Hinweise zur Resilienz

Welche Rolle hat heute meine Resilienz bzw. die Stärkung der Schutzfaktoren gespielt? Wichtig sind wieder einmal die positiven Emotionen und die soziale Unterstützung. Zum einen sind es die Kontakte, zum andern erfahre ich mittels meines Tagesbuchs Stärkung, in dem ich festhalte, worüber ich mich freue und mir dies beim Schreiben und Lesen bewusst wird.

So wird das Tagebuch zum Glückstagebuch. Ich erkenne schnell: Eine gute Gesundheit, ein Einzelzimmer und der Kontakt zu anderen gehören hier auf dem Camino zu meinen Grundbedürfnissen und werden meistens erfüllt. Ich sorge gut für mich, und dies ist Ausdruck meiner Selbstregulation und Eigenverantwortung. So bleibe ich in der Balance. Ich wachse an den täglichen Herausforderungen. Außerdem wird meine seelische Widerstandskraft gestärkt, weil ich meine Selbstwirksamkeit bei der Bewältigung der Pilgeranforderungen gut spüren und gezielt einsetzen kann.

In diesem Zusammenhang frage ich mich, wie ist es eigentlich um meinen Energiehaushalt bestellt. Was bekomme ich an Energie und was gebe ich ab? Nach meinem Gefühl befindet sich mein Energiehaushalt überwiegend im positiven Bereich, weil ich auf dem Camino mehr bekomme als ich gebe. So lassen sich auch die besonderen Anstrengungen und Strapazen ertragen.

Neue Energie beziehe ich aus ausreichend Schlaf, dem gutem Wetter – wenn die Sonne scheint, dann lacht mein Herz –, dem Austausch mit anderen Pilgern, den positiven Emotionen, dem Stolz über die erreichten Tagesstrecken sowie zahlreichen weiteren Impulsen und Anregungen aus meiner Umwelt. Außerdem stärkt das Gehen in der Natur, das Erleben von Flora und Fauna, meine Seele ungemein. So freue ich mich erwartungsvoll auf jeden neuen Tag und erlebe viele glückliche Momente, z.B. das gemeinsame Abendessen mit Elena und Harald.

Etappe 18: Villar de Mazarife – Astorga, 32,9 km, 21. Mai

Die heutige Tour von 32,9 km bis nach Astorga gleicht gefühlt schon einem Marathon. Elena, Harald und ich spüren, dass es eine besondere Herausforderung wird. Erst geht es relativ gut voran, auch mit den Füßen.

Nach 9,9 km erreichen wir den Ort Hospital de Orbigo. Beeindruckend ist die lange, mittelalterliche Brücke, um die es viele Legenden gibt. Zahlreiche Kämpfe und Schlachten fanden auf der Brücke und drum herum statt. Die spanische Geschichte ist hier reich an blutrünstigen Ereignissen. Als Pilger haben wir aber wenig Zeit, uns intensiv damit zu beschäftigen, wenn wir unser Tagesziel erreichen wollen. Also fällt der Aufenthalt nur kurz aus. Aber wir freuen uns, diesen bedeutenden Ort der spanischen Geschichte erreicht zu haben und dass wir uns die Zeit für ein paar schöne Fotos nehmen.

Ab jetzt macht sich die Sonne stark bemerkbar. Die Sonneneinstrahlung und die Hitze setzen uns zu. Harald ist auch noch erkältet und bei Elena schmerzen die Füße auf den letzten 10 km vor dem Ziel. Bei mir treten erst auf den letzten 5 km starke Fußschmerzen auf. Unterwegs sprechen wir nicht viel. Das Tagesmotto lautet „irgendwie durchkommen".

Dann entsteht auch noch die Situation, dass wir uns mit den Pausen nicht richtig abstimmen und Elena sagt zu mir, „dann mach´ doch, was du willst" und so haben wir unser Thema, über das wir uns nach der Pause unterhalten. Wir stellen fest, dass es gar nicht so leicht ist, das zu machen, was man will, wenn man es nicht gelernt hat. Zudem muss man erst einmal wissen, was man will. Meistens weiß ich, was ich nicht will, aber noch lange nicht, was ich will. Das bedarf dann schon einer etwas umfangreicheren Betrachtung.

Auf dem weiteren Weg überlege ich, welche Prägungen, Normen und Werte mich hindern, meine Wünsche und meinen Willen in die Tat umzusetzen. Und ich denke auch an das (schlechte) Gewissen, das mich oft mahnt, nicht eigensinnig oder zu egoistisch zu sein.

„Mach doch, was Du willst" ist eigentlich jeder Zeit möglich, wenn wir bereit sind, die Konsequenzen zu tragen. Aber darüber werde ich an anderer Stelle und zu gegebener Zeit noch einmal nachdenken und ggf. auch etwas ausprobieren und mich darin üben.

Wir sind geschafft, aber überglücklich als wir die Stadt Astorga erreichen. Die Altstadt und die Kathedrale gefallen mir auf Anhieb sehr gut. Über den Bischofspalast von Antonio Gaudi im neugotischen Jugendstil lässt sich trifig streiten. Ich finde ihn als Bau- und Kunstdenkmal aber interessant.

Harald ist durch die Erkältung und lange Etappe sehr geschwächt und zieht sich sofort in seine Herberge zurück. Er will einfach nur noch schlafen. Elena und ich haben Zeit, Andreas auf der Plaza de España zu treffen. Dort begegnen wir auch François und Natascha aus Kanada. Wir drei setzen uns zu ihnen, essen und genießen den Abend zusammen. Sich auszutauschen und unsere Erfahrungen zu teilen, macht Spaß. Alle haben etwas zu erzählen über den Camino, von den Herbergen und anderen Pilgern. Wir stellen schnell fest, dass wir bei den Unterkünften unterschiedliche Präferenzen haben. Natascha und François übernachten meistens im Hotel. Sie benötigen Ruhe und ihre Privatsphäre. Mit den öffentlichen Herbergen kommen sie einfach nicht zu recht.

Bei Andreas ist das anders. Er schläft i.d.R. gut in den Herbergen und ihn stört es nicht, mit mehreren Pilgern in einem Zimmer zu nächtigen. Und Elena macht es auch nichts aus, in Herbergen zu schlafen. Sie ist aber auch Studentin und muss auf ihr Budget achten.

Am Nachbartisch sitzen die Australier. Auch mit ihnen sprechen wir über ihre Erfahrungen. Sie sind begeistert von den schnell wechselnden verschiedenen Landschaften in Spanien. Das kennen sie aus ihrer Heimat nicht so und in dieser Weise.

Wir essen gut und genießen einen wunderschönen Abend. Erst spät löst sich unsere Gruppe auf. Einer nach dem anderen verabschiedet sich in seine Herberge. Ich gehe noch einmal zur angestrahlten Kathedrale und werde mir bewusst, welche Bedeutung Astorga für den Jakobsweg hat. Hier in Astorga mündet ein weiterer Weg, eine Variante des Via de la Plata, der aus Sevilla kommt, auf den Camino Francés. Somit vereinigen sich hier zwei Pilgerströme, die den Jakobsweg von nun an mit mehr Pilgern füllen werden. Damit kann das Ergattern eines Übernachtungsplatzes oder die Buchung von Unterkünften schwieriger werden. Erst spät kehre ich in mein Hotel zurück. Ich falle Tot müde und zufrieden in mein Bett. Andreas und ich haben verabredet, die morgige Etappe zusammen zu laufen. Ich bin gespannt und freue mich darauf.

Highlights des Tages:

- Das Wiedersehen mit den anderen Pilgern: Andreas, die Australier, François und Natascha
- Die Überquerung der mittelalterlichen Brücke in Hospital de Orbigo
- Ein Abendspaziergang durch Astorga

Erkenntnis des Tages:

„Mach´ doch, was Du willst. Trau´ dich und gib´ dir die Erlaubnis."

Hinweise zur Resilienz

Wünschenswert und resilient wäre es, wenn der eigene Wille und die persönlichen Ziele ohne innere Schranken umgesetzt würden. Aber so einfach ist es meistens nicht. Ich stelle fest, dass ich mich erst einmal von eingefahrenen Mustern und unreflektiert übernommenen Normen und Werten lösen muss, bevor mein freier Wille sich durchsetzen kann.

Außerdem gibt es sogenannte Glaubenssätze, die unserem Selbstvertrauen schaden. Beispiele für einschränkende Glaubensätze sind „Schuster bleib bei deinen Leisten", „Geld verdirbt den Charakter", „das macht man nicht", „ich muss es immer allen recht machen," „nur wenn ich fleißig bin, werde ich anerkannt", „nimm dich nicht so wichtig, usw.

Um zu einer Veränderung und Befreiung von diesen Glaubenssätzen zu kommen, ist eine intensive Beschäftigung mit ihnen notwendig. Dabei werden zunächst die persönlichen Glaubenssätze aufgeschrieben, die man ändern möchte. Anschließend werden verschiedene Schritte durchgeführt, um schließlich zu neuen, positiven Glaubenssätzen zu kommen. Diese werden eingeübt und in das eigene Handeln integriert.

Für die Resilienz wäre es gut, diesen Veränderungsprozess, der viel Arbeit an sich selbst bedeutet, auf sich zu nehmen und sich flexibel auf neue Möglichkeiten und Chancen einzustellen. Resiliente Menschen sind offen für Neues, stehen Veränderungen aufgeschlossen und positiv gegenüber und betrachten diese ggf. als Lebensprinzip.

Etappe 19: Astorga – Rabanal del Camino, 20,7 km, 22. Mai

Ich habe gut geschlafen und bin kurz vor 8.00 Uhr vom Hotel losgelaufen. Vor der Kathedrale treffe ich Andreas und wir machen uns auf den Weg. Die Sonne scheint und es wird wieder ein wundervoller Tag. Andreas und ich unterhalten uns sehr angeregt und nehmen die landschaftlich sehr schöne Strecke zunächst kaum war, weil wir uns über unsere Pilgererfahrungen und Beobachtungen der letzten Tage sehr intensiv austauschen.

Auch unsere beruflichen Perspektiven beleuchten wir genauer. Andreas ist Architekt und arbeitet unter enormen Stress für ein großes Unternehmen in der Schweiz. Er überlegt, sich beruflich zu verändern.

Dieser Austausch tut sehr gut, aber nach zwei Stunden, merke ich, dass mir das Erzählen und Zuhören doch zu viel wird. In mir kommt der Wunsch auf, wieder alleine zu gehen, da ich in den letzten Tagen ja auch schon in Begleitung unterwegs gewesen bin. Zum Glück gibt´s morgen wieder die Gelegenheit zum Solopilgern.

Dann überlege ich wie weit ich heute eigentlich laufen möchte und kann mich lange Zeit nicht entscheiden, ob ich bis Rabanal gehe oder 5,9 km weiter bis Foncebadón. Dort hat Andreas einen Schlafplatz reserviert. Es hätte den Vorteil, dass die morgige Etappe über die Berge bis Ponferrada unter 30 km bleiben würde. Ich habe leider keine Reservierung in dem kleinen Ort Foncebadón und weiß nicht, ob ich eine Übernachtung bekommen werde. In den folgenden Bergdörfern ist es auch ungewiss und das nächste Hotel befindet sich erst wieder in Ponferrada.

Eigentlich wollte ich mich heute mal von dem „Hoteldenken" und Reservieren lösen und spontan sein. Aber die Entscheidung wird mir abgenommen als es 12 km vor Rabanal stetig bergauf geht, ich extrem ins Schwitzen komme und mich erschöpft fühle.

Sieben Kilometer vor Rabanal beim Dorf El Ganso beobachte ich dann noch eine merkwürdige Szene und rege mich auf. Vor dem Ort El Ganso hält ein Reisebus und 60 Pilger steigen aus. Sie gehören zu den Tagespilgern, die sich mit Bussen zu den einzelnen Etappen bringen und wieder abholen lassen. Und am Ende des Tages werden sie zum nächsten Hotel gefahren. Sie treten in Massen auf und verstopfen den Camino. Völlig überlaufen ist der Weg nun und wir kommen nur schlecht voran. Ich bin richtig verärgert über diese Leute und ihre Dekadenz. Das hat doch mit Pilgern nichts mehr zu tun. Ich verstehe nicht, warum die Leute so etwas machen. Wahrscheinlich holen sie sich unterwegs auch noch die begehrten Pilgerstempel, um ihre Credencial, den Pilgerpass, voll zu bekommen, so dass sie in Santiago ihre Urkunde, die Compostela, erhalten.

Um die Pilgerurkunde von der katholischen Kirche zu bekommen, müssen alle Pilger mindestens 100 km gewandert sein oder 200 km mit dem Fahrrad oder Pferd zurückgelegt haben. Aber das, was die Tagespilger machen, ist doch glatter Betrug und das ärgert mich.

In Rabanal verabschiede ich mich von Andreas und komme in der Herberge La Senda für 5 Euro unter. Jetzt habe ich Zeit zum Nachdenken, z.B. über meine Emotionen, heute im Besonderen über meine Verärgerung bezüglich der Tagespilger. Gegenüber der Herberge auf der anderen Straßenseite befindet sich der dazugehörige Garten mit viel grünem Rasen und einladenden Liegestühlen. Nach dem Einchecken nehme ich die Gelegenheit wahr, mich im Garten auszuruhen.

Hier können auch Zelte von Pilgern aufgeschlagen werden, und sogleich kommt ein Fahrradpilger vorbei, der sich nach dieser Möglichkeit erkundigt. Ich verweise ihn an die freundliche Senhora an der Rezeption. Inzwischen ist mir ein Schild am Gartenschuppen mit der Aufschrift „Feet Massage" aufgefallen. Heute Nachmittag um 15 Uhr soll es hier Massagen geben. Ich frage die Senhora, wer die Massage durchführt und wo sie stattfindet. Sie erklärt mir, dass eine Masseurin, die im Krankenhaus in Astorga arbeitet, nachmittags für Pilger diesen Service anbietet. Die Massage wird im Schuppen durchgeführt. Na, dann freu´ ich mich mal auf das Abenteuer Massage. Ich bin neugierig und schaue gleich mal im Schuppen nach. Aber der sieht irgendwie noch nicht nach einem Behandlungsraum aus. Ein Rasenmäher, diverse Gartengeräte, Liegen und Stühle stehen mitten im Raum herum. Das ist ja schräg. Was soll´s? Ich habe noch Zeit und gehe erstmal etwas essen.

Als ich um 15 Uhr zurückkomme, ist der Schuppen aufgeräumt, eine Massageliege ausgeklappt und der Raum durch einen Vorhang provisorisch unterteilt. Die Masseurin spricht gebrochenes Englisch und so verständigen wir uns auf eine Massage der Füße und Beine. Die Massage ist sehr angenehm. Doch, oh Schreck, die Achillesferse im rechten Fuß bereitet mir ungewöhnliche Schmerzen. Die Masseurin hat meinen wunden Punkt getroffen und sagt, ich soll einen Tag pausieren.

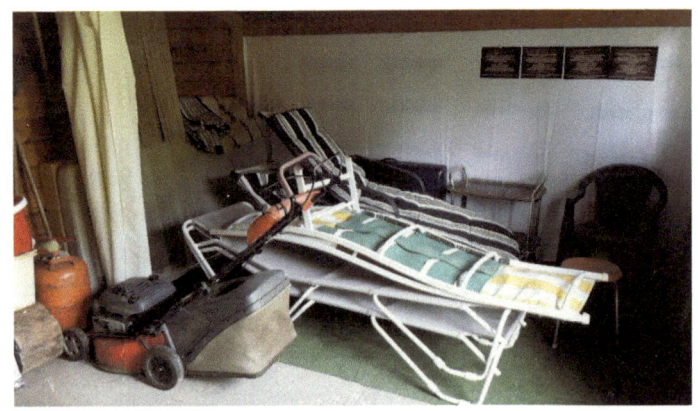
Der Gartenschuppen als Massageraum

Eigentlich wollte ich morgen 26 km nach Molinaseca oder 32 km nach Ponferrada laufen. Aber ich bin artig und höre auf die Masseurin. Einen Pausentag kann ich verkraften und die Ruhe wird meiner Achillessehne guttun. Dafür will sie morgen extra nur für mich nochmal hierher nach Rabanal kommen und eine weitere Massage durchführen, obwohl ihre Tochter eine wichtige Schulveranstaltung hat, soweit ich sie verstanden habe. Wir vereinbaren den Termin auf morgen 14 Uhr, und ich buche gleich im Ort ein schönes Zimmer in einem Landgasthof für die zweite Nacht, die ich hier verbringen werde. Das klappt und morgen ab 11.30 Uhr kann ich das Zimmer beziehen.

Bezüglich der Achillessehne frage ich mich, was will der Camino mir damit sagen und was will mir mein Körper sagen? Meine Antworten: Höre auf deinen Körper und höre auf dein Gefühl. Fühle mehr in die jeweilige Situation hinein. Bewerte weniger und sei weniger rational. Sei mehr im Inneren bei dir selbst und weniger im Äußeren.

Im Fall der Reizung meiner Achillessehne ist es sehr sinnvoll auf meinen Körper zu hören. Er sagt mir, Ottmar, du hast schon ein bestimmtes Alter erreicht, und die Füße möchten mit Respekt behandelt werden. So sehe ich den morgigen Pausentag als sehr sinnvoll an.

Rabanal del Camino ist ein wirklich schönes Dorf, das langgestreckt nur aus einer Hauptstraße, einer Parallelstraße und zwei, drei Querstraßen besteht, zudem einer Kirche, mehreren Herbergen und kleinen Cafés mit schönen Gärten. Der ganze Ort lebt von den Pilgern. Es ist wunderschön ruhig hier und so genieße ich den Nachmittag auf einer Bank am Ortsausgang im Grünen direkt am Pilgerweg. Hin und wieder gehen noch ein paar Pilger vorbei. Dann kommt Alain, der schöne Franzose, mit der Dänin, und wir grüßen uns. Sie erkundigen sich kurz nach meinem Befinden, wünschen mir alles Gute und ziehen weiter. Ihr Ziel ist Foncebadón.

Danach tauchen auch noch die beiden Schweizerinnen Marianne und Ursula auf, mit denen ich in Reliegos ein lustiges Abendessen hatte. Inzwischen laufen sie ohne ihre großen Rucksäcke, sondern nur mit einem kleinen Tagesrucksack. Sie nehmen den Gepäcktransport jetzt immer öfter in Anspruch und genießen das Pilgern mit leichtem Gepäck. Auch sie haben im 6 km entfernten Foncebadón reserviert. Ein wenig Wehmut empfinde ich schon, weil sie weitergehen und ich hierbleiben muss. Aber übermorgen bin ich auch wieder auf dem Camino unterwegs, und in ein paar Tagen werden wir uns bestimmt irgendwo wieder begegnen. Diese Zuversicht speist sich aus meinen bisherigen Erfahrungen.

Highlights des Tages:

- Ein wundervoller Pilgertag durch die beginnende, schöne Berglandschaft der Montes de Leon bei sonnigem Wetter

- Mit Andreas zusammengewandert und interessante Gesprächsthemen behandelt

- Meine erste Fußmassage auf dem Camino

Erkenntnisse des Tages:

„Ich muss nicht immer alles bewerten, sondern kann in die Achtsamkeit gehen und erst einmal nur beobachten."

„Höre mehr auf deinen Körper und deine Gefühle und weniger auf den Verstand und die rationalen Anteile."

Hinweise zur Resilienz

Aus Sicht der Resilienz muss ich mich nicht so aufregen. Das mache ich zu Hause und in dieser Form eigentlich nur ganz selten. Dadurch wird mir bewusst, da tut sich etwas in mir. Es scheint so, dass ich mich gerade verändere, weil Wut und Ärger sich hin und wieder ihren Weg bahnen.

Ich gehöre ja eher zu den Angepassten und Helfertypen, die für andere da sind, Hilfe anbieten und sich häufig mit den eigenen Wünschen zurückhalten. Gegen diese Rolle scheine ich innerlich zu opponieren und mich an Dingen, die mich stören, zu reiben. Mal sehen wie sich das noch weiterentwickelt. Trotzdem muss ich nicht immer gleich alles bewerten. Ich kann ja auch erst einmal die Dinge und

Situationen nur beobachten, mich zurückhalten und gelassen bleiben. Zum Glück gelingt mir dies schon sehr häufig.

Ich sollte mir bewusst werden, dass bei der Bewertung von Situationen hin und wieder auch eine ganze Menge dumme Gedanken dabei sind, die ich mir ersparen könnte. Also frei nach Wilhelm Busch: „Dumme Gedanken hat jeder, aber der Weise verschweigt sie."

Nähe und Distanz sind heute auch Themen für meine Resilienz. So sehr ich das Wandern zusammen mit Andreas genossen habe, ebenso verspürte ich nach einer gewissen Zeit auch den Wunsch, wieder allein zu sein, also das Bedürfnis nach Solowandern. Ich merke hin und wieder, dass ich einfach mal Distanz zu Menschen brauche, ebenso wie ich auch die Nähe brauche.

Und auch in dieser Hinsicht verspüre ich Veränderungen in meiner Persönlichkeit und bei meinen Bedürfnissen. Auch wenn ich sehr kontaktfreudig auf dem Camino bin, brauche ich doch Distanz und Abgrenzung. Ich bin in den letzten Jahren eigenständiger und in vielen Dingen distanzierter geworden. Vor Jahren war meine Suche nach Nähe noch viel ausgeprägter. Ich war in vielen Belangen sehr verständnisvoll, ausgleichend und selbstlos. Ich bin sehr stark auf andere eingegangen. Aber das hat viel zu viel Kraft gekostet.

Jetzt merke ich, dass ich das in dieser Weise nicht mehr will. Ich möchte mehr Eigenständigkeit, auch wenn das hin und wieder kühl, verschlossen und abweisend wirken sollte. Letztlich geht es immer darum, das richtige Maß zwischen Nähe und Distanz zu finden, um ausgeglichen zu sein. Deshalb lohnt es sich, hin und wieder darüber nachzudenken und sich situativ zwischen Nähe und Distanz bewusst zu entscheiden.

Wir schützen uns, wenn wir nachsteuern und auch einmal Nein sagen. Wenn wir uns zu wenig abgrenzen, verlieren wir uns und das kann zur Überlastung führen. Das richtige Verhältnis zwischen Nähe und Distanz ist deshalb Stress vermeidend und ein wichtiger Schutzfaktor für die innere Widerstandkraft. Bei diesem Aspekt kommt es sehr auf unsere Achtsamkeit und Eigenverantwortung an, d.h. die Bereitschaft und Fähigkeit, die vorliegende Situation wahrzunehmen und unserem Bedürfnis entsprechend zu handeln.

Pausentag in Rabanal del Camino, 23. Mai

Die Nacht war stickig in der Herberge. Zu viele Leute waren in dem kleinen Schlafraum. Im Etagenbett über mir schläft eine Russin. Morgens beim Packen des Rucksacks mache ich kurz Bekanntschaft mit ihr, weil sie auch noch nicht früh aufbricht. Sie will ihr Handy noch eine Zeit lang aufladen. Die anderen Pilger sind schon fast alle losmarschiert.

Ich spüre meine Achillessehne, und sie schmerzt immer noch ein wenig. Der Pausentag wird mir guttun. Im Nachbarlokal gehe ich frühstücken und genieße die freie Zeit und die Ruhe, die ich habe. Mal sehen, was heute so passiert. Ab 9 Uhr kommen die ersten neuen Pilger vorbei. Ich gehe noch einmal in den Garten der Herberge, setze mich auf eine Liege und schone meine Füße. Der Fahrradpilger ist auch schon aufgebrochen.

Nach zwei Stunden hole ich meinen Rucksack und gehe zum Landgasthof. Das Einzelzimmer ist entsprechend dem Landhausstil sehr schön eingerichtet. Mittags esse ich ein wenig Thunfisch mit Brot und lege mich nochmals schlafen. Super erholsam ist das im Vergleich zu den körperlich anstrengenden Etappen. Ich spüre wie der Körper sich entspannt und sich meine Akkus wieder aufladen.

Um 14 Uhr geht's zur Massage, doch die Masseurin kommt erst um 15 Uhr. War das ein Fehler in unserer Kommunikation gestern oder eine Verspätung heute? Macht nichts, denn in der Zwischenzeit habe ich mich über eine Stunde lang sehr angeregt mit der älteren Senhora von der Herberge La Senda unterhalten und mein Spanisch aufgebessert.

Ich verstehe schon einiges. Die Senhora ist 66 Jahre alt und kommt aus dem Nachbardorf, wo ihr Sohn eine Landwirtschaft betreibt. Die Herberge unterhält sie mit ihrem Mann, um die Rente aufzubessern. Die Arbeit sei nicht so schwer, meint sie und mache ihr Spaß, denn es kommen so viele freundliche Menschen aus der ganzen Welt, die bei ihr übernachten. Das findet sie großartig. Sie meint, so bleibe sie doch jung.

Als die Masseurin kommt, geht's in den Schuppen. Sie untersucht meine Achillessehne und sagt zu mir, sie habe schon viele Pilger gesehen, die ihre Füße ruiniert hätten, die nicht vernünftig waren und sich bleibende Schäden gelaufen hätten, darunter die übelsten Deformationen. Und ich könnte der nächste sein. Sie meint, ich solle das Wandern doch einstellen, das Pilgern einfach abbrechen und nichts riskieren. Wie bitte? Hallo, ich bin doch schon über 500 km gewandert. Und jetzt soll ich 200 km vor dem Ziel aufhören? Ich verstehe die Welt nicht mehr. Das geht aus meiner Sicht doch gar nicht. Ich wundere mich über mich selbst, wie ruhig und diplomatisch ich bleibe und ihr sage, dass ich es mir überlegen werde. Ich hätte nicht gedacht, dass ich mich in so einer Situation so ruhig und ausgeglichen verhalte. Oder stehe ich unter Schock?

Dann sagt sie aber noch, dass sie keine Ärztin sei. Das ist für mich wie ein Signal, denn ich könnte heulen, wenn ich ans Aufgeben denke. Sie ist nach eigener Aussage keine Ärztin und kann demnach nur bedingt ein fachmännisches Urteil fällen. Zum Trost erhalte ich noch die vereinbarte Massage an der Wade und Ferse. Und sie reibt beides noch mit einer Spezialcreme ein, die auch ihr immer helfen würde, wenn sie wieder einmal eine Sehnenentzündung an ihrem Unterarm habe. Die Creme ist von ihrem Freund gemischt, enthält Cannabis und sei sehr wirksam.

Zum Schluss schenkt sie mir noch eine kleine Dose von dem Wundermittel. Ich soll aber niemanden etwas davon erzählen. Ich nicke ihr zu und denke nur, alles klar.

Zurück im Hotel überlege ich nicht lange, sondern buche nach kurzer Abwägung und mit Zuversicht und Selbstvertrauen für morgen ein Hotelzimmer in Ponferrada. Das sind dann 32 km Fußweg. Ich werde sehen, wie es mit der Ferse geht, schließlich habe ich schon ganz andere Schmerzen und Probleme mit der Ferse gehabt, z.B. einen Fersensporn. Das waren Schmerzen wie das Laufen auf Glassplittern.

Ich bin jetzt entschlossen weiter zu pilgern und mein Ding zu machen. Schluss! Basta! Aus! Außerdem habe ich ja heute noch den restlichen Ruhetag für meine Füße.

Ansonsten ist der Tag ein ständiges Hin und Her zwischen Bett, Internet und Hauptstraße. Ich spüre meine Unruhe und Untätigkeit. Abends esse ich Lamm-Gebratenes im Landgasthof. Das lohnt sich für den Preis aber nicht, einfach zu teuer bezüglich der überschaubaren Qualität. Mir gegenüber am Nachbartisch sitzt ein Pilger aus Dänemark mit seiner Bekannten. Ich habe ihn schon irgendwo einmal gesehen. Und soweit ich weiß, ist er in Paris gestartet. In diesem Moment frage ich mich nur eins, wie haben er und seine Achillessehnen das nur bis hierher geschafft.

Highlights des Tages:

- Meine Entschlossenheit nicht abzubrechen, sondern weiter zu wandern
- Die freundliche Senhora von der Alberga La Senda
- Die Cannabiscreme von der Masseurin

Erkenntnis des Tages:

„Ich mach mein Ding. Ratschläge können meine Entscheidung nicht ersetzen."

Hinweise zur Resilienz

Meine Entschlossenheit ist ein Ausdruck meiner Zuversicht, meines Selbstvertrauens und meines Optimismus, dass ich es trotz Problemen mit der Achillesferse schaffen kann. Der Optimismus ist ein wichtiger Schutzfaktor der Resilienz, denn er macht Mut, die Chancen zu ergreifen, die sich einem bieten. Optimistische Menschen haben Durchhaltevermögen, eine positive Weltsicht, Selbstvertrauen und ein positives Selbstkonzept.

Die Enttäuschung über die angeschlagene Achillesferse werte ich als Erfahrung, die ich bewusst mit meinen individuellen Stärken und meinen bisherigen Erfahrungen mit den Füßen konfrontiere. Als Ergebnis entsteht eine positive Selbstwirksamkeitserwartung. So komme ich zu der Überzeugung, dass ich es schaffen kann. Daraus wiederum schöpfe ich neue Kraft für die Bewältigung dieser Herausforderung. Also zählen Ziel- und Lösungsorientierung auch zu meinen heutigen Stärken. Diese befördern meine Entschlossenheit und stärken meine Resilienz.

Obwohl ich körperlich angeschlagen bin, ist meine mentale Stärke sehr groß und gibt mir die nötige Kraft, denn mein realistischer Optimismus und mein Selbstbewusstsein bezüglich der morgigen Etappe setzen sich gegen die Zweifel durch und laden mich mit positiver Energie auf.

Etappe 20: Rabanal del Camino – Ponferrada 32,4 km, 24. Mai

Die Montes de Leon. Viel Ginster wächst am Wegesrand, hier auf einer Höhe von 1400 Metern. Landschaftlich für mich die schönste Etappe des gesamten Camino Francés.

Ich starte die Etappe früh morgens noch bevor der Frühstücksraum im Landgasthof geöffnet wird, denn die Wanderung über die Berge wird heute lang und anstrengend. Diese Etappe ist in mehrfacher Hinsicht die bedeutsamste und beste des gesamten Jakobsweges für mich.

Erstens ist es eine anspruchsvolle Bergetappe, zweitens erreiche ich heute den höchsten Punkt des Camino Francés auf 1517 m Höhe, drittens geht´s am Cruz de Ferro vorbei, viertens soll meine Achillessehne halten und fünftens ist diese Etappe für mich die landschaftlich schönste Strecke des gesamten 800 km – Weges.

Heute Morgen ist es kalt hier auf 1200 m Höhe, geschätzt sind es nur zwei bis drei Grad Celsius. Ich habe wieder einmal meine Regenjacke über die Wanderjacke gezogen, um mich vor dem kalten Wind zu schützen. So bleibt mein Körper warm.

Es ist ein schöner Morgen, weil die Sonne über den Bergen aufgeht und die ersten wärmenden Strahlen aussendet. Bis Foncebadón sind es 5,9 km, und ich wandere bei stetigem Anstieg durch eine wunderschöne Natur mit herrlichem Weitblick. Die Ginsterbüsche säumen den Weg in weiß, rot und gelb und sind ein schöner Kontrast zum blauen Himmel und den grün bewaldeten Hügeln der Umgebung.

Aus mehreren Pilgerberichten habe ich entnommen, dass Foncebadón vor 20 Jahren ein verlassener Ort war, indem kein Mensch mehr wohnte. Er war trostlos, die Häuser waren verfallen und überdies lebten viele wilde Hunde und Wolfsrudel hier in der Gegend und verbreiteten den Pilgern Angst und Schrecken. So bin ich gespannt wie sich der Ort bis heute entwickelt hat.

Als ich in Foncebadón ankomme, höre ich einen Bagger und sehe, dass ein Trupp Bauarbeiter Leitungen in der Hauptstraße verlegt und den Ort in eine riesige Baustelle verwandelt hat. Auch hier auf 1400 m Höhe hat der Pilgertourismus die Entwicklung vorangetrieben. Das erste Haus ist eine Pilgerherberge mit dazugehörigem Café. Ich kehre ein und gönne mir ein schmackhaftes Frühstück. Hier herrscht eine angenehme Atmosphäre und Freundlichkeit zwischen den Gästen und der Bedienung. So macht das Verweilen Spaß und stärkt die Moral. Viele Gäste kaufen Proviant wie Bananen, Äpfel und belegte Brote, denn bis zum nächsten Dorf sind es mindestens noch 2,5 Stunden

Fußweg, und bis zum Ort Molinasecca mit guter Pilger-
infrastruktur sind es etwa 18 km.

Nach der Stärkung geht es frohen Mutes weiter, denn auch
die Achillesverse hat auf den ersten 6 km bis hierher gut
gehalten. Ich habe keine Schmerzen. Die Spezialcreme habe
ich reichlich aufgetragen und vertraue meinem Körper, dass
der weitere Aufstieg bis zum Cruz de Ferro und der folgende
Abstieg bis nach Ponferrada gelingen werden.

Jetzt geht's weiter ansteigend auf 1500 m zum Cruz de
Ferro. Die Natur ist wunderschön und die Weitsicht
atemberaubend. Ich fotografiere viel, halte alles fest und
genieße den Anstieg trotz kalter Temperaturen. Vor und
hinter mir laufen einige Pilger und so komme ich nicht allein
am Cruz de Ferro an. Schade, denn an diesem Ort würde ich
gern in Stille verweilen und für mich sein. Mein Pilgerführer
schreibt, es sei einer der symbolträchtigsten Punkte des
gesamten Jakobsweges.

Auf einem riesigen Steinhaufen ist ein 8 m hoher
Eichenstamm errichtet worden. Auf dessen Spitze steht das
Eisenkreuz, das dem Ort seinen Namen verleiht. Jeder Pilger
soll hier einen von zu Hause mitgebrachten Stein ablegen
und sich damit einer über tausendjährigen Tradition
anschließen. Das Ablegen eines Steines symbolisiert das
Ablegen persönlicher Lasten. Ich habe einen Stein von zu
Hause mitgebracht wie es Sitte ist und lege noch einen
zweiten dazu, den ich unterwegs vor einer Woche gefunden
habe.

Diese beiden Steine stehen für mich zum einen für die
Schwere des Todes und zum anderen für die Leichtigkeit im
Leben, d.h. das Leben nicht zu ernst und beschwerlich zu
nehmen. Außerdem verbinde ich mit ihnen noch den Verlust

zweier mir nahestehender Verwandter, die in den letzten 18 Monaten gestorben sind. Ja, das Thema Tod hat mich in den letzten Tagen der Wanderung ungewollt beschäftigt. Es ist einfach in mir aufgestiegen und belegt die Erkenntnis, dass der Weg dir nicht immer das gibt, was du suchst, sondern das, was du brauchst.

Gleich nach dem Ablegen der Steine fühle ich mich sehr erleichtert. Ich habe eine Last hierher geschleppt und ablegen können. Ich fühle mich befreit und empfinde mehr Weite beim Atmen. Das ist ein spiritueller Moment für mich. Ich bin tief berührt, auch von den vielen abgelegten Steinen und Botschaften, die teilweise auf ihnen zu lesen sind. Um diesen Augenblick noch weiter genießen zu können, höre ich beim Weitergehen einen Freiheitssong mit dem Smartphone und singe lautstark mit. Ein unglaublich tragendes Gefühl durchströmt mich und motiviert mich, die Pilgerreise mit neuer mentaler Kraft fortzusetzen.

Ich erinnere mich an einen Graffiti-Spruch, den ich auf einer Mauer vor 20 Min. gelesen habe: „Das Leben ist kurz, aber weit offen." Irgendwie passt das zu meinen Gefühlen, die aus einer Mischung aus Freude und Melancholie bestehen.

Jetzt beginnt der Abstieg durch schweres Gelände von 1517 Metern Höhe auf 600 Meter in Ponferrada. Ich freue mich weiterhin über die schöne Umgebung. Der Weg ist aber nicht leicht zugehen. In dieser Berglandschaft liegen viele Steine, Schotter und Klamotten auf dem Weg, der stetig bergab führt. Ich passe bei jedem Schritt sehr genau auf, dass ich einen sicheren Tritt habe. Einige Pilger haben Schwierigkeiten beim Abstieg, laufen sehr langsam oder auf der Straße, die sich aber nach ein paar Kilometern vom Camino entfernt.

Letztendlich bewältige ich den Abstieg sehr gut. Selbst als ich in Molinaseca nach 16 km ankomme, habe ich noch genug Kraft, um die restlichen 6,9 km bis zum Etappenziel zu wandern. Am Ende in Ponferrda spüre ich doch die Anstrengungen des heutigen Tages und habe leider keine Energie und Muße mehr für die Besichtigung der berühmten Templerburg. Ich suche schnell mein Hotel auf und ruhe mich aus.

Abends kurz vor Geschäftsschluss stehe ich auf, gehe ins Zentrum der Altstadt und kaufe mir eine neue Sonnenbrille, denn bei meiner alten hat sich der Bügel verabschiedet. Anschließend esse ich ein Pilgermenü in einem Imbiss. Das Fleisch ist zäh und kein Genuss. Wieder einmal die falsche Menüwahl. Was soll's? Der Pilger nimmt, was er bekommt. Mit dieser Einstellung komme ich gut zu recht.

Highlights des Tages:

- Trotz des frischen, kalten Windes am Morgen und einer Temperatur von nur 3° C eine herrliche Wanderung in wunderschöner Berglandschaft mit Sonnenschein den ganzen Tag.
- Die Frühstückspause in Foncebadon
- Die Füße haben gehalten, die Achillessehne auch.
- Einen spirituellen Moment am Cruz der Ferro erlebt.

Erkenntnis des Tages:
„Auch große Anstrengungen kann ich genießen und gut bewältigen."

Hinweise zur Resilienz

Das war ein großartiger Tag für meine innere Stärke. In mehrfacher Hinsicht habe ich von dieser Pilgeretappe profitiert. Ein intensives Erleben der Natur und die Erleichterung durch das Ablegen der Steine haben mich in einen gefühlten Zustand des inneren Glücks versetzt. Es fühlte sich wie ein Reset bzw. eine Aufladung an. Ich erhielt neue Kraft und spürte zusätzliche Motivation in mir aufsteigen. Außerdem habe ich an diesem Tag das Gefühl von absoluter Freiheit erlebt. Als Pilger scheine ich mit dem Weg zu verschmelzen. Ich werde eins mit der Natur und dem Gehen. Völlig gelöst überquere ich die Berge. Innerlich steigt in mir Freude und eine große Glückseligkeit auf. Ich genieße es einfach und empfinde mich sehr stark in allem, was ich tue. Mein Selbstbewusstsein wird gestärkt, ich spüre meine Selbstwirksamkeit und bin sehr stolz auf meine Leistung, d.h. ich finde mich bestätigt und weiß, dass ich alles schaffe, was ich mir vornehme, in mentaler wie körperlicher Hinsicht. Ein großartiges Gefühl ist das. Meine Zuversicht und Hoffnung sowie meine Zielorientierung und Lösungsorientierung haben mich gut durch diese Etappe und den Tag gebracht. Durch die Bestätigung, die richtige Entscheidung hinsichtlich der 32-km-Etappe getroffen zu haben, und durch den Erfolg sind die genannten Schutz-faktoren der Resilienz noch weiter gestärkt worden.

Ein spiritueller Moment am Cruz de Ferro

Etappe 21: Ponferrada – Villafranca del Bierzo, 24,8 km, 25. Mai

Um 9.00 Uhr morgens geht es heute los. Das Hotelzimmer in Ponferrada war nicht sehr schön. Alte Möbel, etwas muffig und sehr klein, dennoch hatte ich einen erholsamen Schlaf. Die Stadt Ponferrada hat mich bis auf die Templerburg und ein paar alte Häuser in der Altstadt überhaupt nicht angesprochen.

Es gibt zu viele hässliche Gebäude, und die Trennung zwischen den beiden Flussufern in eine Unter- und eine Oberstadt ist ein weiterer Nachteil dieses Ortes. Zudem ist Ponferrada eine alte Industriestadt, die den morbiden Charakter der abgestorbenen Stahlindustrie ausstrahlt.

Beim Wandern dauert es gefühlt unendlich lange bis ich aus dieser unschönen Stadt herauskomme, weil der Camino wie ein Bogen um diesen Ort gelegt ist. Nach 5 km kommt das Dorf Columbrianos. Ich kehre in eine Frühstücksbar ein, wo bereits einige Pilger sitzen – u.a. eine Hamburgerin, ein Frankfurter und eine Holländerin. Nach dem Frühstück gehen wir gemeinsam los. Aber nach wenigen Hundert Metern merke ich, dass mir diese Gesellschaft zu langsam läuft. Deshalb verabschiede ich mich und versuche mein eigenes Tempo zu finden. Meine Achillessehne, an die ich des Öfteren denke, macht zum Glück keine Probleme.

Nach zwei weiteren Kilometern treffe ich auf einen deutschen Pensionär, namens Klaus. Er kommt aus Paderborn, ist 67 Jahre alt und ehemaliger Realschullehrer. So haben wir ein gemeinsames Thema und gehen zusammen bis Fuentes Nuevas. Dieses langgezogene Dorf bietet für die Pilger sehr viele Cafés, Bars und Restaurants entlang der Hauptstraße. Auf Vorschlag von Klaus machen wir eine

Pause und gönnen uns ein Bier in der Mittagszeit. Anschließend gehen wir gemeinsam weiter. Klaus ist ein angenehmer Begleiter und erzählt von seinen bisherigen Wandererfahrungen. In Deutschland hat er schon mehrere Pilgerwege auch mit der Kirchengemeinde absolviert. Er genießt das Pilgern, und wir teilen die Freude über die Bewegung in der Natur und die schöne Landschaft, die mit Wein- und Gemüsefeldern durchzogen ist, abwechselnd in flachen und hügeligen Abschnitten.

Das Laufen ist in dieser Umgebung eine Wohltat für die Seele. Schließlich pilgern wir zusammen 18 km bis nach Villafranca del Bierzo. Das tut gut. Durch die Unterhaltung bin ich von den Gedanken an die Achillessehne abgelenkt, und der Verlauf der Wanderung erscheint mir schnell. Wir führen ein sehr nettes Gespräch. Dadurch, dass ich das Tempo von Klaus annehme, gehe ich etwas langsamer als sonst, so dass ich null Fußschmerzen bekomme und die Achillessehne auch nicht spüre.

Am späten Abend nachdem ich meine Pension bezogen habe, gehe ich ins Zentrum von Villafranca del Bierzo und besichtige die Stadt, die mir sehr sympathisch erscheint. Es sind die vielen alten Gebäude, darunter Hospitäler und ein Marktplatz mit Arkaden.

Auch die Geschichte von Villafranca del Bierzo gefällt mir. Seit dem Mittelalter bekommen Pilger, die krankheitsbedingt nicht mehr weitergehen können, bereits hier ihre Urkunde und Sünden erlassen. Man hat sich in dieser Stadt immer der kranken Pilger angenommen und den hier verstorbenen Pilgern eine ehrenvolle Grabstätte errichtet.

Bei meinem Streifzug durch die Stadt treffe ich zufällig Hartmut. Ihm und seinen Füßen geht es wieder etwas besser. Er hat die Pilgerreise nicht abgebrochen, weiß aber trotzdem nicht, ob er durchhalten wird, denn die meisten Blasen an seinen Füßen sind geblieben. Ja, der Jakobsweg kann ein Weg der Ungewissheit und des Leidens sein. Wir unterhalten uns kurz über die morgige Etappenwahl. Es besteht die Möglichkeit zwischen zwei Varianten zu wählen. Hartmut will den Weg entlang der Nationalstraße und unter der Autobahn hindurch nehmen. Das kann ziemlich laut und Nerv tötend werden. Ich habe mich für den Camino Duro entschieden, d.h. für einen 400 m hohen Aufstieg und 300 m steilen Abstieg. Diese Wegalternative ist zwar einige Kilometer weiter und härter, aber landschaftlich viel schöner.

Nach einem kurzen Gespräch verabschiedet sich Hartmut, weil er spätestens um 22.00 Uhr zurück in seiner Herberge sein muss. Ich gehe noch in eine Bar, die gut besucht ist. Hier sind viele Leute anwesend, weil die TV-Übertragung des Fußballspiels FC Barcelona gegen Valencia gezeigt wird. Es ist das Pokalendspiel des Copa del Rei, und dabei geht es sehr intensiv zur Sache. Die Gäste fiebern mit. Schlussendlich gewinnt der Außenseiter Valencia, was eine große Überraschung ist.

Highlights des Tages:

- Super Wetter heute, Sonnenschein und 25 ° Celsius
- Super Landschaft hinter Ponferrada, später leicht bergig durch ein fruchtbares, wunderschönes Land mit vielen Weinbergen
- Mit Klaus gewandert und über interessante Themen gesprochen, u.a. über Berufliches und das Pilgern
- Keine Fuß- und Achillesschmerzen verspürt

Erkenntnis des Tages:

„Wenn ich etwas langsamer bin, schaffe ich genauso viel, aber mit weniger Stress und weniger Schmerzen."

Hinweise zur Resilienz

Mein Gefühl ist, ich ruhe in mir. Auch wenn ich nicht allein laufe und nicht zum selbstständigen Nachdenken über bestimmte Themen komme, unterhalte ich mich doch mit anderen Pilgern über wichtige Dinge, die mich hier und zu Hause beschäftigen.

Dabei habe ich jederzeit die Möglichkeit, diese Gespräche zu beeinflussen, sie fortzuführen oder zu beenden. Heute haben mich folgende Schutzfaktoren der Resilienz getragen: Realistischer Optimismus, Selbstwirksamkeit, Eigenverantwortung sowie Netzwerk- und Zukunftsorientierung.

Aufgrund dieser Faktoren fühle ich mich stark und dem Weg gewachsen. Ich bewege mich bewusst auf meine Ziele hin, und mein Handeln gibt mir einen Sinn. Ich bin neuen Menschen und Dingen gegenüber aufgeschlossenen, d.h. es ist sehr interessant für mich, Neues zu entdecken. Ja, ich fühle mich fast wie ein Entdecker und Abenteurer. So bietet das Pilgern trotz einiger langweiliger und anstrengender Streckenabschnitte immer wieder die Möglichkeit, Neues kennenzulernen. Dazu kommt die Freude über das Genießen der Natur, des Weges und über neue Bekanntschaften.

Außerdem konnte ich am Beispiel des Realschullehrers Klaus in die Zukunft sehen, d.h. welche Möglichkeiten sich mir noch bieten werden. Am heutigen Abend werde ich mir auch bewusst wie viele Hundert Kilometer ich schon gepilgert bin. Und darauf bin ich sehr stolz. Wenn ich mir

diese Leistung und Selbstwirksamkeitserfahrung vergegen-
wärtige, entstehen Gefühle von Zuversicht, Gewissheit und
Sicherheit, dass ich mein Ziel erreichen werde. Jede weitere
Etappe stärkt mich und gibt mir zusätzliche Kraft, die
nächste durchzuhalten. Ja, das Durchhaltevermögen ist
erstaunlich groß, auch bei den anderen Pilgern auf dem
Camino.

Etappe 22: Villafranca del Bierzo – La Faba, 27 km, 26. Mai

In meiner Pension am Fluss habe ich heute Nacht sehr gut geschlafen. Es war sehr leise und erholsam. So starte ich ausgeruht morgens um 7.30 Uhr in den Tag. Ich entscheide mich für die empfohlene Alternativroute, den „Camino douro". Gleich nach ein paar Hundert Metern Wanderung an der Stadtgrenze von Villafranca del Bierzo beginnt der anstrengende Aufstieg. 400 Höhenmeter sind zu bewältigen.

Es geht ziemlich steil bergauf. Doch das tolle Wetter und die schöne Aussicht entschädigen mich. Hin und wieder blicke ich hinunter und sehe ein paar Pilger unten an der Landstraße entlanglaufen und denke, „die armen Schweine." Der Verkehrslärm, neben der Nationalstraße mit den vielen Lkws ist doch schrecklich. Außerdem ist da noch die Autobahn, die sich durch das Tal windet. Der Pilgerweg verläuft meistens in der Nähe der Autobahn. Doch hier oben genieße ich die Ruhe und die Natur. Ich laufe hier gefühlt allein und sehe nur hin und wieder einen einzigen Pilger, der ein paar Hundert Meter vor mir läuft.

Nach 6 km kommen schöne Ess-Kastanienwälder und grüne Wiesen. Die Weitsicht ist grandios. Das Wetter ist super schön und für das Wandern schon fast zu heiß, denn die Sonne brennt. Es sind bestimmt schon 28 Grad. Als der Abstieg beginnt, konzentriere ich mich auf meine Schritte und den richtigen Tritt meiner Füße. Es ist Vorsicht bei jedem Schritt geboten, denn es geht teilweise steil bergab.

Bei jedem Schritt muss ich mein Gewicht und das des Rucksacks abbremsen. Zum Glück habe ich meinen Wanderstock dabei. Ich will mich nicht verletzen und achte sehr behutsam auf meine Achillessehne. Letztlich bewältige ich den Abstieg unter den gegebenen Herausforderungen sehr gut.

Unten im Tal erreiche ich das Dorf Trabadelo und gönne mir bei der Ankunft erstmal ein Eis. Hier treffe ich wieder auf den üblichen Pilgerstrom. Doch es sind jetzt ganz neue Gesichter und ganz andere Menschen, die ich auf den bisherigen Etappen noch nie gesehen habe. Ich frage mich, was machen eigentlich Elena und Harald. Durch meinen Pausentag in Rabanal del Camino müssten sie eine Tagesetappe vor mir unterwegs sein. Ich werde mich heute Abend einmal bei ihnen melden.

Der Umweg von 2 km über den Camino Duro hat sich gelohnt. Aber es hat gedauert, mindestens 2 Stunden länger als der Weg durch das Tal. Jetzt sind es noch einmal 15 km bis zum Etappenziel nach La Faba. Und die Nachmittagssonne macht sich schwer bemerkbar. In der Hitze zu laufen, ist wirklich sehr anstrengend.

Nach einigen Kilometern kommt der lang gezogene Schlussanstieg, und ich muss kämpfen, vor allen Dingen mit meinem Rucksack. Ihn heute ein zweites Mal den Berg hinauf zu schleppen, fällt mir sehr schwer. Die 300 Höhenmeter bis zum Tagesziel rauben mir wirklich die letzten Kräfte. So bin ich überglücklich und ziemlich erschöpft als ich an der Herberge in La Faba ankomme.

Diese Herberge gehört dem deutschen Verein „Ultreia" aus Stuttgart und wird von sehr freundlichen Hospitaleros (ehrenamtlichen Helfern), zwei Frauen, betrieben. Mein Eindruck ist, dass beide ein wenig überdreht sind. Jeden Tag kommen neue Pilger, und für diese leisten die beiden sehr viel Arbeit. Sie sind sehr mitteilsam und reden ununterbrochen viel. Sie sind aber sehr freundlich und liebenswert. Sie unterstützen die Pilger, wo sie nur können.

Die Unterkunft ist gepflegt und sehr sauber. Ich kann meine Wäsche waschen und mich ein wenig ausruhen. Angrenzend zur Herberge steht eine alte Kapelle und davor eine Pilgerfigur des Jakobus aus Bronze. Ich schaue mir das dunkle Innere der Kapelle an und nehme einen feuchten Geruch wahr. Schnell verlasse ich diese Stätte, die nicht sehr einladend auf mich wirkt. Draußen in der Abendsonne ist es einfach schöner. Im Garten lerne ich einen Deutschen namens Volker kennen. Wir unterhalten uns ein wenig und beschließen, im Ort La Faba zusammen essen zu gehen.

Pilgerfigur und Kapelle in La Faba

Im Imbiss des Ortes werden wir freundlich bedient und kulinarisch verwöhnt. Volker kommt aus Karlsruhe und erzählt mir, dass er seit der Insolvenz seiner eigenen Firma vor gut einem Jahr arbeitslos ist. Er habe zwar noch etwas Kapital, aber auch einen hohen Berg Schulden. Weil er nicht so recht weiß, wie es beruflich weitergehen soll, hat er sich auf den Jakobsweg begeben.

Aber auf dem Camino ist ihm auch noch keine gute Geschäftsidee in den Sinn gekommen. Volker erklärt mir, dass er bisher keine Entscheidung für irgendetwas Berufliches treffen konnte. Er sagt, er sei verheiratet und habe zwei erwachsene Kinder. Ich habe den Eindruck, Volker hat seine berufliche Niederlage noch nicht verkraftet. So höre ich ihm zu, damit er sich seine bittere Enttäuschung von der Seele reden kann. Das kann ihm vielleicht helfen und ein weiterer Schritt bei der Verarbeitung seiner belastenden Situation sein.

Irgendwie wirkt er aber sehr negativ auf mich. Ich versuche, ihm Mut und Hoffnung zu machen. Doch Volker erwidert jede meiner Ideen mit Einwänden und negativen Gedanken. Zum Glück wechseln wir nach einiger Zeit das Thema und unterhalten uns über unsere Pilgererfahrungen. Ich merke, es tut mir gut, im Austausch zu sein und auch über meine Gedanken zu sprechen. Einige Erfahrungen und Erkenntnisse teile ich mit Volker, viele andere aber nicht. Meines Erachtens kommt Volker zu sehr merkwürdigen Schlussfolgerungen, so dass bei mir der Eindruck eines sehr eigenwilligen Menschen entsteht. Zum Beispiel meint er, dass richtige Pilger nur in Herbergen übernachten und nicht in Hotels.

Über das gemeinsame Gespräch vergesse ich ganz, mich bei Harald und Elena zu melden. Und von ihnen höre ich an diesem Abend auch nichts. Nach dem Essen kehren wir zurück in die Herberge. Im großen Schlafsaal ziehe ich mich in mein unteres Etagenbett zurück. Hoffentlich geht das heute Nacht hier gut mit einem erholsamen Schlaf, ist mein Gedanke beim Löschen des Lichtes. Doch in der Nacht merke ich, dass das Essen zwar gut, aber mengenmäßig viel zu viel für mich war. Statt zu schlafen, spüre ich noch lange die Verdauung.

Highlights des Tages:

- Der Umweg über den Camino Duro war landschaftlich super schön, z.B. die Kastanienwälder und der weite Ausblick.
- Wieder einmal das tolle Wetter bewusst erlebt.
- Volker getroffen und im Austausch gewesen.
- Die Herberge La Faba ist sehr schön gelegen, sehr sauber und gepflegt.

Erkenntnis des Tages:

„Umwege lohnen sich hin und wieder."

Hinweise zur Resilienz

Ich empfinde meine Resilienz heute als stark, denn die körperlichen Belastungen führen nicht dazu, dass ich physisch oder psychisch leide, d.h. niedergeschlagen bin, negative Gedanken entwickle oder ans Aufgeben denke. Die innere Widerstandkraft wird durch das Pilgern eher noch gestärkt, insbesondere durch die schönen Naturerlebnisse und die Kontakte mit den anderen Pilgern. Dies habe ich nicht so erwartet und überrascht mich ein wenig. Ich erlebe das Pilgern trotz aller Anstrengungen als sehr positiv. Und diese positiven Emotionen sind ein förderlicher Faktor für die Resilienz.

Gerade durch die Regelmäßigkeit des Erlebens von positiven Emotionen auf dem Camino, wie ich es erlebe, wird ein großer Effekt für die Schutzwirkung erzielt. In der Fachliteratur habe ich gelesen, wer die Fähigkeit besitzt, sich über Alltägliches zu freuen, ist besser vor und bei psychischen Krankheiten geschützt. Außerdem wird langfristig das Wohlbefinden gesteigert. Das Erleben von regelmäßigen, positiven Emotionen führt dann in Stresssituationen gemäß der psychologischen „broaden and built theory" zu einer Erweiterung der kognitiven Kapazität, zu mehr Kreativität, Flexibilität und effizienteren Problemlösungen.

Ich erlebe, dass das Pilgerleben ein Einfaches ist und mich trotzdem erfüllt. Hier auf dem Camino bin ich sehr genügsam und zufrieden. Ich merke, mit wie wenigen Dingen ich am Tag auskomme. Alles, was ich brauche, trage ich am Körper oder in meinem 10 kg-Rucksack. Das ist eine sehr schöne Erfahrung und macht mir bewusst, dass materielle Dinge in meinem Leben zukünftig eine andere, vielleicht weniger wichtige Rolle spielen werden.

Natürlich werde ich mich der Konsumgesellschaft nicht entsagen, aber viel bewusster stellen. Hier auf dem Jakobsweg herrscht Einfachheit bezüglicher materieller Dinge und ermöglicht ein vom Materiellen weitgehend befreites Denken. Das schafft Raum für Neues, unter Umständen für inneren Reichtum und Glückseligkeit.

Durch den Austausch mit Volker, auch wenn mir seine Auffassungen zu negativ erscheinen, fühle ich mich bestätigt und in meinem Selbstwertgefühl gestärkt. Und zusammen mit dem Stolz über die Tagesleistung und die bisher erreichte Gesamtstrecke von 524 km stellen sich bei mir Gefühle des Glücks ein.

Etappe 23: La Faba – Triacastela, 27 km, 27. Mai

Heute geht es zunächst zu dem Dorf O´Cebreiro auf 1300 m Höhe, dem ersten Ort in der Region Galicien und dem letzten Pass vor Santiago de Compostela. Der Anstieg von La Faba dorthin ist sehr anstrengend. Ich benötige mehrere Verschnaufpausen, um den Berg zu bezwingen.

Als ich die Grenze zu Galicien überschreite, fallen mir der Grenzstein und die Kilometersteine auf, die von nun an den Weg bis Santiago alle 600 m bis 1000 m markieren. In O´Cebreiro belohne ich mich in einer Bar mit einem Cafe con leche und einem Croissant für den Aufstieg. Leider ist die Kirche geschlossen, so dass ich mir nicht den berühmten Kelch ansehen kann.

Der Legende nach soll an einem verschneiten, stürmischen Winterabend während der Messe die Oblate zu Fleisch geworden sein und sich der Kelch mit Blut gefüllt haben, weil der Pfarrer den einzigen Gläubigen, der sich bei dem schlechten Wetter auf den Weg in die Kirche machte, verhöhnt haben soll. Naja, eigentlich kann ich mit dieser Art von Legenden nicht viel anfangen, aber hin und wieder empfinde ich sie als schöne Geschichten, insbesondere wenn sie eine Weisheit oder interessante Botschaft enthalten.

Als ich wieder starten will, ziehen Wolken auf, und es beginnt leicht zu regnen. Ich krame meine Regenjacke heraus, ziehe sie an und decke meinen Rucksack mit dem Regencover ab. So komme ich gut voran und marschiere weiter und weiter.

Auf einmal denke ich an Volker und mache mir Gedanken über seine berufliche Situation. Eigentlich ist es doch ganz einfach, denke ich. Meine Erkenntnis: Einfach machen und nicht so viel überlegen, d.h. kurz nachdenken, entscheiden, planen und machen. Fertig! So einfach ist das! Ich frage mich allerdings, weshalb denke ich gerade jetzt an diesen merkwürdigen Volker.

Es kommt mir so vor, als ob er eine Art Schatten von mir ist und meine negativen Gedanken spiegelt. Seine ablehnende Art vielen Dingen gegenüber und seine überaus kritische Haltung kommen mir irgendwie bekannt vor. Deshalb nervt er mich auch. Er hat negative Seiten in mir losgetreten. Hat das Ganze, dieses überlastig Negative, vielleicht mit einem bösen Geist, einem Dämon zu tun? Oh nein, diese Gedanken gefallen mir gerade überhaupt nicht, und so versuche ich mich abzulenken und die Eindrücke aus der Umgebung bewusst wahrzunehmen. Doch aufgrund des Nieselregens ist ein Weitblick nicht möglich, und so betrachte ich während des Gehens mit gesenktem Kopf die Steine auf dem Weg und die säumenden Gräser und Pflanzen. Ich lasse diese Gedanken jetzt erst einmal so stehen und warte ab, was da noch kommen wird.

Nach 18 km hört der Nieselregen immer noch nicht auf. Es ist mittlerweile 13 Uhr und weil es angeblich die letzte Bar vor Triacastela ist, mache ich eine Pause in Filloval. Es gibt eine schöne Tortilla Patatas, eine Cola und zum Nachtisch einen Snickers. Das perfekte Pilgermenu für mich. :-) So lade ich jedenfalls meinen Bedarf an Kohlehydraten wieder auf und setze meinen Weg gestärkt fort.

Der weitere Abstieg verläuft sehr gut, der Nieselregen endet endlich und die Wolkendecke reißt auf. Mit jedem Kilometer bergab stellt sich mehr Blau am Himmel ein, und schließlich kommt die Sonne wieder zum Vorschein. Herrlich – ich genieße die wärmenden Sonnenstrahlen und den Frühling mit der aufblühenden Natur. Das Wachstum der Pflanzen nehme ich intensiv wahr. Ich wandere durch ein wunderschönes Tal mit Bäumen, saftigen Wiesen und grünen Hügeln meinem Zielort Triacastela entgegen.

Auf einmal sehe ich Volker vor mir gehen. Oh nein, ich will ihn jetzt aber nicht begegnen und verlangsame mein Tempo. Der hat mir gerade noch gefehlt. Ich habe ihn ein wenig kennen gelernt, und das reicht mir. Ihm ein zweites Mal zu begegnen habe ich einfach keine Lust mehr. Seine Ansichten sind mir zu schräg. In der nächsten Kurve mache ich deshalb noch einmal eine Pause, rauche eine Zigarette, lasse ihn ziehen und gehe dann entspannt zu meiner Pension.

Leider ist die Pension mit 45 Euro im Vergleich zu den bisherigen nach meinem Gefühl überteuert. Die Unterkunft bietet für diesen Preis einfach zu wenig Leistungen. Es gibt keinen Spiegel im Zimmer, keinen Tisch und keinen Fön. Und im Bad sind die Fliesen und Sanitärelemente abgestoßen. Das gibt heute mal eine schlechte Bewertung bei booking.com. Eigentlich wollte ich ja nicht mehr bzw. weniger bewerten und in die Achtsamkeit gehen. Denn es geht mir besser, wenn ich achtsam bin, d.h. erstens nicht bewerte und zweitens mich in Ruhe und Gelassenheit übe. Doch in diesem Fall mache ich eine Ausnahme, da es hier um wirtschaftliche Interessen geht und ich mich nicht gern übervorteilen lasse. Außerdem kann ich so auch andere Pilger aufklären und schützen.

Abends auf der Suche nach einem Restaurant treffe ich zufällig (?) Volker wieder. Er sitzt allein an einem Tisch in der Hauptstraße des Ortes in einem Straßenrestaurant und winkt mir zu. Ich komme nicht an ihm vorbei. Aus Höflichkeit setze ich mich zu ihm. Eigentlich haben wir uns nichts mehr zu sagen. Das beruht wohl auf Gegenseitigkeit, ebenso wie die Höflichkeit, dass er mir einen Platz an seinem Tisch angeboten hat und ich darauf eingegangen bin.

Das empfinde ich genauso furchtbar wie das nun folgende Gespräch. Wir verfallen in oberflächliche Konversation. Ich habe das Gefühl, dass sich das Gespräch im Kreis dreht und sich nur weiterentwickelt, weil ich Fragen stelle und Impulse gebe. Ich halte das Gespräch am Laufen. Von ihm kommt fast gar nichts mehr. Dabei merke ich, dass ich ein guter Impulsgeber für Gespräche bin und fast immer ein paar gute Ideen habe.

Dann fängt Volker auf einmal an über Geld zu sprechen. Er habe nur noch 70 Euro bis Santiago. Was soll das denn jetzt? Ich bleibe hart und mein „Appellohr" reagiert auf die Bitte um Unterstützung des armen Pilgers Volker zum Glück überhaupt nicht. Der Typ nervt ja wohl total. Wenn er Geld braucht, soll er doch seine Frau anrufen oder sonst irgendwie etwas organisieren. Ich empfinde es als einen Erfolg, dass ich darauf nicht weiter eingehe und denke, für einen sparsamen Pilger, der nur in „10-Euro-Refugios" übernachtet, werden 70 Euro für ein paar Tage wohl noch reichen.

Highlights des Tages:

- Das Wettererlebnis: Von schön zu Nieselregen zu schön.
- Die Natur und das Wachstum zu erleben.
- Freude über die Privatsphäre im Einzelzimmer und den Platz zum Ausbreiten. Purer Luxus ist das!

Erkenntnis des Tages:

„Einfach machen und nicht so viel überlegen."

Hinweise zur Resilienz

Ich bin zunächst etwas irritiert. Wie gehe ich mit einem Menschen um, der mir meine negativen Seiten spiegelt? Irgendwie schafft es dieser Volker Ablehnung und negative Gedanken in mir zu erzeugen bzw. meine vorhandenen hervorzuholen. Unglaublich. Ich muss mich vor diesem Menschen schützen und distanzieren. Der tut mir nicht gut.

Doch die Sache ist ambivalent. Denn einerseits zeigt er mir „the dark side of my life". Und andererseits wird mir dadurch die Schönheit des Lebens noch stärker bewusst. In meinem Tagebuch steht: „Die Natur ist Leben, und Leben ist Wachstum. Das ist wunderschön jetzt im Frühjahr. Der Regen und auch das Sterben und der Tod gehören dazu. Daraus entsteht etwas Neues, neues Leben. Überall neues Leben: Blumen, Wiesen, Kastanienbäume, Kälber u.v.m. Das ist wunderbar. Leben ist Wachstum. Ich und mein Leben sind auch Wachstum."

Diese Reflexion über den Kreislauf des Lebens und diesbezüglich das bewusste Wahrnehmen der Natur stärkt meine inneren Kräfte. Ich erlebe mich als Teil der Natur und spüre, da entwickelt sich etwas in mir. Ich wachse an den Herausforderungen des Pilgerns und an der Begegnung mit diesem seltsamen Volker.

Mir wird bewusst, dass ich auch in Bezug auf meine Schwächen die Möglichkeit habe, mich weiterzuentwickeln. Die Resilienz lässt sich stärken, wenn das vermeintlich

Negative im Leben als Herausforderung gesehen wird, aus der Lernprozesse und Wachstum entstehen. Wir können daraus sogar eine höhere Ebene des persönlichen Wachstums erreichen.

Es kommt immer auf die Sichtweisen an. Welchen Blick werfe ich auf meine Stärken und Schwächen, auf die alltäglichen Dinge, auf etwas Gesagtes und Gesehenes? Ich kann selbst darüber bestimmen, wie ich die Dinge des Lebens einordne. Darüber hinaus ist es wichtig – wie bereits erwähnt – sich selbst und die eigenen Schwächen zu akzeptieren, diese anzuerkennen und in das Leben zu integrieren, um sich selbst als vollständige und „selbstbewusste" Persönlichkeit wahrzunehmen und zu begreifen.

Natürlich ist es nicht schön, mit den eigenen Schwächen, negativen Gedanken und Gefühlen konfrontiert zu werden. Aggressionen, Wut, Trauer und andere negative Gefühle werden oft verdrängt. Aber, wenn einem der Spiegel vorgehalten wird, lohnt es sich, einen Blick zu riskieren und sich dem Bild zu stellen. Auf diese Weise ist Veränderung und Wachstum möglich.

Ich bin im Nachhinein dankbar, dass ich Volker getroffen habe, obwohl ich es am zweiten Tag unserer Bekanntschaft nur schwer mit ihm aushalten konnte. Zunächst einmal hat er mich gelehrt, mich abzugrenzen und mein Verhältnis zwischen Nähe und Distanz erneut zu überdenken. Ich muss nicht immer so offenherzig durch die Welt rennen und für jede Person ein Ohr haben oder den Retter spielen.

Zum zweiten hat mir Volker einige Schwächen meiner Persönlichkeit gespiegelt. Mir wurden diese wieder bewusst. Und jetzt habe ich die Möglichkeit, mich damit auseinanderzusetzen und zu arbeiten. Aber ich habe auch die Freiheit, diese Angelegenheit einfach bei Seite zu legen und auf sich beruhen zu lassen. Allein die Tatsache, dass mir durch die Begegnung mit dem seltsamen Volker meine Schwächen bewusst wurden, stärkt mein Selbstbewusstsein und zeigt mir, wer ich auch bin. Und das stimmt mich zufrieden, weil ich inzwischen gelernt habe, mich zu akzeptieren.

Für die innere Stärke ist die Akzeptanz der eigenen Persönlichkeit ein wichtiger Baustein. Nur wenn ich mich als Mensch mit meinen Stärken und Schwächen vollständig annehme, führt das zu einer Stärkung meiner Resilienz.

Etappe 24: Triacastela – Rente, 24,5 km, 28. Mai

Pension in Rente – hier hat Hape Kerkeling vor 23 Jahren auch übernachtet. Ich erlebe einen sehr interessanten und wunderbaren Abend.

Am Morgen habe ich eine SMS von Harald und Elena erhalten. Sie sind in Samos und starten auf dem Weg nach Sarria. Dort wollen wir uns treffen. Hier in Triacastela gibt es die Möglichkeit zwischen zwei Wegrouten zu wählen.

Zum einen die Route über den Ort Samos und das dortige Kloster San Julian, das sehr schön sein soll, und zum anderen eine Alternativroute, die 7 km kürzer ist. Ich entscheide mich für die kürzere Route, denn 7 km sind schon eine „Hausnummer", und der Weg zu meinem heutigen Zielort Rente ist ja mit 24,5 km bereits lang genug.

Insgesamt sind es nur noch 131 km bis Santiago – unglaublich, wie viel Strecke schon geschafft ist. Seit dem Ort O´Cebreiro stehen alle 600 m Kilometersteine am

Wegesrand mit der Entfernung bis Santiago. Wenn ich daran vorbeilaufe, ist es wie ein Countdown, und es kommt mir so vor, als würde meine Uhr ablaufen. Ein eigenartiges Gefühl steigt in mir auf, doch ich gehe zielstrebig weiter.

Dann sehe ich auf einmal wieder Volker. Oh nein, denke ich, das muss doch nicht sein. Schon gestern Abend hat er mich so genervt, insbesondere als er anfing, er habe nur noch 70 Euro bis Santiago. Ich bin immer noch stolz, dass ich hart geblieben bin. Um eine Begegnung mit ihm zu vermeiden, gehe ich ab jetzt langsamer.

Zum Glück kommt nach ein paar Hundert Metern eine Gastwirtschaft, und ich kehre ein. Es ist 10.15 Uhr – die ideale Uhrzeit für ein zweites Frühstück. Zwei Spiegeleier, Schinken, Brot, Kuchen und café con leche. Und das alles für nur 7,90 Euro. Das ist unglaublich günstig im Vergleich zu den Preisen in Deutschland. Im urgemütlichen Speiseraum treffe ich Roman und Simone. Ich habe sie schon einmal gesehen. Das war vor drei Wochen in Los Arcos im Hostal Austria. Sie sind ein Paar und machen die Pilgerreise vor ihrer geplanten Hochzeit. Mein Eindruck, es könnte ein letzter Test sein, bevor sie heiraten werden, obwohl sie doch schon sehr lange zusammenleben wie sie sagen.

Nach dem Genuss des Frühstücks gehe ich allein weiter, immer auf der Hut vor Volker. Nach einiger Zeit des Gehens entstehen urplötzlich folgende Gedanken.

Mir ist aufgefallen, dass es mir hier auf dem Weg weniger um das Was im Pilgeralltag geht als vielmehr um das Wie. Folgende Fragen beschäftigen mich: Wie verhalte ich mich in verschiedenen Situationen? Nicht was mache ich, sondern wie mache ich etwas? Außerdem fällt mir gerade ein, dass ich ein reichhaltiges Leben führe. Ich habe drei Berufe erlernt, durch verschiedene Praktika insgesamt über ein Jahr in Frankreich gelebt, eine Familie gegründet, eine wunderbare Ehefrau, Kinder und Eltern und vieles andere mehr. Ich bin dankbar und demütig dafür. Ja, Demut und Dankbarkeit sind heute meine Begleiter beim Pilgern auf dem Jakobsweg.

Ein paar Kilometer vor Sarria hole ich fast schon wieder Volker ein. Der Typ geht so langsam und dödelt vor sich hin, dass ich ihn fast unweigerlich einhole. Der nervt mich. Ich habe auch keine Gesprächsthemen mehr mit ihm. Er ist ein langweiliger Typ und hat keine ansprechende Persönlichkeit. Nein, nein und nochmals nein. Den will ich jetzt und zukünftig nicht mehr in meiner Nähe haben. Ich halte wieder an und lasse ihn ziehen.

Doch nun kann ich meine Themen Dankbarkeit und Demut auch nicht weiterverfolgen, denn ich bin zu sehr abgelenkt. Außerdem fehlt mir jetzt einfach die Muße zum Nachdenken. Schließlich versuche ich, mich auf die Natur zu konzentrieren und sie zu genießen. Nach kurzer Zeit kann ich zum Glück die schöne, grüne Hügellandschaft Galiciens mit den saftigen Wiesen und der abwechslungsreichen Vegetation wieder wahrnehmen und meine negativen Gedanken hinsichtlich des Pilgers Volker loslassen.

In Sarria treffe ich endlich Harald und Elena wieder. Sie sitzen mit einer großen Pilgergruppe vor einer Bar in der Hauptstraße des Ortes, durch die der Jakobsweg führt. Ich setze mich dazu und erfahre, dass sie seit einigen Tagen mit anderen Pilgern zusammenlaufen. Harald läuft mit einem Pilger namens Alexander, der aus der Schweiz kommt. Und Elena ist mit einer Gruppe von jungen Deutschen unterwegs. Zum einen mit Leander, den ich auch aus Los Arcos kenne und zum anderen mit Niko, den ich noch nicht kenne, und gelegentlich läuft sie mit dem Pärchen Roman und Simone, die ich heute Morgen gesehen habe. Wir quatschen ein bisschen über die letzten Tage und unsere Erlebnisse. Mein Eindruck, da geht was zwischen Elena und Niko.

Weil ich mein Erfrischungsgetränk ausgetrunken habe und weiter zu meiner Herberge will, verabschiede ich mich von der Gruppe. Morgen treffen wir uns wahrscheinlich wieder. Leander will auch weiter, und so laufen wir gemeinsam 4,3 km von Sarria bis nach Barbadelo. Im Gespräch ergibt sich, dass er eher ein Einzelgänger, also ein Solopilger ist. In Barbadelo verabschieden auch wir uns, und so gehe ich noch einen Kilometer allein weiter bis Rente.

Nach 12 Min. komme ich dort an, d.h. ich bin jetzt in Rente. Das hört sich für mich so lustig an, dass ich mich frage: Wann werde ich das auf den Ruhestand bezogen wohl einmal sagen können? Antwort: Alles hat seine Zeit, aber jetzt gehe ich erstmal zu meiner Unterkunft. Mein vorgebuchtes Zimmer in dem Landhaus Casa Nova ist rustikal mit antiken, aber sehr ordentlichen Möbeln eingerichtet. Das Bett und die Laken sind sauber und vermitteln einen sehr angenehmen Eindruck. Hier fühle ich mich wohl. Ich genieße es und ruhe mich aus.

Highlights des Tages:

- Harald und Elena wieder getroffen und kurz unsere Erlebnisse geteilt
- Mit Leander ein Stück gewandert und angenehm unterhalten
- Die Schönheit der Natur erlebt und Dankbarkeit und Demut empfunden

Erkenntnis des Tages:

„Lass dich nicht nerven! Tu was!"

Es folgt ein interessanter Abend im Landhaus Casa Nova in Rente, 106,5 km vor Santiago de Compostela. Zum Abendessen gibt es als Vorspeise eine sehr wohl schmeckende Linsensuppe, anschließend Steak mit Salat und Pommes Frites und als Dessert wahlweise Eis, Kuchen oder Joghurt.

Wir sind in der Gaststube zu dritt und sitzen an einem Tisch: Doris, 62 Jahre, Schweizerin, die in Chile lebt, Vincent, 35 Jahre, Franzose, aus der Nähe von Vezelay, dem Startort des Jakobsweges Via Lemocivensis und ich.

Wir unterhalten uns in französischer Sprache. Vincent ist von Vezelay bis hierher zu Fuß 1700 km gewandert. Er spricht von seinen Fußproblemen unterwegs. Er habe vor Schmerzen sehr viel geweint und war bei vielen Ärzten und Orthopäden, die ihm nicht helfen konnten, u.a. auch bei einem Osteopathen, damit er frei von Schmerzen weiterpilgern kann. Erst ein Magnisateur, ein Heiler, konnte ihm mittels eines Pendels und einer kurzen Therapie die Schmerzen nehmen. Das ist für mich unglaublich, aber so geht seine Schilderung. Doris erzählt von ihrer Wahlheimat Chile und ich etwas aus meiner norddeutschen Heimat.

Dann unterhalten wir uns über den Jakobsweg, was wir dort bisher erlebt und welche Menschen wir bereits getroffen haben. Doris berichtet von einer Italienerin, die aus Dankbarkeit den Camino ein zweites Mal läuft, weil sich nach ihrer ersten Pilgerreise die Beziehung zu ihrem Mann und seiner Familie verbessert habe. Vincent erzählt von heute Morgen, von einem Mann mit zwei Hunden, der draußen übernachtet, aus Prag kommt und seit sechs Monaten unterwegs ist. Im November letzten Jahres sei der tschechische Pilger gestartet, im Winter über die Schweiz durch den Schnee gelaufen, und er müsse ohne Geld auskommen. Vincent habe ihm etwas zu essen gegeben und ihm seine beiden Iso-Matten geschenkt, weil er sie nicht mehr brauche, denn er werde bis Santiago in Pensionen übernachten. Ich berichte von dem dänischen Pilger, der in Paris losgelaufen ist.

Anscheinend sind wir beeindruckt von Pilgern, die sehr weite Strecken zurücklegen und besondere Motive für das Pilgern haben. Anschließend geht es um unsere Motive. Doris beginnt und sagt, ihr Sohn sei vor 4 Jahren in Chile ums Leben gekommen. Er liebte die Berge und habe immer gesagt, er besteige die Berge, um die Angst vor ihnen zu besiegen. In Südamerika werden die Berge als Lebewesen betrachtet. Doch bei seiner letzten Bergtour sei er abgestürzt. Doris bewundert den Mut ihres Sohnes, der Jakob hieß. Deshalb laufe sie den Camino Francés und um alles besser verstehen zu können und irgendwie damit klar zu kommen.

Vincent erzählt, dass er sein Leben fade und langweilig findet, und seine Arbeit in der Logistikbranche sehr monoton war. Er fühlte sich sinnentleert und bevor er einen neuen Job antritt, wollte er den Camino laufen. Ich werde auch nach meinem Motiv für den Jakobsweg gefragt. Und so erzähle ich, dass ich bereits seit 20 Jahren den Wunsch habe, einmal diese 800 km am Stück zu laufen, es also um die sportliche Herausforderung geht. Darüber hinaus habe ich ein paar persönliche und berufliche Fragen an das Leben und suche nach Antworten. Wir sprechen auch darüber, was wir auf dem Camino schon gelernt und welche neuen Erkenntnisse wir gewonnen haben.

Ich berichte, dass mir hier auf dem Weg noch einmal bewusst geworden ist, dass zum Leben auch der Tod gehöre. Wir setzen unsere Unterhaltung über das Leben und den Tod fort, und ich merke langsam wie mich das Sprechen in französischer Sprache anstrengt und wie müde ich werde. Ich muss mich sehr stark konzentrieren, um meinen beiden Tischpartnern zu folgen. Doris spricht ein sehr gutes Französisch. Mir fällt es hingegen sehr schwer, mich adäquat und richtig auszudrücken.

Aufgrund der Anstrengung und Müdigkeit verabschiede ich mich und gehe auf mein Zimmer. Doch insgesamt war es ein sehr schöner und anregender Abend. Vincent sprach über ein Buch, dass ihm sehr gefallen hat. Es spielt im Mittelalter und handelt von einem Baumeister und seinem Gesellen, die zusammen Kirchen und Kathedralen planen und bauen. Schließlich begeben sie sich auf die Pilgerreise nach Santiago. Es hört sich interessant an und heißt „Les Étoiles de Compostelle" – die Sterne von Santiago de Compostela. Ich würde es gern einmal lesen und plane das nach meiner Rückkehr zu tun.

Hinweise zur Resilienz

Für einen einfachen Pilger war dies ein sehr ereignisreicher Tag. Und dieser Abend war ein weiteres Highlight, ebenso das Landhaus Casa Nova, das vor 300 Jahren von einem Priester erbaut wurde. Leider fiel dieser Priester der Erzählung nach vom Dach und verstarb. Seitdem hat die heutige Familie das Haus in ihrem Besitz. Und vor 23 Jahren hat Hape Kerkeling hier mit seinen beiden Begleiterinnen übernachtet.

Der Abend hat mir gut getan. Es ist einfach mal wieder schön, sich tiefgründig und wertschätzend miteinander zu unterhalten und einander interessiert zu zuhören. Obwohl Doris, Vincent und ich uns nicht kannten, konnten wir uns sehr offen und vertrauensvoll miteinander unterhalten oder vielleicht gerade deswegen. Hinsichtlich meiner psychischen Widerstandkraft war ich heute aktiv und habe gehandelt.

Die Erkenntnis „lass Dich nicht nerven, tu was" führte dazu, dass ich meine Gedanken und Grübeleien beendet habe und mich auf die Schönheit der Natur konzentrierte. Ich habe versucht, mich mit schönen Dingen abzulenken. Das ist eine Strategie, die zu den sog. „Copingstrategien" gehört, d.h. es sind Bewältigungsstrategien, die bei auftretenden Stresssituationen wirken sollen. „To cope with" bedeutet übersetzt bewältigen, verkraften bzw. überwinden, damit Stresssituationen bewältigt werden. Bestimmte Copingstrategien haben eine protektive Wirkung und dienen der Resilienz, z.B. ablenken, entspannen, eine Problemanalyse durchführen und die Situation ändern. Es gibt aber auch kritische, destruktive Copingstrategien, die so negativ sind, dass sie uns schaden, z.B. Flucht in Alkohol und andere Drogen, Aggressivität, Gewalt, Rückzug und Isolation. Von daher habe ich heute wieder vieles richtig gemacht: Ablenkung von stressigen Gedanken durch bewusstes Erleben und Genießen der Natur.

Etappe 25: Rente – Castromajor, 28,8 km, 29. Mai

Ich schlafe an diesem Morgen sehr lange, bis 8.00 Uhr. Im Frühstücksraum treffe ich noch kurz Doris. Wir grüßen einander und wünschen uns alles Gute für den weiteren Weg, denn sie will gleich starten. Vincent ist anscheinend schon losgewandert. Beide werde ich nie wiedersehen. Merkwürdig wie schnell hier auf dem Jakobsweg Bekanntschaften entstehen und sich dann wieder verflüchtigen.

Wieder scheint die Sonne, und es wird ein herrlicher Tag. Bevor ich aufbreche, mache ich noch ein paar Fotos von dem Landhaus. Der Weg führt durch eine mit Feldsteinen gepflasterte Allee mit großen Bäumen auf einer alten, schmalen Landstraße, links und rechts liegen Felder, saftig grüne Wiesen, auf denen Kühe grasen, und der blaue Himmel thront über dieser Idylle. Ich bin beeindruckt wie grün die Natur hier in Galicien ist. Und die intensiven Farben sind eine wahre Pracht.

Dann erreiche ich den Kilometerstein 100. Einige Pilger stehen davor und lassen sich fotografieren. Dieser Kilometerstein ist mehr als ein Stein. Er ist ein Symbol, der mir sagt, „schau her Pilger, du hast es bis hierher geschafft. Es sind nur noch 100 km bis zu deinem Ziel, und du wirst die restliche Strecke auch noch schaffen." Ein paar Pilger aus Südkorea stehen auch an diesem Stein und machen ein paar Fotos. Sie sind sehr freundlich, heiter und gelöst, und einer von ihnen fragt mich, ob er ein Foto mit meiner Kamera von mir machen soll, als Erinnerung. Ich stimme zu und bin stolz wie Oskar als ich das Bild sehe. Mit dieser neuen Motivation wandere ich weiter. Überhaupt sind jetzt wieder mehr Pilger unterwegs. Auf dem weiteren Weg überhole ich noch ein paar von ihnen.

Dann treffe ich Hartmut. Er hält die Pilgerreise weiterhin durch und kommt mit seinen vielen Blasen relativ gut klar. Wir laufen ein paar Kilometer zusammen. Dabei erzählt er mir, dass wir uns heute vielleicht zum letzten Mal sehen. Morgen und die weiteren Tage muss er aus zeitlichen Gründen mindestens 30 km gehen, weil er nur noch wenig Zeit bis zu seinem Rückflug hat.

Bei der nächsten Kapelle in einem kleinen Ort trennen wir uns, denn er will dort einkehren, eine Pause machen und sich diesen Ort näher ansehen. Kein Problem. Ich gehe frohen Mutes weiter und nach ca. einer Stunde treffe ich auf meine Gruppe: Elena, Harald, Alexander und Niko. Sofort entsteht ein nettes Miteinander, und ich habe Gelegenheit, mich mit Niko zu unterhalten. Er kommt aus Potsdam, ist 30 Jahre alt, arbeitet in der IT und hat sich für den Camino einen sechswöchigen Urlaub genommen. Sein Chef ist sehr großzügig, denn Niko konnte für diese Auszeit neben Urlaub auch seine Überstunden einsetzen.

Im nächsten Ort gibt es eine kirchliche Herberge, in die meine Gruppe einkehren will. Für mich kommt eine Pilgerherberge heute nicht in Frage. Außerdem habe ich bereits eine Unterkunft reserviert. Für morgen planen Harald, Alexander und ich zusammen zu laufen. Ich verabschiede mich von meinen Leuten und gehe weiter zu meiner vorgebuchten Unterkunft.

Diese Etappe von fast 29 km war sehr hart, weil die Füße wieder empfindlich anfingen zu schmerzen und sich die Wanderung durch den späten Aufbruch sehr lange hinzog. Erst gegen 18 Uhr erreiche ich die Pension. So spät am Nachmittag zu laufen ist anstrengend, weil sich die Strecke ins schier Unendliche zu ziehen scheint. Die Kräfte schwinden einfach schneller am Nachmittag.

Die Vermieterin der Pension ist sehr freundlich und fragt mich, ob ich über booking.com reserviert hätte. Dann empfiehlt sie mir eine Stornierung vorzunehmen, um 10 Euro zu sparen. Gesagt, getan. Danach wasche ich ein paar Sachen aus und gehe anschließend ein paar Häuser weiter zu einem Straßenrestaurant. Es gibt Tapas und einen schönen Thunfischsalat. Auch das Bier lasse ich mir schmecken.

Dann kommt Hartmut vorbei. Er wünscht mir guten Appetit, muss aber schnell weiter zu seiner Unterkunft. Mir fällt auf, dass Hartmut immer keine Zeit hat und dauernd Kirchen und Kapellen besichtigen muss. Ich frage mich nach den Gründen. Aber zunächst spielt das keine Rolle, und ich genieße im Sonnenuntergang mein Bier.

Highlights des Tages:

- Den Kilometerstein 100 km passiert
- Das Gehen in der Natur genossen
- Meine Pilgergruppe wieder getroffen
- Ein Einzelzimmer in Castromajor und durch die Freundlichkeit der Vermieterin zusätzlich 10 EUR gespart

Erkenntnis des Tages:

„Bin gerne im Austausch und plane gerne."

Hinweise zur Resilienz

Bedeutsam für meine Resilienz ist es, dass ich heute wieder zahlreiche positive Emotionen erlebt habe. Ich habe mich darüber gefreut, dass ich während der Wanderung mit Niko sprechen konnte. Er ist ein sympathischer Kerl. Unser Gespräch war interessant und bereichernd, u.a. über seine Erfahrungen auf dem Camino und seinen Beruf als IT-Dienstleister.

Außerdem habe ich die Natur genossen, durch die Freundlichkeit der Vermieterin Geld gespart, den „Kilometerstein 100" erreicht und Hartmut sowie meine Pilgergruppe wieder getroffen. Durch die Regelmäßigkeit der positiven Emotionen, die ich täglich erlebe, wird die Widerstandskraft gestärkt. Das Erleben von positiven Emotionen hat eine schützende Wirkung, wobei das regelmäßige Auftreten laut Untersuchungen wichtiger ist als deren Intensität. Deshalb ist es ratsam, sich über Alltägliches zu freuen und dies jeden Tag zu praktizieren.

Der Kontakt zu den anderen stärkt mich zusätzlich. Die Kommunikation mit meiner Pilgergruppe tut mir sehr gut. Ich fühle mich wohl mit den anderen, zugehörig und bestätigt. So erfahre ich soziale Unterstützung.

Etappe 26: Castromajor – Palas de Rei, 16,9 km, 30. Mai

Jetzt sind es nur noch vier Etappen bis nach Santiago. Heute gehe ich zusammen mit Harald und Alexander. Sie holen mich von meiner Unterkunft ab. Es ist wieder ein sonniger Tag. Wie sich herausstellt, hat es Harald in den letzten Tagen bös erwischt. Es ist sein linkes Knie. Es bereitet ihm so starke Schmerzen, dass er langsamer gehen muss. Wir haben heute ja nur eine relativ kurze Etappe von 17 km, und so müssen wir kein hohes Tempo gehen.

Unterwegs unterhalte ich mich viel mit Alexander und erfahre einiges über ihn und die Schweiz. Er erzählt so interessant von den Bergen in seiner Heimat, dass ich direkt Lust bekomme, gleich im nächsten Urlaub dorthin zu reisen. Alexander ist erst später, in Leon, in den Camino eingestiegen. Er hat nicht so viel Zeit, um die volle Strecke von Ost nach West zu laufen.

Dann treffen wir die Schweizerinnen Marianne und Ursula in einem Gartenrestaurant. Wie sich herausstellt, kennen sie bereits Harald und freuen sich riesig, uns wieder zu sehen. Die beiden sind immer noch guter Dinge, nutzen meistens den Gepäcktransport und gehen täglich Etappen um die 24 km, ähnlich wie wir. Hin und wieder legen sie auch einen Pausentag ein oder laufen auch kleinere Etappen. Sie sind schon ganz schön aufgeregt, in drei Tagen am Ziel in Santiago anzukommen.

Ja, irgendwie beschäftigt sich jetzt jeder mit diesem Thema. Ich habe mir überlegt, dass ich nicht allein am Zielort ankommen möchte und werde wohl mit Harald und Alexander gemeinsam dort eintreffen. Aber mal sehen. Wir beschließen erst einmal für heute Abend zusammen eine Pension in Palas de Rei aufzusuchen. Dadurch, dass ich mit den beiden zusammen die Pension nehme, spare ich gegenüber einem Einzelzimmer 23 Euro.

Es ist wieder sehr schön, durch die grüne Landschaft zu wandern. Ich bin auch am dritten Tag in Galicien überwältigt von der Natur und Ursprünglichkeit dieser Region, den alten Bauernhäusern, der üppigen Vegetation und der Freundlichkeit der Menschen. Hier stehen in vielen Gärten kleine auf Stelzen gebaute Minihütten. Es sind Getreidespeicher bzw. Speicher für Feldfrüchte mit kleinen Luftschlitzen. Sie heißen Hórreo und sehen sehr markant aus. So etwas habe ich vorher noch nie gesehen. Ja, in Galicien ist vieles anders als im übrigen Spanien, z.B. die galicische Sprache, die Fauna, insbesondere die Eukalyptuswälder und die Geschichte. Mich beindruckt, dass Galicien schon von den Kelten besiedelt wurde. Deshalb gibt es auch Ähnlichkeiten mit der Bretagne und Wales. Doch um dies näher zu ergründen, gibt es beim Pilgern leider keine Zeit, denn es heißt ja jeden Tag gehen, gehen und nochmals gehen, immer weiter und weiter. Ultreïa.

Doch das Gehen ist bei Harald gerade kaum noch möglich, zu sehr schmerzt sein linkes Knie. Mit letzten Kräften schafft er es zu unserer gemeinsamen Pension. Wir haben ein Drei-Bett-Zimmer erhalten und ruhen uns erst einmal aus.

Nach einer Stunde Ruhe nehmen die Knieschmerzen von Harald immer noch nicht ab. Er möchte zu einem Arzt bzw. ins örtliche Krankenhaus. Ich begleite ihn, damit auf dem Weg dorthin nichts passiert. Um zum Hospital zu kommen, müssen wir durch die ganze Kleinstadt bis an die Ortsgrenze in das Gewerbegebiet gehen. An der Rezeption wird Harald freundlich empfangen. Und nach 30 Minuten im Wartesaal, in dem acht Personen sitzen, wird Harald zu einem Arzt vorgelassen. Wir verabschieden uns, weil Harald meint, er komme gut klar und werde sich später ein Taxi nehmen.

Ich trotte langsam zurück in die Innenstadt. Von Palas de Rei, was ja ungefähr so viel heißt wie „Königspalast", habe ich mir mehr versprochen. Es ist eine runter gekommene Regionalstadt. Die Häuser und Straßen sind im schlechten Zustand. Es gibt keine attraktiven Geschäfte und Angebote.

In einer Drogerie finde ich für meinen 20 Jahre alten Gillette-Rasierer, der zu Hause im Schrank liegt, noch eine Packung Rasierklingen. Die gibt´s bei uns schon seit Jahren nicht mehr zu kaufen. Hier ist die Zeit irgendwie stehen geblieben.

Mich überkommt der Hunger, und ich suche ein kleines Restaurant auf. Am Nachbartisch mir gegenüber sitzt ein Holländer namens Pit. Er ist sehr gesprächig und auch ziemlich aufgedreht, weil wir in drei Tagen in Santiago eintreffen werden. Pit wird dort von seiner Frau empfangen und freut sich schon riesig auf das Wiedersehen mit ihr.

Das Essen war leider nicht so gut – immer diese fettigen Pommes. Dafür haben mir die zwei Biere gut geschmeckt. Der Flüssigkeitsverlust war heute sehr groß, denn es war sommerlich warm. Ich habe bestimmt 3 Liter Wasser getrunken, zwei Kaffee und jetzt noch die beiden großen Biere.

Als ich in die Pension zurückkomme, ist Harald auch schon wieder da. Der Arzt konnte nicht viel machen: eine Bandage, ein paar Tipps zum Kühlen und notfalls Schmerzmittel nehmen oder die Pilgerreise abbrechen. Dafür soll das Gespräch mit dem Arzt aber sehr anregend und interessant gewesen sein. Er ist Fußballfan und hat Harald nach den deutschen Spielern und Fußballvereinen ausgefragt. So blieb die Krankenhausvisite für ihn wenigstens kostenlos. Harald will sich aber schonen und morgen früh mal sehen wie es ihm geht und wie weit seine Füße ihn tragen können. Ans Aufgeben denkt er natürlich nicht. Das kann ich gut verstehen.

Alexander und Harald haben noch ausreichend Proviant für ihr Abendessen auf dem Zimmer. Ich habe noch eine Banane und dann wird es auch schon Zeit, das Licht zu löschen und zu schlafen.

Highlights des Tages:

- Mit Harald und Alexander zusammen gewandert und gut im Austausch gewesen
- Die Schweizerinnen Marianne und Ursula wieder getroffen
- Eine kurze Tageswanderung von nur 17 km
- Durch wunderschön grüne Landschaften Galiciens gewandert

Erkenntnis des Tages:

„Teilen lohnt sich!"

Hinweise zur Resilienz

Auch am heutigen Tag kommt die soziale Unterstützung bzw. die Netzwerkorientierung als Schutzfaktor für die Resilienz wieder zum Tragen. Das Gefühl der Zugehörigkeit, das Verständnis füreinander, der Austausch von Informationen und die praktische Unterstützung, z.B. bei der Begleitung ins Krankenhaus und der gemeinsamen Belegung eines Zimmers stärken ungemein.

Zudem haben weitere positive Emotionen heute wieder eine Rolle gespielt, insbesondere das Wiedersehen mit Marianne und Ursula und die beeindruckende grüne Landschaft Galiciens sind eine Freude und ein Genuss. So lassen sich die enormen Strapazen, bei Sommerwetter mit Fußschmerzen und 11 kg Gepäck durch die Landschaft zu gehen, leichter ertragen.

Etappe 27: Palas de Rei – Boente, 21,1 km, 31. Mai

Ich habe nicht so gut geschlafen, denn es war stickig und warm im Pensionszimmer, obwohl die ganze Nacht das Fenster offen stand. So waren die bellenden Hunde nicht zu überhören. Außerdem haben die beiden Pilgerbrüder in den Betten neben mir lautstark geschnarcht.

Morgens stehen sie als erste auf und gehen schon einmal los. Ich brauche wie üblich mehr Zeit, um mich zu besinnen und meinen Rucksack zu packen.

Es sind nur noch drei Etappen bis Santiago. Ich bin aufgeregt bei diesem Gedanken und werde sehen, was mich dort erwartet. Dann starte ich, und nach 20 Minuten hole ich Harald und Alexander bereits wieder ein, weil sie noch beim Bäcker waren und Harald langsamer geht als gewöhnlich. Er ist ziemlich stark durch seine Knieverletzung beeinträchtigt und kämpft. Doch irgendwie geht's. Er kneift die Zähne zusammen, denn das Ziel ist so greifbar nah.

Da wird Harald nicht aufgeben, obwohl es aus medizinischer Sicht sicherlich besser wäre. Ich verstehe das. Wir gehen weiter langsam voran. Das nützt auch mir und meinen Füßen. Zum Glück schmerzt meine Achillessehne nicht, doch sie ist etwas geschwollen. Auch heute unterhalte ich mich viel mit Alexander. Er öffnet sich und erzählt von seiner gescheiterten Beziehung vor einem Jahr. Anscheinend setzt ihm das immer noch sehr zu. Er habe sich in letzter Zeit verändert, sei ruhiger geworden. Er meint, es brauche seine Zeit. Viel Kraft gibt ihm sein Hobby Mountainbike fahren. Wir unterhalten uns darüber, und ich teile meine Erfahrungen mit ihm, dass ich schon einmal in Garmisch-Patenkirchen eine verrückte Bergtour mit dem Mountainbike unternommen habe.

Auch den Brocken im Harz habe ich schon mit dem Rad bezwungen. Aber letztendlich habe ich festgestellt, dass das Radfahren in den Bergen eine zu große Qual für mich ist. Deshalb gehe ich lieber den Jakobsweg. ☺

Mittags treffen wir im Ort Melide einen großen Teil unserer deutschen Pilgergruppe wieder: Elena, Niko, Roman und Simone. Wir beschließen spontan, zusammen essen zu gehen und landen in der „Pulpería A Garnacha". Auf die Spezialität des Hauses haben wir alle keinen Appetit und freuen uns, dass es auch andere Speisen gibt.

Aus der Unterhaltung ergibt sich, dass die anderen auch schon gespannt auf die Ankunft in Santiago de Compostela sind. Irgendwie können wir es alle noch gar nicht glauben, dass wir es bald geschafft haben.

Inzwischen hat sich über den Pilgerfunk herumgesprochen, dass die Kathedrale in Santiago renoviert wird und die Pilgermesse in einer anderen Kirche stattfindet. Das ist sehr schade, denn somit entfällt die Zeremonie mit dem Schwenken des Botafumeiro, des Weihrauchkessels, das ja sehr eindrucksvoll zelebriert wird. Die Kathedrale wird für das Heilige Jahr in zwei Jahren herausgeputzt, denn dann fällt der Namenstag des heiligen Jakob, der 25. Juli, wieder auf einen Sonntag und das heilige Jahr wird ausgerufen. Nur für dieses Spektakel, zu dem über eine Million Pilger und Besucher erwartet werden, öffnet die Kirche exklusiv die Heilige Pforte auf der Rückseite der Kathedrale. Mal sehen, was uns übermorgen dort erwartet. Wir sind wirklich aufgeregt, denn wir wissen nicht, wie die Ankunft in Santiago für uns sein wird.

Nach dem Mittagessen gehen wir in den zwei Gruppen weiter wie wir gekommen sind. Wir versichern uns, dass wir uns in Santiago alle wieder treffen und zusammen feiern werden. Am frühen Nachmittag erreichen wir unser Tagesziel Boente.

Dort gibt es eine Herberge, die gerade erst vor vier Tagen nach der Renovierung wieder geöffnet hat. Die Betreiber haben die Herberge neu erworben und sind mit der ganzen Familie noch dabei, sie einzurichten und sich einzuleben. Sie sind unglaublich freundlich und geben sich sehr viel Mühe, uns den Aufenthalt so angenehm wie möglich zu machen. Der Schwiegervater probiert sich an dem neuen Kaffeeautomaten aus und übt mehrere Male bis ein perfekter Milchkaffee für uns herauskommt. Für den Übernachtungspreis von 12 Euro dürfen wir auch unsere Wäsche waschen und auf der Dachterrasse zum Trocknen aufhängen. Die Gastgeber fragen immer wieder nach unserem Wohlbefinden und sind die freundlichsten auf dem ganzen Camino Francés.

Mein Eindruck ist, dass könnte sich noch ändern, wenn die Familie erstmal richtig ins Geschäft eingestiegen ist und sich der Alltag mit den vielen unterschiedlichen und merkwürdigen Pilgern eingestellt hat. Ich merke, dass ich schon wieder bewerte und viele kritische Gedanken aufsteigen. Vielleicht liegt es daran, dass es ein sehr anstrengender Tag war. Denn heute ist es sehr heiß draußen, 32° Celsius. Und in den Zimmern ist es auch mindestens 26° – 28° C warm. Außerdem geht unser Zimmer nach vorn zur lauten Straße hinaus. Wie soll da die Nacht nur werden, frage ich mich und bitte um die Möglichkeit in einem Zimmer allein nach hinten raus zu schlafen. Die Gastgeber sind wie gesagt sehr freundlich und gewähren mir diesen Wunsch. Anschließend ruhen wir uns aus und essen abends ein paar Snacks und einen Salat in der Bar der Herberge.

Highlights des Tages:

- Die anderen deutschen Pilger wiedergesehen.
- François und Natascha, die Kanadier, haben mir eine Mail geschrieben. Sie sind in Santiago gut angekommen und reisen morgen weiter. Sie wünschen mir alles Gute.
- Sehr freundliche Herbergsbesitzer

Erkenntnis des Tages:

„Obwohl es manchmal schlecht erscheint, gibt es doch eine positive Wendung. In diesem Fall die Herberge – laut an der Straße, im 1. Stock und zu warm – …, doch ich bekomme noch ein Zimmer für mich allein zum Hof."

Hinweise zur Resilienz

Ich fühle mich aufgrund der hohen Temperaturen heute ziemlich erschöpft. Für meine Resilienz habe ich keine neuen Erkenntnisse gewonnen, nur dass ich wieder unnötige Bewertungen vorgenommen habe.

Meine psychische Widerstandskraft und meine Moral stärken mein Durchhaltevermögen. Jetzt geht es primär um meine körperlichen Widerstandskräfte und Bedürfnisse. Viel trinken, gut essen, ausruhen und gut schlafen. Morgen möchte ich mal wieder allein gehen, nicht so viel quatschen, mich mehr auf die Landschaft konzentrieren und meinen eigenen Gedanken folgen.

Etappe 28: Boente – Pedrouzo, 28,6 km, 1. Juni

Ich habe mich getäuscht. Die Nacht ist schrecklich, mit 25 Grad einfach zu heiß, so dass ich nicht schlafen kann. Auch die Matratze und das Kopfkissen sind nicht gut. Unter dem Bettlaken ist die Matratze noch mit einer Schutzfolie abgedeckt. Dadurch schwitze ich wie irre in dem Bett. Es ist höllisch. Morgens habe ich das Gefühl, dass ich nur 2 Std. geschlafen habe.

Harald und Alexander sind bereits um 6.45 Uhr los gegangen. Ich kann nicht starten, muss ständig auf die Toilette, weil ich „Magen-und-Darm" habe. Was ist nur los? Was habe ich gestern gegessen? Woher habe ich das? Ich finde keine Antworten und fühle mich elend. Die Toiletten-besuche ziehen sich bis 8.15 Uhr hin. Dann endlich bin ich so stabil, dass ich einen Aufbruch wagen kann. Ich fühle mich aber sehr schwach und habe heute eine Tour von 28,6 km zu meiner vorgebuchten Pension in Pedrouzo vor mir. Wie soll ich das nur schaffen?

Anfangs komme ich noch gut voran, doch mit jeder Stunde wird es schwieriger, weil die Temperaturen steigen und meine Kräfte zusehends schwinden. Ich nehme kaum die wunderschöne Landschaft – Wälder, grüne Wiesen und Felder – an diesem erneut sonnigen Tag wahr.

Bis mittags quäle ich mich durch, kann aber kaum etwas essen: eine halbe Banane, ein paar Kekse und einen Schluck Cola. Dafür versuche ich, so viel Wasser wie möglich zu trinken, um den Flüssigkeitsverlust wett zu machen. In dem Ort Salceda, wo ich in einem Gartenrestaurant pausiere, fühle ich mich kraftlos und erschöpft. Es sind 30 Grad Celsius, und ich habe sage und schreibe 20 km geschafft. Aber ab jetzt geht nichts mehr. Ich bin auf, kann einfach nicht mehr weiter und stehe kurz vor dem Zusammenbruch.

So frage ich in der Bar nach einem Taxi, obwohl mir das sehr unangenehm ist. Mein schlechtes Gewissen macht sich bemerkbar.

Die Pilgerregel besagt, dass jeder Pilger die letzten 100 km zu Fuß gegangen sein muss, um die Pilgerurkunde zu erhalten. Ich schleppe mich zurück zu meinem Sitzplatz im Garten und warte auf das Taxi, das nach 10 Minuten erscheint. Was denken bloß die anderen Pilger im Gartenrestaurant, die mich in das Taxi einsteigen sehen? Das belastet mich, doch meine körperliche Schwäche ist größer.

Die restlichen 8,6 km der Tagesetappe lege ich mit dem Taxi zurück. Völlig entkräftet komme ich an der vorgebuchten Pension um 14.30 Uhr an, checke an der Rezeption ein und lege mich sofort schlafen. Nach zwei Stunden Schlaf wache ich auf und habe das Gefühl, etwas essen zu müssen. Es ist kaum noch Proviant vorhanden. Ich fühle mich sehr schwach und mache mich trotzdem auf den Weg zum nächsten Supermarkt, der zum Glück nur 300 m entfernt liegt. Dort finde ich ein Baguette und ein paar Kleinigkeiten, doch der Appetit ist verschwunden. Ich fühle mich einfach schlecht.

Als ich zurückkomme, treffe ich auf dem Gang vor meinem Zimmer zwei Pilgerinnen aus Frankreich. Wir grüßen uns, und sie erkundigen sich nach meinem Befinden. Ich berichte von meiner Krankheit. Die beiden sind sehr freundlich, hilfsbereit und geben mir sofort ein paar Imodium-Tabletten, worüber ich sehr dankbar bin. Weshalb bin ich nicht selbst darauf gekommen, frage ich mich in dem Moment, in dem ich eine Tablette zu mir nehme. Eine Apotheke meine ich, in Pedrouzo gesehen zu haben. Naja, jetzt bin ich versorgt und lege mich wieder schlafen ohne etwas zu essen. Die Nacht schlafe ich durch und kann ein paar Kräfte sammeln.

Highlights des Tages:

- Das Taxi ist Gold wert, denn ich stand kurz vor dem Zusammenbruch.
- Im Einzelzimmer in der Pension kann ich endlich schlafen.
- Die Hilfsbereitschaft der Französinnen und die Tabletten, die mir helfen.

Erkenntnis des Tages:

„Lass es jetzt endgültig sein mit den Herbergen."

Hinweise zur Resilienz

Angesichts der Magen-Darm-Erkrankung bin ich sehr erstaunt über mein Durchhaltevermögen. Ich gebe nicht auf, sondern gehe weiter bis zum Umfallen. Unglaublich, was meine Zielstrebigkeit mit mir macht. Ist das noch Resilienz oder schon Unvernunft? Mein Ehrgeiz wird natürlich gespeist von dem Wunsch, morgen nicht allein in Santiago anzukommen, sondern wie geplant mit Harald und Alexander. Ich finde es einfach schöner, mit den mir vertrauten Pilgerbrüdern das Ziel zu erreichen, d.h. gemeinsam anzukommen und dies zusammen mit ihnen zu erleben.

Doch dieser Wunsch kollidiert mit der körperlichen Beeinträchtigung, die mir heute widerfährt. Hinsichtlich der

Resilienz besteht ein Widerspruch, weil zum einen meine psychische Widerstandkraft so stark ist, dass ich die geplante Tagesetappe irgendwie schaffe, sogar mit Hilfe unerlaubter Mittel meinem Empfinden nach.

Zum anderen ist es unvernünftig, mit der Krankheit 20 km bei 28 Grad Celsius zu wandern. Das schwächt mich unnötig. Worum geht es bei der Pilgerreise eigentlich, frage ich mich und erkenne, dass ich mich getrieben durch falschen Ehrgeiz einem fragwürdigen Wunsch unterworfen habe, der mir unnötige Belastungen beschert. Doch ich konnte von diesem Wunsch nicht lassen. Das positive Erlebnis des heutigen Tages und eine wirkliche Stärkung ist die Hilfsbereitschaft, die mir zu Teil wird. Die Unterstützung durch die beiden französischen Pilgerinnen bringt mich wieder ein Stück weiter an mein Ziel. Und meine innere Stärke profitiert ebenfalls davon.

Etappe 29: Pedrouzo – Santiago, 21,2 km, 2. Juni

Das ist heute die letzte Tagesetappe vor der Ankunft am Ziel in Santiago de Compostela. Diese Etappe ist etwas Besonderes und emotional aufgeladen. Noch 21,2 km, unter normalen Umständen keine zu große Anstrengung.

Doch wie geht es mir eigentlich? Obwohl ich gut geschlafen und etwas Kraft getankt habe, fühle ich mich sehr schwach. Ich gehe erst um 8.15 Uhr los und versuche vor dem Start etwas zu essen, kaue auf dem trockenen Baguette herum, das ich gestern gekauft habe, und spüle immer wieder ein paar Stücke mit Wasser hinunter. Das scheint mir im Moment die beste Lösung zu sein, denn in einer Frühstücksbar könnte ich sowieso keinen Kaffee mit einem fettigen Croissants oder Rührei zu mir nehmen. Die ersten zwei Stunden verlaufen ganz gut, doch dann werde ich langsamer und schwächer.

Der Weg verläuft teilweise durch kleine Eukalyptuswälder. Die jungen Triebe des Eukalyptus sind besonders geruchs-intensiv und vermitteln den Eindruck angenehmer Frische.

Vor dem Ort Lavacolla steht eine Kapelle, in der es Sello, also Stempel, für den Pilgerpass gibt. Es steht ein Helfer vor der Tür, der aufpasst, dass alles mit rechten Dingen vor sich geht, dass nicht zum Beispiel ein Auto vor der Tür hält und sich der Fahrer noch schnell ein paar Stempel abholt. Ich treffe Leander, den Solopilger, als er gerade aus der Kirche kommt. Nach einem kurzen Gespräch trete ich in die Kühle der kleinen Kirche ein, nehme ein paar Minuten zum Ausruhen Platz und lasse mir anschließend den Pilger-stempel geben. Die kleine Pause hat sehr gut getan.

Als ich wieder aus der Kirche heraustrete, nehme ich per SMS Verbindung zu Harald und Elena auf. Elena ist mit den anderen deutschen Pilgern kurz vor Santiago. Sie haben 12 km vor dem Ziel übernachtet, um früh anzukommen und gute Plätze in der öffentlichen Herberge zu bekommen.

Harald und Alexander sind heute Morgen 3 km hinter mir gestartet, doch jetzt sind sie ca. 40 Minuten vor mir auf dem Weg, weil sie wieder früh losgewandert sind. Sie laufen aber langsam, weil Harald immer noch Knieschmerzen hat. Wir verabreden, dass wir uns in der nächsten Stunde treffen, um dann gemeinsam in Santiago anzukommen.

Mit diesen Aussichten und der wohltuenden Pause in der Kirche gehe ich langsam weiter. An diesem Tag sind mittlerweile sehr viele Einzelpilger und Pilgergruppen unterwegs. Von den traditionellen, bekannten Gesängen ist nichts zu hören. Es gibt ein traditionelles, sehr schönes Pilgerlied, das angeblich häufiger vor der Ankunft in den Wäldern vor Santiago in unterschiedlichen Sprachen gesungen wird. Es heißt Ultreïa. Heute Fehlanzeige, kein Gesang. Es ist auch einfach zu heiß, um ausgelassen zu singen. Mein Eindruck ist, dass viele Pilger erschöpft und froh sind, endlich das Ziel zu erreichen.

Deutscher Text des Pilgerlieds Ultreïa

An jedem Morgen da treibt's uns hinaus,
An jedem Morgen da heißt es: Weiter!
Und Tag um Tag da klingt der Weg so hell:
Es ruft die Stimme von Compostell'.
Ultreïa, Ultreïa, et Suseia,
Deus, adjuva nos!

Der Weg auf Erde und der Weg des Glaubens -
Aus ganz Europa führt die Spur schon tausend Jahr'
Zum Sternenweg des Charlemagne:
Das ist, ihr Brüder, unser Weg fürwahr.
Ultreïa, Ultreïa, et Suseia,
Deus, adjuva nos!

Und ganz dahinten, am Ende der Welt,
Der Herr Jakobus erwartet uns sehr!
Seit ew'ger Zeit sein Lächeln ganz fest hält
die Sonne, wie sie sinkt in Finistère.
Ultreïa, Ultreïa, et Suseia,
Deus, adjuva nos!

Inzwischen meldet sich Elena. Sie haben Santiago, das Ziel, erreicht und freuen sich riesig, sind aber auch kaputt.

Ein paar Kilometer vor Monte de Gozo, dem Berg der Freude, von dem aus die Stadt Santiago zu sehen ist, hole ich Harald und Alexander ein, weil sie eine Pause eingelegt haben. Ich freue mich über das Wiedersehen und berichte ihnen von meinem Zustand. Das hätten sie nicht erwartet und sind überrascht. Zum Glück haben sie nichts dergleichen aus der Herberge von vorgestern mitgenommen.

Als Harald, Alexander und ich am Monte de Gozo ankommen, entdecken wir das schrecklich gestaltete Pilger-denkmal, das anlässlich des Papstbesuchs von Johannes Paul II. vor vielen Jahren hier errichtet wurde. Ich kann es gar nicht beschreiben wie misslungen dieses Denkmal geraten ist. In diesem Moment ist mir das aber auch völlig egal. Jetzt geht es nur noch darum, die letzten Kräfte zu mobilisieren, um noch 4,7 km bis zum Ziel durchzuhalten. Wir haben es jetzt bald geschafft, gehen langsam weiter und quälen uns voran. Auch Alexander ist erschöpft. Die tägliche Dauerbelastung ist für alle und jeden Körper einfach sehr anstrengend, und die Temperaturen wirken zusätzlich sehr belastend.

Vom Ortseingang in Santiago bis zur Kathedrale zieht sich die Strecke noch eine Weile hin, ca. drei Kilometer. Ich werde ungeduldig, will endlich ankommen. Bis zur Altstadt müssen wir entlang den Hauptstraßen gehen, was mit Verkehrslärm und Autoabgasen verbunden ist. Nicht schön.

Dann erreichen wir endlich die Altstadt von Santiago de Compostela, treffen zufällig den Franzosen Alain und die Dänin in einem Riesen Trubel von Menschen und werden freudig begrüßt. Die beiden sind ganz fröhlich und erklären uns den Weg durch die engen Gassen bis zum Platz vor der Kathedrale. Dann toben sie weiter. Dieses Liebespaar hier so ausgelassen zu sehen, ist eine Freude. Sie sind gestern angekommen. Die wunderschöne Altstadt ist übervoll mit Menschen, ganz vielen Pilgern und Touristen. Die kleinen Plätze und Gassen scheinen durch die Menschenmassen überzuquellen. Ein ungewohnter Empfang. Nur noch ein paar Hundert Meter, und wir haben es geschafft.

Highlights des Tages:

- Ich kann heute wieder wandern trotz körperlicher Schwäche.
- Ultreïa – immer weiter, immer vorwärts – ich erinnere mich an dieses Lied
- Gemeinsam die letzte Strecke mit Harald und Alexander bis Santiago gewandert
- Der Duft der Eukalyptusbäume

Erkenntnis: „Ein Ziel vor Augen motiviert und mobilisiert enorme Kräfte."

Hinweise zur Resilienz

Das gemeinsame Wandern und das Ziel, so nah zu wissen, stärken mich, d.h. meine Resilienz und mein Durchhaltevermögen heute besonders. Ich mobilisiere ungeahnte Kräfte und gehe an die Grenzen meiner Leistungsfähigkeit. Ich habe trotz des Magen-Darm-Infektes viel Glück, denn mein Körper gehorcht meinem Willen. Ich weiß, dass ich das nicht zu oft machen sollte, sondern pfleglich mit meinem Körper umgehen muss.

Aber in diesem Fall kann ich die heutige Ausnahme, mein Ziel über meine Gesundheit zu stellen, vor mir rechtfertigen und die Gründe akzeptieren. Zum Glück ist alles gut gegangen. Da ich mich auch in Gemeinschaft meiner Pilgerbrüder weiß, gibt mir das zusätzlich Sicherheit, Kraft und Unterstützung. Wir teilen unsere Gedanken und wissen uns gut aufgehoben.

Meine Selbstwirksamkeitserwartung begleitet von weiteren psychologischen Schutzfaktoren wie Zuversicht und Zielorientierung kommen heute zum Tragen. So ermöglicht mir meine Resilienz das Tagesziel sowie das Gesamtziel zu erreichen.

6. Ankunft am Zielort und dann?

Ein Freudensprung vor der Kathedrale
in Santiago de Compostela

Durch die Gassen der Altstadt kommend erreichen wir in der
Mittagszeit endlich die Kathedrale von Santiago de
Compostela und betrachten dieses Bauwerk mit Ehrfurcht.

Es herrscht aber keine überschwängliche Freude, eher
eine stille, eine in sich gekehrte Freude über das Erreichen
des Ziels bei uns. Wir drei, Harald, Alexander und ich,

fühlen uns erschöpft und ausgelaugt. Ich bin überglücklich, am Ziel zu sein, kann mich aber nicht ausgelassen darüber freuen. Die Anstrengungen der letzten Tage stecken zu sehr in meinen Knochen. Auch die Eindrücke von der Stadt mit den vielen Pilgern und Touristen überfordern mich zunächst.

Die Gedanken fliegen mir durch den Kopf und überschlagen sich: „Angekommen, ... so, jetzt hier ..., Ankunft ..., geschafft, … so viele Leute hier, ... Kathedrale schön ..., Urkunde abholen ..., bin erschöpft ..., fertig ... , Was nun?... , ausruhen, und dann?" usw.

Ich spüre, meine Gedanken müssen sich noch ordnen. Wir setzen uns auf den Boden des Platzes und bewundern die Kathedrale. Ich muss erst einmal innerlich ankommen. Das gelingt mir aber noch nicht. Wir lassen die Blicke über den Platz schweifen und sehen eine Menge eintreffender Pilger. Viele sind sehr aufgekratzt, freudig erregt, unterhalten sich lautstark, lachen und johlen herum. Wir sind still wie die meisten um uns herumsitzenden Pilger auch. Ich frage mich, gibt es zwei Gruppen von Pilgern. Zum einen die lauten, extrovertierten und zum andern die stillen, die in sich gekehrten.

Die Ankunft müssen wir erst einmal sacken lassen. Das Sitzen auf dem Boden und Ausruhen ist erholsam und tut gut. Nach einer Weile kommen wir auf die Idee, ein paar Bilder und Selfies zu machen. Harald fotografiert mich vor der Kathedrale mit meiner Kamera, und als ich mich auf dem Monitor meiner Kamera vor der Kathedrale sehe, schießen mir Tränen der Freude in die Augen. Ich begreife, ich bin angekommen. Ich habe es geschafft und das Ziel erreicht. Dann wage ich einen Freudensprung, um meinen Gefühlen und diesem glücklichen Moment Ausdruck zu verleihen.

Auf dem großen Platz vor der Kathedrale, der Praza da Quintana de Vivos, verweilen wir 30 Minuten und lassen unsere Gedanken schweifen. Ich werde mir bewusst, dass ich eine sechswöchige Wegstrecke zurückgelegt habe und verspüre Stolz. Ich genieße diese Gedanken und Gefühle sowie die Ruhepause.

Dann schlägt Harald vor, die Pilgerurkunde in dem zwei Straßen weiter befindlichen Pilgerbüro der katholischen Kirche abzuholen. Alexander und ich stimmen zu und wollen aufbrechen, doch das Aufsatteln des Rucksacks fällt mir schwer. Eine riesige Last scheint es zu sein. Ich bin einfach sehr kaputt. Langsamen Schrittes mühen wir uns zur Ausgabestelle der Pilgerurkunden. Dort ist eine sehr, sehr lange Schlange von Pilgern, und die Wartezeit beträgt mindestens eine Stunde. Das ist mir zu viel. Das halte ich in meinem momentanen Zustand nicht durch. So verabschiede ich mich von meinen beiden Pilgerbrüdern und gehe zum vorgebuchten Hotel.

Ich will mich erst einmal ausruhen und gesund schlafen. Wir werden uns heute Abend oder morgen bestimmt noch einmal wieder treffen, um die Ankunft zu feiern.

Noch ist gutes Wetter, doch es bewölkt sich mehr und mehr. In meinem Hotel lege ich mich zwei Stunden lang schlafen und mache mich anschließend im schönen Bad frisch. Die anderen Pilger aus meiner Gruppe gönnen sich kein Hotel, sondern kommen in der öffentlichen Herberge „Fin del Camino" unter – 112 Betten in acht Schlafsälen mit etwas wenig Tageslicht und 2,4 km von der Kathedrale entfernt wie es im Pilgerführer steht. Das verstehe ich nicht oder nur bei einigen, weil sie über wenig Geld verfügen. Mir ist jetzt etwas Luxus – auch als Belohnung – wichtiger als in Gemeinschaft zu sein und an jedem Ende Geld zu sparen.

So genieße ich mein Hotelzimmer und rufe erst einmal zu Hause an. Ich berichte meiner Frau von meiner Ankunft und den letzten Tagen. Angesichts meines Infektes ist sie emphatisch und gibt mir ein paar Tipps, und hinsichtlich der Ankunft freut sie sich natürlich mit mir.

Danach erzählt sie mir Neuigkeiten von den Kindern, Haus und Hof. Es gab ein paar Probleme mit dem Auto und der Warmwasserbereitung im Haus, doch alles hat sie wunderbar gelöst. Das scheint eine gute Erfahrung für sie zu sein, sich auch einmal selbst um diese Dinge erfolgreich zu kümmern. Wir sprechen noch über unsere weiteren Pläne und meine Rückkehr. Mein Rückflug geht erst in einer Woche. Ich merke, es tut mir sehr gut mit meiner Frau zu sprechen. Erst durch das Telefonat wird mir bewusst, wie weit entfernt ich von zu Hause bin. So steigen Gefühle von Heimweh in mir auf.

Nach dem Telefonat mache ich mich bereit, in die Altstadt zum Essen zu gehen. Unterhalb des Platzes der Kathedrale finde ich ein schönes Straßenbistrot, das sich hervorragend vor der Steintreppe zum Platz der Kathedrale einfügt. Dort esse ich eine Caldo Callego, eine galicische Kohlsuppe. Sie enthält verschiedene Gemüse, etwas Salz und Fett und schmeckt mir sehr gut. Ich spüre wie mich die Suppe stärkt und mir neue Kräfte verleiht. Das fühlt sich wunderbar an.

Dann sehe ich im benachbarten Straßenrestaurant Andreas aus der Schweiz mit Martin aus Osnabrück sitzen. Ich gehe hinüber, will nicht lange stören und unterhalte mich ein wenig mit ihnen. Andreas und ich verabreden uns auf ein Treffen für morgen, bevor er aus Santiago abreist. Dann gehe ich zum Platz vor der Kathedrale und bewundere erneut die Architektur dieses riesigen Bauwerks. Ich schlendere über den Platz und genieße meine Ankunft und dass ich es geschafft habe, soweit zu Fuß gegangen zu sein. Dann treffe ich zufällig (?) Hartmut, obwohl ich dachte, er sei schon abgereist. Ich frage mich wirklich: Sind das alles Zufälle oder ist das Vorsehung? Ich weiß es nicht.

Der Flieger von Hartmut geht erst morgen früh. Wir beide machen Fotos und tauschen uns aus. Mich interessiert ja, weshalb sich Hartmut unterwegs so viele Kirchen und Kapellen angesehen hat. Außerdem hat er auch sehr viele Pilgermessen besucht. Hartmut erklärt mir, dass er Angestellter der katholischen Kirche und seine Motivation für die Pilgerreise religiöser Art sei – privat wie beruflich.

Bevor wir uns verabschieden und ich ihm eine gute Heimreise wünsche, hat Hartmut noch eine gute Idee, die er dem Pilgerführer entnommen hat und wir gleich umsetzten. Ein schönes Erlebnis ist es, sich auf dem Platz auf den Rücken zu legen mit Kopf Richtung der Kathedrale und sich diese dann auf dem Kopf stehend in Ruhe anzusehen. Gesagt, getan. Ich entdecke ganz neue Details an der Kathedrale. Diese Perspektive einzunehmen, ist ein tolle Erfahrung. „Danke Hartmut und gute Reise!"

Dann laufe ich weiter. Plötzlich erscheint eine Nachricht auf meinem Handy von Elena und den anderen deutschen Pilgern. Sie befinden sich ein paar Hundert Meter von mir entfernt in einem Straßenrestaurant in der Fußgängerzone. Ich gehe hin und sehe, dass viele, die ich unterwegs kennen gelernt habe, da sind: Elena, Harald, Alexander, Pamplöna, Stefan, Niko, Roman und Simone. Ich finde noch einen Stuhl, setze mich zu ihnen und bestelle ein Getränk. Jeder erzählt von seinen Erlebnissen, Höhen und Tiefen auf dem Jakobsweg und wie es die nächsten Tage weitergeht. Es herrscht eine ausgelassene Stimmung und wir feiern mit reichlich Bier und Wein.

Wie sich herausstellt wollen die meisten mit dem Bus nach Finisterre an den Atlantik fahren. Was? Mit dem Bus? Unterwegs auf dem Camino hatten wir immer gesagt, dass wir nach der Ankunft in Santiago weiter wandern und die Strecke von 87 km zu Fuß nach Finisterre gehen werden. Und jetzt das. Zur Verteidigung meiner Pilgerbrüder und -schwestern muss ich sagen, wir waren unterwegs von anderen Voraussetzungen ausgegangen.

Bei Harald mit seinen Knieschmerzen kann ich gut verstehen, dass er sich die letzte Strecke nicht mehr zumuten möchte. Aber alle anderen bis auf Niko und mich werden auch den Bus nehmen. Sie sagen, sie seien einfach zu erschöpft und waren davon ausgegangen, dass sie sich bis Santiago durch das Wandern immer mehr Kondition antrainieren würden. Doch das Gegenteil sei der Fall. Die meisten von uns sind mit den letzten Kräften hier angekommen. Na gut. So soll es eben sein. Dann werden eben nur Niko und ich aus „unserer Gruppe" an das *Ende der Welt,* wie die Römer es nannten, wandern.

Langsam merke ich, dass es mir zu laut wird mit so vielen Leuten auf einem Haufen. Außerdem kenne ich schon einen Großteil ihrer Geschichten vom Jakobsweg. Ich habe das Gefühl, wir sind zusammen den Camino Francés gegangen und haben das Ziel gemeinsam erreicht, aber ab jetzt wird jeder wieder seine eigenen Wege gehen. Zu unterschiedlich sind unsere Ziele, Interessen und wir als Personen.

Das ist eine interessante Erkenntnis am Zielort für mich. Als das Essen der anderen kommt, ich habe ja bereits gegessen, verabschiede ich mich für heute Abend und schaue auf die Uhr. Es ist kurz vor halb Neun, und das

Pilgerbüro hat noch bis 21 Uhr geöffnet. Also, nichts wie hin und meine Urkunde abholen. Als ich dort ankomme, bin ich der einzige Pilger in dem großen Büro mit einem sehr langen Tresen. Die freundliche Angestellte der Kirche fragt nach meinen Unterlagen, d.h. den Personalausweis und den Pilgerpass mit den gesammelten Stempeln der gesamten Strecke von Saint-Jean-Pied-de-Port bis Santiago.

Inzwischen habe ich einen zweiten Pilgerpass, weil der erste bereits vor einer Woche vollgestempelt wurde. Sie schaut sich die Stempel und Daten genau an, tippt dann meinen Namen in den Computer und erhält für meinen Vornamen die lateinische Übersetzung. In meine Pilgerurkunde, die Compostela, trägt sie handschriftlich den Namen „Hadumarum" ein. Interessant, meinen lateinischen Namen habe ich bisher nicht gekannt. Dann lasse ich mir für drei Euro auch noch eine Distanzurkunde geben und entnehme dieser, dass die katholische Kirche nicht 800 km für die gelaufene Distanz berechnet, wie es im Pilgerführer steht, sondern nur 779 km.

Ich erkläre mir den Unterschied so, dass die ursprüngliche, traditionelle Route 779 km beträgt und die heutige Strecke auf teils neuen (Um-) Wegen eben eine längere Distanz darstellt. Dann entschwebe ich beschwingt dem Pilgerbüro, bin stolz wie Oskar und glücklich. Jetzt ist alles bescheinigt und besiegelt. Ich habe es geschafft und das Ziel erreicht. Das ist offiziell. Wäre ich Katholik, wären mir sogar noch meine Sünden erlassen worden. Am nächsten Tag werde ich erfahren, dass heute 1410 Pilger mit mir zusammen hier in Santiago angekommen sind. Wow – eine beachtliche Zahl. Ich merke ja auch, wie voll es hier ist.

Jetzt geht's noch zum Späteinkauf in einen Nachtsupermarkt bevor ich zu meinem Hotel zurückkehre. Ich kaufe zwei

Flaschen Wasser, Bananen, Kekse und ein paar Süßigkeiten. Nach dem Einkauf freue ich mich auf das Hotel, eine ruhige Nacht und einen erholsamen Schlaf.

Highlights des Tages

- Geschafft! – Ziel erreicht! – Ankunft in Santiago de Compostela! – Große Freude! – Ich bin glücklich!
- Meine Freudentränen nach der Ankunft und beim Betrachten des Bildes, ich bin tief berührt.
- Die Compostela, meine Pilgerurkunde, erhalten.

Erkenntnisse des Tages:

„Eine gute Suppe stärkt Körper, Geist und Seele."

„Nach der Ankunft gibt es nur noch wenig gemeinsame Ziele mit meinen Pilgerbrüdern."

Hinweise zur Resilienz

Was ist heute passiert? Wenn ich das aus Sicht meiner Resilienz betrachte, war die Ankunft in Santiago eine sehr positive und schöne Emotion, auch wenn es eine still empfundene war. Das Gefühl, etwas geschafft zu haben bzw. ein Ziel erreicht zu haben, vermittelt Freude, Zufriedenheit, Stolz und in diesem Fall ein Glücksempfinden.

Etwas erreicht zu haben, ist eine wichtige Erfahrung und ein wesentlicher Bestandteil in meinem Leben, weil ich immer nach Zielen strebe. Meine Identität speist sich aus der wiederkehrenden Erfahrung, etwas zu schaffen und Ziele zu erreichen. Ist ein Ziel erreicht, folgt das nächste. Die Erfahrung „ich habe es geschafft", ist aber vielschichtig.

Zunächst bedeutet sie Erleichterung, Freude und Zufriedenheit und als zweites aber auch Auftrag und Verpflichtung für mich, etwas Neues, d.h. ein neues Ziel anzuvisieren. Ob ich je davon lassen kann? Ich weiß es nicht. Es würde mir auf jeden Fall etwas Druck nehmen und mich entlasten. Deshalb werde ich versuchen, mir weniger Ziele zu setzen und im Sinne der Achtsamkeit viel bewusster im Hier und Jetzt zu leben.

Dass ich heute fast alle Pilgerbrüder und Bekanntschaften aus der deutschen Gruppe wieder getroffen habe, wirkt ebenfalls emotional sehr positiv auf meine Stimmung. Ich freue mich einfach über mein gutes soziales Netzwerk, das meine Resilienz stärkt.

Meine Kontakte sind aber auch ambivalent. Dass es sie gibt, tut mir sehr gut, aber zu viel davon bekommt mir nicht. Immer wieder suche ich mir Rückzugsräume. Im Sinne der Eigenverantwortung und Selbstfürsorge finde ich die geeigneten Rückzugsmöglichkeiten und achte somit auf meine Bedürfnisse. Wunderbar, so kann es weitergehen.

Pausentag in Santiago de Compostela, 3. Juni

Es war eine ruhige Nacht. Zum Glück. Ich konnte durchschlafen und fühle mich schon viel besser. Im Hotel gibt es ein leckeres Frühstücksbuffet. Dort treffe ich auch ein älteres Paar, das ich das erste Mal vor Wochen kurz vor Logroño bewusst gesehen habe. Wir hatten uns hin und wieder mal gegrüßt, aber bisher kein Gespräch geführt.

Wie sich herausstellt, sind sie beide Ende 60, kommen aus Australien und gehen den Jakobsweg jetzt schon zum vierten Mal. Der Camino zieht sie magisch in den Bann. Es ist die Natur und das Gehen. Sie sind immer wieder begeistert und scheuen die Strapazen nicht. Und sie sagen, sie schaffen es gut, wenn sie darauf achten, dass sie ausreichend Schlaf bekommen und sich unterwegs gut ernähren. Ja, das habe ich auch festgestellt, dass Schlaf und Ernährung zwei wichtige Grundvoraussetzungen für die Bewältigung des Camino sind.

Nach dem Frühstück plane ich, meine seit Wochen getragene Kleidung in einem Waschsalon zu reinigen. Sie muss dringend einmal ordentlich durchgewaschen werden, denn die Handwäsche in den letzten Tagen war nie so gründlich wie eine Maschinenwäsche. Nachdem ich ein Waschcenter in der Nähe gefunden habe, ist es spannend, ob ich mich damit auch zu recht finde. Es klappt auf Anhieb, und nach zwei Stunden kann ich die Wäsche wieder zurück ins Hotel bringen.

Um 12 Uhr findet die Pilgermesse in der Franziskus-Kirche statt, und ich möchte daran teilnehmen. Das ist auch noch ein wichtiges Ritual des Ankommens. Leider findet die Messe nicht in der Kathedrale von Santiago statt, weil sie renoviert wird. Doch den Innenraum der Kathedrale dürfen Besucher betreten und sogar zum Namensgeber der Stadt bzw. Figur des Heiligen Jakob (Sant Yago) über dem Altar, hinaufsteigen.

Das Wetter ist umgeschlagen. Heute regnet es. Als ich mich zur Pilgermesse auf den Weg mache, benötige ich seit langer Zeit zum ersten Mal wieder meine Regenjacke. Ich gehe über den großen Platz, passiere die Kathedrale und treffe ganz unerwartet auf Claire, die Australierin. Ist das Zufall oder Fügung? Wir sind in Eile und haben Termine. Die Messe fängt gleich an, und sie muss zurück ins Hotel. Ihr Rückflug geht in drei Stunden. Durch diese Termine wird mir bewusst, der Jakobsweg ist definitiv vorbei. Auf dem Camino haben Pilger keine Termine. Das war herrlich! Claire und ich wünschen uns für die Zukunft alles Gute und gehen unserer Wege.

Die Kirche ist proppenvoll. Viele Pilger aus aller Welt nehmen an dieser Messe teil und wollen sich segnen lassen. In den Seitengängen stehen Priester mit Gläubigen in den Beichtstühlen und verrichten ihren Dienst während der Messe. Das ist mir neu und wirkt befremdlich auf mich, auch dass die Beichtstühle teils geöffnet sind und die Kirchenbesucher hinein sehen können. Es kommt mir vor wie eine Express-Beichte, denn es stehen noch einige Pilger in der Warteschlange. Das wirkt sonderbar.

Während der Messe verstehe ich trotz Lautsprecherübertragung nichts von der vorgetragenen Zeremonie. Es ist auch einfach zu voll hier und von einer gewissen Unruhe geprägt. Das einzig schöne an der Messe ist der Gesang einer jungen Nonne. Sie singt sehr hell und klar mehrere Hallelujas, einstimmige Choräle, Psalmen oder ähnliches. Auf jeden Fall wunderschön, so dass mir ein Schauer über den Rücken läuft. Doch ansonsten ist die Messe nichts für mich.

So gehe ich wieder hinaus und besuche die in Renovierung befindliche Kathedrale, die für mich nicht nur ein touristisches Highlight darstellt, sondern auch etwas Spirituelles ausstrahlt. Im Innenraum der Kathedrale stehen viele Baugerüste herum, Abdeckplanen hängen von den Wänden und Handwerker sind mit Renovierungsarbeiten beschäftigt. Die Atmosphäre ist unwirtlich und surrealistisch, weil teilweise Figuren abgedeckt sind oder durch die Baugerüste hindurchschimmern. Trotz Baustelle ist es möglich, die Statue des Heiligen Jakob über dem Altar zu erklimmen. So gehe ich über eine Treppe hinauf und fasse ihn, wie es im Pilgerführer beschrieben ist, von hinten um die Schultern. So soll ein Gefühl der Verbindung entstehen. Ich empfinde es zum einen als einen schönen, bewegenden Moment, dass ich bei ihm angekommen bin und der Weg zu ihm, der Jakobsweg, nun zu Ende ist. Zum anderen ist es eine neue Erfahrung, eine neue Sichtweise auf den Heiligen Jakob, ähnlich wie gestern Abend als ich auf dem Rücken liegend die Fassade der Kathedrale betrachtet habe. Ich stehe der Figur des heiligen Jakob gegenüber, schaue ihm auf den Rücken, und seine Gebeine liegen angeblich unten in der Krypta.

Aufgrund dieser Erfahrung fällt es mir als nicht gläubiger Pilger in diesem Moment schwer, mich dieser Heiligen-verehrung zu entziehen. Wegen ihm sind gestern über 1400 Pilger in Santiago angekommen. Dass ich dazu gehöre und jetzt bei ihm stehe, berührt mich. Es ist ein spiritueller Moment, weil ich gerade spüre, dass ich in einer Verbindung mit ihm und den anderen Pilgern stehe. Ich genieße diesen

Moment des Berührtseins und steige dann die Treppe langsam und bedächtig hinab.

Nach dem Besuch der Kathedrale gehe ich zum Essen in ein Bistrot. Es gibt Spaghetti Bolognese, nichts Besonderes, aber es ist und tut gut. Ich brauche noch ein paar Dinge aus der Apotheke, Ohropax, Schmerztabletten und Pflaster für eine kleine Blase am linken Fuß, und kehre anschließend in mein Hotel zurück, zum ausgiebigen Mittagsschlaf. Nachmittags gehe ich im nahe gelegenen Park spazieren, um die Eindrücke von gestern und heute sowie meine Gedanken nachwirken zu lassen. Zum Glück regnet es nicht mehr.

Abends treffe ich mich mit Andreas zum Essen. Unsere Gespräche drehen sich um die Erlebnisse auf dem Camino und unser vorläufiges Fazit. Insbesondere das Gehen, das viele Gehen und die körperlichen Anstrengungen werden uns bewusst. Wir sind erstaunt über die vielen Bekanntschaften, die wir unterwegs gemacht haben, Pilger aus aller Welt. Andreas erzählt etwas über die Australierin Laura. Er hat sie in mehreren Herbergen getroffen und mehrmals mit ihr gesprochen. Er ist beeindruckt von ihrer Reisefreudigkeit, weil sie in Indonesien, Thailand und Vietnam längere Zeit gelebt hat. Ich glaube, Andreas würde das auch gerne machen, wenn er aus seinem Architekturbüro aussteigen könnte. Derzeit sucht er nach Ideen, welche beruflichen Alternativen sich ihm bieten. Er kann sich auch vorstellen, in ein paar Jahren ganz auszusteigen.

Wir überlegen, welche Erwartungen wir hatten und welche erfüllt wurden. Doch das ist nicht so einfach und verläuft nicht erkenntnisreich, weil unsere Erfahrungen noch so frisch sind und erst einmal verarbeitet werden müssen.

Morgen ist der Abreisetag von Andreas, und ich überlege, ob ich morgen einen weiteren Pausentag einlegen werde, um die Stadt noch näher kennenzulernen oder morgen weiter wandern werde, Richtung Atlantik, ans Ende der alten Welt.

Nachdem Andreas und ich uns verabschiedet haben, spaziere ich nachts noch durch die schöne Altstadt von Santiago, entdecke neue Viertel, Straßen, Gassen, Plätze und die wunderschöne Markthalle, die leider geschlossen ist. Es sind aber noch sehr viele Leute unterwegs, auf den Plätzen, in den Restaurants und Bistrots, und ich bin wieder einmal vom Nachtleben in Spanien begeistert.

Highlights des Tages:

- Das ältere Pärchen aus Australien im Hotel wiedergesehen und mit ihnen sehr angeregt unterhalten
- Andreas getroffen und ein vertrautes Gespräch geführt
- Zum Jakobus in der Kathedrale emporgestiegen und einen Moment erlebt, der mich berührte

Erkenntnisse des Tages:

„Ich mag Städte und Infrastruktur, d.h. Orte, wo man alles kriegt."

„Es ist schön, in einer fremden Stadt bekannte Gesichter zu sehen."

Hinweise zur Resilienz

Dies war ein Tag, um sich zu sammeln, zu erholen und anzukommen. Sehr verschiedene Gefühle und Gedanken durchströmen mich. Glück, Freude, Müdigkeit, Neugier, Langeweile und Erwartungen begleiten mich durch den Tag. Das Ziel ist erreicht. Wie sieht es mit meiner Resilienz aus? Ich stelle fest, ich bin durch und durch ein soziales Wesen, könnte nicht allein leben und bin auf den Austausch mit anderen Menschen angewiesen. Deshalb sind ein gut funktionierendes, soziales Netzwerk und die soziale Unterstützung besonders wichtig für meine innere Stärke. Ich freue mich, dass ich in der Lage bin, in diesem Sinne für mich zu sorgen.

Die verschiedenen Rituale des Ankommens am heutigen Tag stärken mein Selbstwertgefühl, mein Selbstbewusstsein und die Gewissheit, eine großartige Leistung vollbracht zu haben. Ich freue mich auch über meine Individual-kompetenzen Flexibilität und Anpassungsfähigkeit. Sie sind Ausdruck meiner Persönlichkeit, stärken meine Resilienz und erleichtern mir den Alltag. Dadurch muss ich mir weniger Gedanken machen, z.B. über die Auswahl des Essens und anderer profaner Entscheidungen im Leben. So schone ich meine Nerven und meinen Energiehaushalt.

Meine Eigenverantwortung hinsichtlich der Wahrneh-mung und Beachtung meiner Bedürfnisse ist am heutigen Tag ebenfalls förderlich für meine innere Stärke. Ich nehme mir die notwendige Zeit zur Erholung, schlafe ausreichend, stärke mich durch gutes Essen und lasse mich nach Gusto durch die Stadt treiben. Das trägt zu meiner inneren Zufriedenheit und guten Stimmung bei.

7. Die Reise geht weiter – die Stärkung der Resilienz auch

Bis zum Atlantik sind es noch etwa 90 km. Es gibt zwei Orte, die sich an der galicischen Küste als Endpunkte des Jakobsweges betrachten. Zum einen das bekanntere Finisterre, dort wo ein Leuchtturm auf der Steilküste steht und die Klippen tief ins Meer fallen. Und zum anderen Muxía, dem Ort, in dem der Legende nach einst ein Schiff aus Stein gestrandet sein soll. Das ist für mich jetzt nicht von Bedeutung, denn mir geht es darum, noch einige Kilometer gut zu machen. Und so fasse ich den Plan, erst einmal loszulaufen und dann zu sehen, ob ich einen Ort oder beide zu Fuß erreichen kann. Auch für diese letzten Etappen der Pilgerreise werden sich neue Herausforderungen ergeben, die die psychologischen Schutzfaktoren bzw. die psychische Widerstandskraft beanspruchen bzw. fördern können.

Etappe 30: Santiago de Compostela – Negreira, 22,1 km, 4. Juni

Ich wache erst spät auf und genieße es, noch lange Zeit im Bett liegen zu bleiben. Das ist wie Urlaub und nicht wie eine Pilgerreise mit frühem Aufstehen. Herrlich erholsam. Am liebsten würde ich noch einen weiteren Tag in Santiago bleiben, aber in meinem Hotel kann ich nicht verlängern, und viele andere sind ebenfalls ausgebucht. Eigentlich wollte ich mir in dieser interessanten und schönen Stadt noch einiges ansehen, die Stadt so richtig erkunden und näher kennenlernen.

Aber ich finde keine geeignete Übernachtungsmöglichkeit, d.h. kein angemessenes Angebot für eine weitere Nacht, denn die noch freien Luxushotels einerseits und Massenunterkünfte andererseits kommen für mich nicht in Frage. Also entscheide ich kurzfristig, meine Pilgerreise fortzusetzen und weiterzulaufen.

Nach dem Frühstück im Restaurant des Hotels nehme ich meinen Rucksack und gehe noch einmal zur Kathedrale, um Ausschau nach bekannten Gesichtern zu halten, bevor ich zur Weiterwanderung aufbreche. Auf dem Platz vor der Kathedrale sind bereits wieder viele Menschen versammelt. Das Wetter ist leicht bewölkt, trocken, angenehm warm und etwas windig. Aber auf dem Platz sehe ich keinen einzigen Menschen, den ich kenne. Ich bin enttäuscht, also breche ich auf und orientiere mich mit dem Pilgerführer hinaus aus der Stadt. Schnell finde ich die Markierungen mit den gelben Pfeilen Richtung Finisterre und Muxía.

Auf dem Hügel gegenüber der Stadt drehe ich mich noch einmal um und mache ein paar Panoramafotos von Santiago und der Kathedrale. Dann wird der Weg wieder richtig schön grün und verläuft durch Wälder, entlang von Wiesen und Ackerflächen. Aber die Bewölkung nimmt jetzt stetig zu, und dann setzt der erste Regenschauer ein. So´n Mist, denn jetzt muss ich wieder meine Regenjacke und das Regencover aus dem Rucksack herauskramen. Ohne große Verzögerung gelingt mir das, und ich komme schnell weiter.

Im Dorf Ponte Maceira wird die gleichnamige Brücke überquert. Unterwegs nach Negreira stelle ich wieder fest, wie unglaublich schön grün und wasserreich Galicien ist

Der Weg passiert kleine Dörfer. Es geht auf schmalen Straßen an Feldern vorbei und durch Eukalyptuswälder. Ich sehe keine Pilger vor oder hinter mir und habe das Gefühl, dass ich allein laufe. Dann begegne ich doch zwei Pilgerinnen. Sie kommen mir vom Meer entgegen und gehen Richtung Santiago. Das könnte ich auch noch machen, denke ich, denn bis zur Rückreise nach Deutschland steht mir ja noch genügend Zeit zur Verfügung.

Erst als der Regen aufhört, kann ich die Wanderung wieder richtig genießen. Das Laufen und die Bewegung machen mir Freude. Mittags erhalte ich eine Nachricht von Elena. Sie war mit dem Bus in Finisterre und ist wieder zurück in Santiago. Und sie schlägt mir vor, dass wir zusammen essen gehen können.

Das ärgert mich jetzt, dass wir uns vorher nicht abgestimmt haben und ihre Nachricht so kurzfristig kommt. Elena hat kein gutes Timing. Ich fühle mich schlecht, bin etwas traurig, dass ich jetzt allein laufe und auch etwas sauer auf sie. Zusätzlich kommt noch etwas Weltschmerz hinzu, insgesamt negative Gefühle, die in mir aufsteigen. Aber ich gehe einfach weiter und überlege, wie ich auf die Nachricht von Elena antworten soll. Schließlich kriegt sie von mir den Vorwurf des schlechten Timings zu hören und dass ich es bedauere, dass wir uns nicht mehr persönlich verabschieden können, nachdem wir so viele Etappen gemeinsam gewandert sind. Wir schreiben noch ein paar Mal hin und her, und dann setze ich meine Wanderung durch die grüne, regenreiche Landschaft fort.

Bevor ich die 7.000-Einwohner-Stadt Negreira erreiche, gibt es noch mehrmals Regenschauer. Das heißt dann für mich, jedes Mal die Regenjacke an- und wieder auszuziehen, weil nach jedem Schauer die Sonne wieder herauskommt und es zu warm mit der Jacke wird. Das nervt mich.

So wie das Wetter mit Regen und Sonne wechselt, fühle ich mich auch. Mein Gefühlshaushalt schwankt heute hin und her. Außerdem macht es keinen Spaß im Regen zu laufen. Als ich am Nachmittag Negreira erreiche, beziehe ich ein Zimmer in einem für diesen kleinen Ort relativ großen Hotel am Ortseingang. Dort kommen auch ein paar andere Pilger unter. Doch insgesamt laufen nicht mehr so viele diesen letzten Abschnitt, ist mein Eindruck. Die meisten fahren mit dem Bus nach Finisterre oder starten gleich von Santiago aus ihre Heimreise.

In meinem Hotelzimmer schaue ich auf die Wetter-App und sehe, dass es keinen Sinn macht, morgen zu Fuß weiter zu gehen. Zu viel Regen ist angesagt. Ich stelle meinen

Reiseplan um und werde morgen mit dem Bus nach Muxía fahren, dort zwei Tage bleiben und das schlechte Wetter abwarten. Anschließend könnte ich mit dem Bus zur Stadt Cée fahren und von dort bis nach Finisterre wandern. Somit habe ich einen Plan und kann den Abend ruhig angehen lassen.

Das Abendessen nehme ich im großen Restaurant des Hotels ein, in dem sich nur wenige Gäste befinden. Dieser große Saal würde sich für Busgesellschaften oder für große Familienfeiern eignen. Doch jetzt sitzen hier acht Gäste verstreut, so dass ich mich ein wenig verloren fühle. Nach dem Essen ziehe ich mich schnell wieder auf mein Zimmer zurück. Als ich spät abends meine Zähne putze, löst sich eine Zahnkrone und beschert mir erneut eine Umplanung. Morgen werde ich in Negreira erst einmal einen Zahnarzt aufsuchen und danach den Nachmittagsbus nach Muxía nehmen. Ich merke wieder einmal, wie plötzlich etwas Unerwartetes passiert, eine Veränderung eintritt und meine Anpassungsfähigkeit auf die Probe gestellt wird. Das kostet mich je nach Situation eine Menge Nerven und Energie.

Highlights des Tages:

- Meine Spontaneität und Entschlossenheit, einfach loszuwandern
- Laufen und wieder in Bewegung zu sein
- Die Natur zu genießen

Erkenntnisse des Tages:

„Einfach loslaufen tut gut und jemanden die Meinung sagen auch."

Hinweise zur Resilienz

Hinsichtlich meiner Resilienz spüre ich, dass das abrupte Ende meiner sozialen Kontakte mir zu schaffen macht. Andererseits habe ich aber auch keine Lust mehr, neue Kontakte aufzubauen. Die Luft ist raus. Ich überlege wie es weitergehen soll. Noch eine Woche allein in Galicien werde ich nicht aushalten. So beschieße ich, mir noch die beiden Küstenorte Muxía und das Kap Finisterre anzusehen und dann den Flug umzubuchen, um ein paar Tage früher nach Hause zu fliegen. Ich freue mich wieder auf meine Familie.

Am heutigen Tag gehe ich durch ein Wechselbad der Gefühle, halte es aufgrund meiner inneren Stärke aber aus und schaffe es, meinen Weg fortzusetzen. Doch ich frage mich: Muss ich angesichts meiner schlechten Gefühlslage von einem Rückschritt meiner psychischen Widerstandkraft ausgehen? Antwort: Die Resilienz ist dynamisch und veränderbar. Das heißt, sie entwickelt sich nicht nur in eine Richtung, kann also nicht nur zunehmen, sondern auch abnehmen, also gestärkt oder gemindert werden. Ich weiß, wenn zu viel Negatives in Häufigkeit oder Intensität auftritt, ist die Resilienz sehr gefordert und wird u.U. sogar geschwächt. Dann wäre es am besten, so schnell wie möglich in die Akzeptanz zu gehen. Das Motto heißt dann, „es ist wie es ist": „Das Leben ist so. So ist das Leben." Diese Haltung hat mir schon des Öfteren geholfen. In diesem Sinne begegne ich auch der neuen Situation, akzeptiere sie und nehme spontan eine erneute Umplanung aufgrund der herausgefallenen Zahnkrone vor. Mit Akzeptanz lebt es sich halt einfach leichter, und hier schaffe ich es gut, die überraschende, negative Veränderung problemlos anzunehmen.

In Bezug auf meine Resilienz versuche ich auch meine Bewertungen zu überprüfen, die zu den negativen Gefühlen am heutigen Tag geführt haben. Eigentlich gehe ich mit den negativen Gefühlen und Erlebnissen relativ gut um, merke aber, dass mich vieles anfasst, wenn ich nicht richtig aufpasse. Deshalb ist es für mich wichtig, mir immer wieder darüber bewusst zu werden, dass die vermeintlich negativen Erlebnisse und Gefühle durch meine eigenen Gedanken, Sichtweisen und Bewertungen hervorgerufen werden.

Das sollte mein Ansatzpunkt sein, denn ich habe die Freiheit und die Möglichkeit diese Situationen auch anders zu sehen. Think positive! Zum Glück habe ich es inzwischen gelernt, mich rechtzeitig wieder aus den negativen Gedanken und Gefühlen zu befreien, mich zu erden und auf meine Bedürfnisse zu achten. Gerade die Achtsamkeit, Selbstfürsorge und Rücksicht auf meine eigenen Bedürfnisse fördern die positiven Emotionen und meine innere Stärke.

Aufenthalt in Negreira und Busfahrt nach Muxía,
5. Juni

Beim Frühstücksbuffet im Hotel treffe ich auf andere Pilger, u.a. eine Australierin mittleren Alters und einen jüngeren Engländer. Beide habe ich vorher schon zwei-, dreimal zusammen gesehen und bemerkt, dass sie ein ungleiches Paar abgeben. Es sah immer so aus, als ob er ihr jüngerer Bruder sei. Doch irgendwie haben die beiden sich wohl aus anderen Gründen gefunden.

Wir unterhalten uns kurz am Buffet, und ich erfahre, dass sie heute Richtung Finisterre mit dem Bus fahren werden, denn inzwischen hat starker Regen eingesetzt. Bei diesem Wetter zu laufen, wäre m.E. auch unvernünftig.

Ich habe über das Internet einen Zahnarzt in Negreira gefunden und mache mich auf den Weg. Dort angekommen stelle ich fest, dass die Praxis sehr modern eingerichtet ist. Nach einer kurzen Wartezeit setzt der Zahnarzt mir die Zahnkrone sehr professionell und problemlos wieder ein. Ich bin erleichtert und stehe jetzt vor der Aufgabe, den langen Regentag in dieser eher trostlosen Kleinstadt zu verbringen.

Den Bus nach Muxía um 9.30 Uhr habe ich verpasst, der nächste fährt erst um 17.45 Uhr. So latsche ich erst einmal zurück ins Hotel zu meinem Gepäck und begebe mich in das Café des Hotels. Ich warte noch eine Stunde mit dem Essen, um die Zahnkrone zu schonen, und bestelle dann eine Tortilla und ein Bier. Dann gibt es noch ein leckeres Stück Torte und ein paar andere Köstlichkeiten. Auf diese Weise schlemme ich mich durch die Mittagsstunden, versuche die spanische Zeitung zu lesen, um meine Sprachkenntnisse zu verbessern und surfe ein wenig im Internet. Die Zeit zieht sich wie Kaugummi in die Länge. Das Warten macht mich mürbe. Gelangweilt gehe ich noch einmal hinaus, obwohl es regnet und schaue mir die Schaufenster der Geschäfte an. Es ist noch Siesta, und kaum ein Geschäft hat geöffnet. Dann irgendwann habe ich es geschafft und kann mit meinem Rucksack zur Bushaltestelle gehen.

Die Busfahrt nach Muxía verläuft interessant. Ich sehe wieder diese massive grüne Landschaft, vorbei an Feldern, alten Bauernhäusern, Eukalyptuswäldern, durch kleine Täler, enge Kurven und über hohe Hügel. Während der ganzen Fahrt ziehen viele dunkle Regenwolken über uns hinweg. Die Leute im Bus scheinen sehr gelassen zu sein. Es ist Abend, und viele sehen sehr müde aus, darunter viele Schüler, Arbeiter und Angestellte und ein paar Touristen. Als wir in Muxía ankommen, fahren wir entlang der Kaimauer und der Bucht bis zu einem kleinen Buswende-platz am Hafen. Nach dem Aussteigen verliert sich die Menge der Fahrgäste schnell in alle Richtungen. Einige werden mit dem Auto abgeholt, denn es regnet immer noch. Ich eile mit meinen Sachen zum reservierten Hotel, das sehr modern eingerichtet ist und ruhe mich erst einmal im bequemen Bett aus.

Nach einer Stunde hört der Regen endlich auf, aber der Wind weht sehr stark und in Böen sturmartig. Ich gehe noch einmal hinaus, durch den Ort hindurch und finde die berühmte Kirche von Muxia am Meer, das sog. Heiligtum der Jungfrau Maria von Barca sowie die Felsen, die angeblich ein Steinschiff darstellen sollen und mache vom Hügel oberhalb der Kirche ein paar schöne Fotos von Muxía, der Kirche und der Küste. Der Sturm bewegt das Meer sehr stark auf die Küste zu, und die hohen Wellen sehe ich in weiter Ferne auf die Felsen und die Strände schlagen. Der Hafen von Muxía liegt geschützt hinter einer kleinen

Landzunge. Ein schöner Ort, wenn das Wetter besser wäre. Nach dieser Erkundung finde ich eine Taverne, in der ich ein gutes Abendessen bekomme.

Highlights des Tages:

- Der Zahnarzt hat gute Arbeit verrichtet.

- Das Hotelzimmer in Muxía ist neu und modern eingerichtet und hat ein schönes Bad.

- Der weite Ausblick auf´s Meer in Muxía vom Hügel gegenüber der Kirche.

Erkenntnis des Tages:

„Unnützes Warten macht schlechte Laune."

Regen- und Pausentag in Muxía, 6. Juni

Am heutigen Tag ist wieder nur schlechtes, regenreiches und windiges Wetter. Von 8.00 – 14.00 Uhr regnet es durchgehend. Ich suche trotzdem einen Supermarkt auf, um mich für mittags zu versorgen und Proviant für den morgigen Tag einzukaufen. Ich nehme ein Wohlfühlbad in der großen Badewanne des Hotelzimmers, blättere im Pilgerführer, plane die nächsten Tage und nehme eine Umbuchung für meinen Rückflug nach Deutschland vor, so dass ich vier Tage früher zu Hause bei meiner Familie sein werde. Außerdem storniere ich ein paar Unterkünfte, die ich bereits bei booking.com im Voraus gebucht hatte.

Am Nachmittag spaziere ich erneut durch den Ort und gehe abends wieder in ein Restaurant. Überall in dem Ort sehe ich vereinzelt Touristen und Pilger, die angesichts des schlechten Wetters wie Falschgeld durch die Gegend laufen. Sie wirken an diesem trüben Tag, mich eingeschlossen, wie Fremdkörper bei diesem Schietwetter. Alle bewegen sich zügig von A nach B. Eine erneute Kontaktaufnahme kommt mir nicht in den Sinn. Die Luft ist raus, und meine Gedanken beschäftigen sich mit der Rückreise.

Highlights des Tages;

- Ein schönes Bad in der großen Badewanne des Hotelzimmers genommen

- Umbuchung: Rückflug jetzt vier Tage früher als ursprünglich geplant

- Kostenlose Stornierung von Unterkünften bei booking.com

Erkenntnis des Tages:

„Das Alleinsein zerfrisst mich."

Hinweise zur Resilienz

Wie steht es um meine Resilienz angesichts der Erfahrungen, die ich in den letzten zwei Tagen gesammelt habe? Es ist wohltuend, Hilfe und eine Lösung hinsichtlich meiner Zahnprobleme zu bekommen. Das Warten und die damit verbundene Ungeduld sowie die Langeweile greifen meine innere Stärke an, ebenso das scheußliche Regenwetter.

Ich nehme wahr, dass ich sehr wetterfühlig bzw. -abhängig bin und sich meine innere Verfassung stark danach ausrichtet. Sicherlich wäre es gut, wenn sich meine Stimmung ein Stück weit unabhängiger vom Wetter gestalten würde. Trotz des Regenwetters ist bei mir noch alles im grünen Bereich. Aber ich empfinde den Aufenthalt bis zu meinem Rückflug im Moment nur noch als Zwangspause. Angesichts des hin und wieder beklemmenden Gefühls des Alleinseins verfalle ich zum Glück nicht in eine depressive Stimmung, sondern kann immer noch schöne Dinge sehen und positive Emotionen erleben. Und ich schaffe es in dieser Situation optimistisch und handlungsfähig zu bleiben, um bestmöglich und bedürfnisorientiert für mich zu sorgen. Auf diese Weise wirken die Schutzfaktoren der Resilienz positiv auf meine Seele und Gesamtkonstitution.

Etappe 31: Cée – Kap Finisterre, 14,9 km, 7. Juni

Geschafft! Das Ziel Kap Finisterre glücklich erreicht. Und gute Laune, denn die Sonne scheint wieder.

Als ich morgens die Vorhänge des Hotelzimmers zurückziehe und in den blauen Himmel schaue, lacht mein Herz. Endlich scheint die Sonne wieder. Dieses Wetter motiviert mich ungemein. Nach dem Frühstück gehe ich zur Bushaltestelle. Unterwegs treffe ich überraschend den Solopilger Leander. Er ist die Strecke von Santiago bis Finisterre und von dort nach Muxía zu Fuß gewandert, die letzten zwei Tage sogar im Dauerregen. Alles wurde nass, sogar das Innenleben seiner Schuhe und seines Rucksacks. Respekt!

Leander ist wirklich sportlich, hat Ehrgeiz und ein besonderes Durchhaltevermögen. Ich bewundere seine Leistung, weiß aber genau, dass das nichts für mich wäre. Ich kann meinen Ehrgeiz beherrschen. Leander will sich ein paar Tage hier in Muxía erholen, die Sachen trocknen und dann mit dem Bus zurück nach Santiago fahren. So verabschieden wir uns endgültig, und ich fahre mit dem Bus zur Hafenstadt Cée. Diese liegt 14,9 km vom Kap Finisterre entfernt.

Das scheint eine sehr schöne Halbtagesetappe für meinen persönlichen Abschluss des Jakobsweges zu sein, und ich freue mich darauf. Von der Busstation in Cée in der Nähe des Hafens geht die letzte Pilgeretappe los. Es macht mir Spaß bei so einem guten Wetter an der Küste entlang zu wandern, immer den blauen Himmel und das blaue Meer im Blick. Unterwegs passiere ich weiße Sandstrände und kleine Wälder. Bevor ich das Kap Finisterre erreiche, kommt noch der Fischereihafen Fisterra mit den vielen Pilgerherbergen, Pensionen, Cafés und Restaurants. Das ist ein Mekka für Pilger und Touristen. Dort habe ich eine Ferienwohnung gebucht und lege nach der Ankunft meinen Rucksack ab. Dann geht's ohne Gepäck fast gemütlich weiter bis zum sog. Ende der Welt.

Unterwegs treffe ich eine Pilgerin aus Holland. Wir unterhalten uns und gehen gemeinsam das letzte Stück bis zur Steilküste und zum Leuchtturm in Finisterre. Sie heißt Pia und ist beeindruckt und stolz, dass sie diesen langen Weg bis hierher geschafft hat. Auch sie spürt, der Camino de Santiago ist etwas ganz Besonderes. Als wir am Leuchtturm ankommen, freue ich mich riesig. Es ist großartig von der Steilküste Richtung Westen in die Ferne des weiten Ozeans bis zum Horizont zu schauen.

Geschafft! Mir wird bewusst, ich habe es geschafft und bin am Ende der Welt, am Atlantik, angekommen. Ein großartiges Gefühl durchströmt mich. Ein paar Pilger machen ein Picknick zwischen den Felsen an der Steilküste. Irgendjemand drückt mir eine Dose Bier in die Hand. Und mit ein paar Leuten feiern wir ganz spontan unsere Ankunft am Endpunkt des Jakobsweges.

Von diesem Endpunkt kann ein Neubeginn starten. Aus diesem Grund verbrennen einige Pilger seit alters her am Kap Finisterre ihre Kleidung, quasi als symbolische Handlung für einen Neubeginn in ihrem Leben. Dieses Ritual begehe ich nicht, denn meine Kleidung ist mir noch zu gut und zu teuer. Auch sehe ich keine Notwenigkeit für einen Neubeginn in meinem Leben, vielleicht ein paar mögliche Veränderungen.

Nach einer Stunde und ein paar netten Gesprächen mit den Leuten um mich herum breche ich auf, um im Fischerort Fisterra essen zu gehen. Als ich die Hauptstraße von Fisterra durchquere, begegne ich meinem Pilgerbruder Niko.

Oh, was für eine Freude, ein bekanntes Gesicht wieder zu sehen. Niko erzählt mir, dass sich auch noch Sabine und Finn hier in Fisterra befinden. Er nimmt Kontakt mit ihnen auf, und eine halbe Stunde später sitzen wir zu viert gemeinsam und ausgelassen in einem Restaurant bei leckeren Getränken und schmackhaften Speisen.

Ich denke, was für ein schöner Abend und Abschluss meiner Pilgerreise. Es ist so schön mit Niko, Sabine und Finn hier diesen Abend zu verbringen, so dass ich mich glücklich fühle. Wir erzählen sehr viel, trinken, lachen und haben viel Spaß zusammen. Es wird eine lange Nacht. Wir wechseln noch einmal die Lokalität und genießen die Drinks. Ich merke, dass uns allen diese gemeinsame Zeit guttut. Spät, sehr spät verabschieden wir uns und brechen in unsere Unterkünfte auf. Am nächsten Tag fahren Niko und ich mit dem Schnellbus zurück nach Santiago. Sabine und Finn bleiben noch ein paar Tage hier, um sich zu erholen.

Highlights des Tages:

- Das schöne Wetter und die Sonne genossen.

- Die letzte Wanderung zum Kap Finisterre ist ein gelungener Abschluss meiner Pilgerreise aufgrund der schönen Küstenwanderung.

- Noch einmal Niko, Sabine und Finn getroffen und einen wunderbaren Abend zusammen verbracht.

Erkenntnis des Tages:

„Mit dem guten Wetter kommt das Glück zurück."

Hinweise zur Resilienz

Und wieder sind es heute mehrere dieser positiven Überraschungen auf dem Jakobsweg, die bei mir zu positiven Emotionen und zur Stärkung meiner Resilienz führen. Mir geht es sehr gut, weil am letzten Tag meiner Wanderung noch einmal meine Erwartungen an die Pilgerreise erfüllt und sogar übertroffen werden. Hierzu zählt u.a. das Gehen in der Natur. Das Erleben der Natur befreit mich vollends von den negativen Erfahrungen der letzten Tage und macht mich glücklich. Das Wandern auf dem letzten Stück des Pilgerwegs bei Sonnenschein entlang der Küste ist eine Wohltat für die Seele. Das blaue Meer und der hellblaue Himmel im Kontrast zu den weißen Sandstränden und dem grün bewaldeten Küstenstreifen sind nicht nur schön anzusehen, sondern breiten sich wie ein

Geschenk vor mir aus. Das Gehen und die Bewegung tun mir sehr gut. Das Erreichen des Zieles Kap Finisterre erfüllt mich mit Freude und Stolz. Und schließlich das Wiedersehen mit meinen Pilgerfreunden und der Austausch mit ihnen laden mich emotional großartig auf. Ich bin glücklich.

So ist mein letzter Tag auf dem Jakobsweg durch Fröhlichkeit und glückliche Momente geprägt und wird zu einem krönenden Abschluss meiner Pilgerreise. Was will ich mehr? Meine Ziele sind erreicht. Ich bin - bis auf meine gereizte Achillessehne - gesund am Endpunkt des Jakobsweges angekommen und habe einen würdigen und glücklichen Abschluss meiner Pilgerreise gefunden. Meine Erwartungen haben sich mehr als erfüllt, wofür ich Demut und Dankbarkeit empfinde. Somit bin ich nicht nur beim Heiligen Jakob angekommen, sondern auch bei mir selbst, denn ich spüre, dass ich in mir ruhe und über eine große innere Stärke verfüge getreu dem Sprichwort: „Der Weg gibt dir nicht immer das, was du suchst, aber das, was du brauchst."

8. Rückkehr

Am 9. Juni geht der Rückflug vom Flughafen Santiago de Compostela. Früh morgens bestelle ich ein Taxi und hole Niko von seiner Herberge ab. Wir haben einen gemeinsamen Flug nach Barcelona. Dort trennen sich unsere Wege. Er fliegt nach Berlin und ich nach Hamburg.

Meine Frau holt mich vom Flughafen ab. Es ist Pfingsten, schönes Wetter, und mit der Familie grillen wir auf der Terrasse. Es ist sehr schön wieder im Kreis meiner Familie zu sein, aber noch ist alles ein wenig fremd. Nach 5 ½ Wochen Pilgern habe ich die Alltagsroutine verloren und einen anderen Rhythmus entwickelt. Sich einleben heißt jetzt die Devise. Mir fällt gleich auf, wie schön, aber auch wie aufwendig das Essen gestaltet wird, wie wichtig es ist, wer welche Zutaten nimmt und welche Gewohnheiten hat. Das ist eine andere Welt, nicht die eines einfachen Pilgers. Dennoch bin ich sehr glücklich wieder zu Hause zu sein.

Die ersten Tage denke ich noch sehr viel, fast ständig an den Jakobsweg und die damit verbundenen Erlebnisse. Ich berichte meiner Familie, meinen Freunden und Nachbarn und erzähle viel. Glücklicherweise haben meine Frau und ich noch eine freie Woche zusammen. Das Wetter ist gut, und so fahren wir auf die Nordseeinsel Amrum.

Ganz langsam gewinne ich Abstand vom Camino Francés, doch ich weiß, dieses Erlebnis ist zu etwas Besonderem in meinem Leben geworden, so dass ich das Wandern, das Gehen in der Natur, weiterhin mit Leidenschaft ausüben werde und mich der Jakobsweg noch lange Zeit, vielleicht für immer, inspirieren wird.

Hinsichtlich der Resilienz ist mir zunächst noch nicht bewusst, was sich alles getan hat. Hie und da gewinne ich Erkenntnisse während der Pilgerreise. Doch diese sind vollkommen ungeordnet. Erst durch eine Ruhezeit, in der sich meine Erlebnisse setzen und durch meine Analyse der Pilgerreise nach eineinhalb Jahren gewinne ich strukturierte Erkenntnisse über die Stärkung meiner inneren Widerstandskraft.

Sehr hilfreich war das Führen eines Tagebuchs, das durch das Festhalten der Highlights zum Glückstagebuch wurde. Die festgehaltenen Eindrücke und Erfahrungen des Tages haben mir gezeigt, wer ich bin, was ich denke, was mir wichtig und unwichtig ist und wo meine Stärken und Schwächen liegen. Somit ist es mir nach meiner Rückkehr jederzeit möglich, den Camino Francés nachzuspüren und die gesammelten Erfahrungen im Sinne der Resilienz für mich zu nutzen.

Leider klappt es in meinem jetzigen Alltag nicht mehr, ein Tagebuch zu führen. Dafür habe ich, besser gesagt, nehme ich mir leider keine Zeit. Weshalb eigentlich nicht? Warum habe ich zu wenig Motivation dafür? Ich denke, es könnte an dem sehr durchstrukturierten Alltag liegen und den beruflichen Anforderungen. Es ist sehr schade, dass ich kein Tagebuch mehr führe, aber ich habe eine andere Kraftquelle.

Das sind meine Erinnerungen und das Bewusstsein über die großartige Leistung, den Jakobsweg bewältigt zu haben. Daraus schöpfe ich jeden Tag neue Kraft, weil ich weiß, dass ich meine Resilienz gestärkt und gelernt habe, wie ich Belastungen und Herausforderungen besser begegnen kann. Insgesamt ist es ein sehr schönes Gefühl, das mir der Jakobsweg gegeben hat bzw. ich mir selbst durch den Mut zum Pilgern. Ultreia, immer weiter, immer vorwärts heißt deshalb die Devise in mehrfacher Hinsicht, erstens für den Jakobsweg und beim Wandern, zweitens für die Stärkung der Resilienz und drittens für die Bewältigung der Herausforderungen des alltäglichen Lebens.

Ich weiß, dass ich mich auf meine innere Stärke verlassen und sehr viel schaffen kann. Und ich weiß, eines Tages werde ich wieder auf den Camino Francés zurückkehren oder auf eine andere Route des Jakobsweges, um die vielen schönen Momente zu genießen, frei und glücklich zu sein sowie meine Resilienz zu stärken.

9. Spiritualität auf dem Jakobsweg

Marienfigur mit Kind in der romanischen Kirche Santa Maria de Eunate. Der Kirche mit achteckigem Grundriss wird etwas Mystisches zugesprochen. Sie könnte von Templern stammen. Die Skulptur strahlt etwas Besonderes aus, u.a. Schutz und Geborgenheit.

Spiritualität zählt nicht zu den körperlichen, materiellen oder sozialen Bedürfnissen, sondern gehört zu den ichbezogenen Bedürfnissen des Menschen wie Sinnhaftigkeit und Inspiration. Bei der Erfüllung des Bedürfnisses nach Spiritualität stellen sich positive Gefühle ein, z.B. ein

Berührt sein, Glück, Erleichterung, Seligkeit, Zuversicht, Hoffnung oder Zufriedenheit. Auch das Bedürfnis nach Menschenliebe kann ein Spirituelles sein.

Im Grunde genommen kann alles auf dem Jakobsweg wie im Leben zu einer spirituellen Erfahrung werden, wenn wir davon geistig oder seelisch tief berührt werden. Spiritualität und Religiösität sind in Studien mit Erwachsenen als Schutzfaktoren der Resilienz identifiziert worden. Die Stärke ihrer Wirksamkeit wurde nicht einheitlich festgestellt, doch sie haben eine nachgewiesene Bedeutung, je nach Präferenz und Dringlichkeit dieser Bedürfnisse mehr oder weniger.

Das heißt, wie wichtig Spiritualität im Leben ist, richtet sich nach der Art und Intensität der Suche nach Antworten auf Fragen nach dem Sinn und Zweck des Lebens und nach dem Bedeutungszusammenhang, der dem Leben Kohärenz und Sinn verleiht. Auch deshalb wird die Spiritualität individuell sehr unterschiedlich wahrgenommen. Eine spirituelle Erfahrung manifestiert sich m.E. überwiegend in bestimmten Momenten und Situationen. Es mag aber auch Menschen geben, die die Spiritualität in längeren zeitlichen Abschnitten erleben und sich dann länger anhaltend spirituell getragen fühlen.

Der Jakobsweg und das tägliche Gehen werden schnell zum Alltag. An einigen Tagen laufe ich mich phasenweise in einen Zustand der Seligkeit und des Glücks. Ich spüre mich eins mit der Welt und bin verbunden mit der Natur. Ich spüre die Natur, und diese wird zur Lebensfreude. Diese Erfahrungen nenne ich spirituell.

Ich bin gern wirksam, und durch das Gehen erlebe ich mich als sehr selbstwirksam. Die täglichen Leistungen in Kilometer zurück gelegter Strecke beweisen meine Selbstwirksamkeit und sind eine Quelle für Stolz, Kraft und Lebensfreude sowie neuer Motivation.

Die aufkommenden Gefühle sind sehr intensiv und mit dem Alltag zu Hause nicht zu vergleichen. Die Kraft, die mich beim Pilgern während des Tages durchströmt, das Abfließen der Energie durch die Strapazen und das Wiederaufladen der Energie durch die Schönheit der Natur, die beeindruckenden Erfahrungen und interessanten Begegnungen erwecken in mir den Eindruck, als ob etwas Metaphysisches, etwas Spirituelles, in mir geschieht. Die Kraft, die mir der Camino durch die Anstrengungen nimmt, wird mir wie von Geisterhand auf andere Weise mehrfach wieder zurückgegeben. Diese Erfahrungen berühren mich tief und vermitteln mir das Gefühl, mit der Welt verbunden zu sein. Mir wird bewusst, dass es eine tiefe Beziehung zwischen mir und der Welt gibt. Und das berührt mich sehr.

Doch die Spiritualität kann auf dem Jakobsweg auf sehr unterschiedliche Weise wahrgenommen werden. Die Vorstellung, du bist der Weg und ein Teil von Gott und seiner Schöpfung bzw. der Schöpfung der Natur, kann ich gut nachempfinden. Auch der Pilger trägt den Spirit, den Geist und das Göttliche in sich. Deshalb besteht auf dem Camino jederzeit die Möglichkeit, dass sich etwas Spirituelles zeigt oder erlebt wird. Wir sollten es dann einfach zulassen, annehmen, bewusst erleben und genießen. So empfinde und praktiziere ich es beim Pilgern auf dem Camino de Santiago.

Die heiligen Orte, Kapellen, Kirchen und Kathedralen bieten die Möglichkeit Spiritualität zu erleben. Die Musik und Kunstwerke an den heiligen Orten beeindrucken durch ihre

Kraft und Innigkeit und vermitteln dem Besucher einen Zauber, der spirituell wirken kann.

Die besonderen Momente, in denen ich Spiritualität erlebt habe, waren u.a. der Besuch der Kirche Santa Maria de Eunate und mein Erlebnis am Cruz de Ferro. Ganz unerwartet überkommen mich in der Kirche in Eunate als ich die Marienfigur betrachte Gefühle von Anmut und Rührung, daraufhin Geborgenheit, Zugehörigkeit und Liebe. Ich bin tief berührt und selig, und weiß in diesem Moment, dass ich mit der Welt geistig und seelisch verbunden bin und ein großes Vertrauen haben darf.

Und beim Ablegen der Steine am Cruz de Ferro, der mitgebrachten Last von zu Hause, entstehen bei mir Gefühle von Abschied und Traurigkeit und zugleich Erleichterung und Befreiung. Außerdem spüre ich hier unter freiem Himmel geradezu die Freiheit, d.h. die Urkraft, von Natur aus frei geboren zu sein. Es entsteht ein überwältigendes Glücksgefühl. Ich nehme wahr, dass ich getragen und geleitet werde von Kräften, die wie es scheint, außerhalb der realen Welt stehen.

Spirituelle Momente werden auf dem Camino aber noch in ganz vielen anderen Situationen möglich. Zum Beispiel können es Gebete sein, aber auch das tägliche Gehen, das Gehen in sich, und die Klärung der Beziehung zu sich und der Welt können auf dem Camino spirituelle Erfahrungen darstellen. Ich habe mehrmals das Gefühl erlebt, mich in einen Rausch zu laufen, der mir Glückseligkeit vermittelte. Deshalb halte ich das Pilgern auf dem Jakobsweg auch für besonders wertvoll. Pilgern bedeutet nicht Flucht oder Sucht, sondern Kraft und Energie zu tanken sowie die Möglichkeit, spirituelle Erfahrungen zu sammeln.

10. Fazit

Beim Auswerten meines Pilgertagebuchs und Schreiben dieses Berichts ist mir als Resilienztrainer noch einmal sehr bewusst geworden, welche hohe Bedeutung die Selbstwahrnehmung, Selbstreflektion und Analyse der eigenen Erfahrungen, Gefühle und Bedürfnisse haben sowie die psychologischen Schutzfaktoren als Instrument, um für das eigene Wohlbefinden zu sorgen und die innere Widerstandskraft zu stärken. Das Fazit meiner Pilgerreise und dieses Berichts berücksicht deshalb diese wichtigen Aspekte und besteht aus den drei folgenden Teilen:

1. Emotionale Aufladung und Selbsterkenntnis

2. Stärkung der Schutzfaktoren der Resilienz

3. Der Weg ist das Ziel

10.1 Emotionale Aufladung und Selbsterkenntnis

Nach eineinhalb Jahren hatten sich die Erinnerungen und Erfahrungen, insbesondere die bewegenden Momente soweit gesetzt, dass ich diese einordnen und strukturieren konnte. Noch während des Schreibens, zwei Jahre nach der Pilgerreise, erhielt ich von Elena folgende SMS: „Habe mich bisher nicht wieder in dieser Dimension emotional aufgeladen gefühlt wie auf dem Camino."

Dieser Aussage kann ich mich nur anschließen. Neben der Beziehung zu meiner Frau und der Geburt unserer Kinder ist die Pilgerreise das emotional ergreifendste Erlebnis in den letzten 25 Jahren meines Lebens. Aufgrund dieser Erfahrung empfehle ich jedem Menschen, dem es möglich ist, den

Jakobsweg zu gehen. Nicht um primär die Resilienz zu trainieren, sondern um sich zu beschenken – mit der Schönheit der Natur, den vielen Begegnungen und der emotionalen Aufladung in einer besonderen Dimension. Auch das Erreichen des Ziels kann ein wunderschöner Augenblick zum Genießen sein, sogar ein spiritueller Moment und ein Glücksgefühl bescheren. Insofern ist der Jakobsweg ein einzigartiges Erlebnis.

Ursprünglich war das Pilgern eine religiöse Praxis, ein Weg zu Gott. Heute ist das Pilgern aus meiner Sicht vielmehr ein Weg zu sich selbst. Der Weg zeigt dir jeden Tag, wer Du bist. So lassen sich nicht nur Antworten finden, die Gott bzw. Spiritualität zum Thema haben, sondern in erster Linie Antworten auf die Frage: Wer bin ich? Antworten diesbezüglich habe ich reichlich auf diesem Weg erhalten. Ich habe erfahren, wer ich bin, was ich kann und wie ich mich in herausfordernden Situationen verhalte.

Damit hat sich im wortwörtlichen Sinn mein Selbstbewusstsein erweitert. Der Weg hat mir gezeigt, was mir wichtig ist im Leben, was ich mag und was nicht, was ich aushalten kann bzw. will und was nicht. Neben dieser Selbsterkenntnis kamen neue Sichtweisen auf das Leben hinzu. Daraus ergeben sich Impulse für neue Ziele und neue Ausrichtungen im Leben, aber auch Abgrenzungen und Hinweise auf komplett andere Wege. Diese veränderten Sichtweisen bedeuten Orientierung und stellen eine neue, erweiterte Basis für die Stärkung meiner Resilienz dar.

Eine weitere wichtige Erfahrung und Erkenntnis umschreibt das Zitat „No pain, no glory". Es könnte auch die Überschrift für die Pilgerreise sein. Was ist damit gemeint? Eine einfache Übersetzung könnte lauten: „Ohne Schmerz, kein

Erfolg." Das heißt, der Weg nimmt dir alle Kraft und gibt sie dir gefühlt mehrfach wieder zurück. Insbesondere die tägliche Bewältigung der Etappen und das Ziel Santiago vor Augen stärken die mentale Verfassung und Motivation. Die große Freude über die eigenen Leistungen, das Erleben von Stolz und Genugtuung führen zu einer gewissen Glückseligkeit und fühlen sich einfach „glory" an.

Gleichzeitig weist „No pain, no glory" auf die Belastungen und Strapazen sowie auf die notwendigen körperlichen wie seelischen Widerstandskräfte hin. Der Weg bietet viele Möglichkeiten, die Schutzfaktoren der Resilienz zu stärken und auszubauen. Zudem werden Ausdauer und Geduld trainiert, welche in einer Steigerung des Durchhaltevermögens münden. Auch die Steigerung der Frustrationstoleranz kann ein Ergebnis des Pilgerns sein.

In meinem Fall wurden die Belastungen und besonderen Herausforderungen voll und ganz belohnt, d.h. es war ein persönlicher Gewinn, sich für mehrere Wochen auf dieses Abenteuer einzulassen, sich der Einfachheit des Pilgerlebens zu stellen und die täglichen Strapazen zu ertragen. Ich spürte, einerseits nimmt mir der Weg viel Kraft, andererseits gibt er mir die Kraft und Energie in unterschiedlicher Weise und vielfach wieder zurück, so dass ich mich beschenkt und glücklich fühlte und das vermeintliche Versprechen „no pain, no glory" eingelöst wurde. Insbesondere waren die vielen beeindruckenden Erlebnisse und positiven Emotionen überwältigend schön für mich und fühlten sich glorreich an.

Zu Beginn der Reise gab es einige Ungewissheiten und Unsicherheiten, wie die Pilgerreise verlaufen würde. Im Laufe der ersten Woche habe ich dann aber schnell gelernt, dass diese Ängste und Sorgen unbegründet waren. Mir ist bewusst geworden, dass es ratsam ist, die Dinge erst einmal in Ruhe und Gelassenheit auf sich wirken zu lassen. Meinen gelegentlichen Hang zum Perfektionismus konnte ich ein Stück weit ablegen, zumindest etwas einschränken, und statt dessen ebenfalls mehr Ruhe und Gelassenheit entwickeln. Mit Schwierigkeiten und Herausforderungen entspannter umzugehen und ihnen mit weniger Bewertungen zu begegnen, habe ich auch gelernt. „Ich nehme es, wie es ist und wie es kommt" war hierfür sicherlich eine hilfreiche Einstellung.

Mein Wunsch ist, dass diese stoische Haltung mein Denken zukünftig stärker prägen wird, denn das viele Nachdenken über Unsicherheiten, Ängste und Zweifel wirkt i.d.R. beunruhigend und kann krankmachen. Deshalb möchte ich mit meinen Gedanken mehr im Hier und Jetzt sein, d.h. jeden Augenblick in der Gegenwart bewusst wahrnehmen, erleben und genießen und nicht mehr so viel an die Zukunft oder Vergangenheit denken. Diese Erkenntnis ist eine wesentliche Lehre vom Jakobsweg für mich. Von daher war das Pilgern auf dem Camino Francés eine einzigartige Achtsamkeitsübung.

Eine weitere Erkenntnis bezüglich des Pilgerns ist die Folgende: Wenn wir Menschen zu Fuß unterwegs sind, gewinnen wir schneller Abstand vom Alltag. Die Sorgen bleiben zu Hause. Bei mir sind die Sorgen und Gedanken an zu Hause schon nach ein paar Tagen wie eine Last von meinen Schultern gefallen, und ein Gefühl der Freiheit stellte sich ein. Zudem haben die Bewegung und das tägliche Gehen von Ort zu Ort etwas Ursprüngliches und Natürliches und ermöglichen Entschleunigung vom Alltag. Abseits vom hektischen Straßenverkehr und großen Menschen-ansammlungen schreitet der Pilger in seinem ihm eigenen Tempo durch die Landschaft, und diese zieht gemächlich an ihm vorbei. So stellt sich Ruhe ein, die sich vollständig in Körper und Geist ausbreitet. Verstärkt wird die Entschleunigung durch das phasenweise Alleinsein auf dem Camino. Dadurch prasseln weniger Informationen und Impulse auf den Pilger ein. Diese wohltuende Erfahrung, dass das Pilgerleben nicht hektisch und von Terminen geprägt ist, sondern von Ruhe führt in die Balance und in den Flow. So entsteht Raum für Glück und ein Gefühl des Ausgeglichen-Seins.

Der Jakobsweg ist ein Weg, um sich selbst zu begegnen. Das heißt, der Weg zu sich ist ein Weg zur Selbsterkenntnis und ermöglicht das Erleben von Selbstwirksamkeit mit Selbstvergewisserung und neuem Selbstbewusstsein. Ich habe wahrgenommen, dass ich mich auf dem Weg verändere, an neuen Herausforderungen wachse und in meinem Leben andere Schwerpunkte einen größeren Raum einnehmen können. Meine Persönlichkeit und meine Resilienz haben sich weiterentwickelt. Die Stärkung meiner Resilienz hat sich einerseits aus der Bewältigung der Belastungen ergeben. Und von diesen gibt es reichlich auf dem Camino Francés. Andererseits sind es die schönen und erholsamen Momente sowie die positiven Emotionen, die die Widerstandskräfte stärken.

Zur Selbsterkenntnis gehört für mich auch der Abgleich mit den Motiven für die Pilgerreise. Was ist aus meinen Motiven geworden? Meine Beweggründe waren die sportliche Herausforderung zu bestehen, die Natur zu erleben, Menschen zu begegnen und sich mit ihnen verbunden zu fühlen sowie persönliche und berufliche Fragen an das Leben zu klären.

Die sportliche Herausforderung habe ich gemeistert, auch wenn ich nicht die volle Distanz zurückgelegt habe. Ich bin am Ziel in Santiago de Compostela angekommen. Das ist, was zählt. Von den 800 km habe ich 727 km geschafft. Das ist eine hervorragende Leistung. Ich bin stolz und erleichtert zugleich. Die Motive, die Natur zu erleben und Menschen zu begegnen, sind außerordentlich umfangreich in Erfüllung gegangen. Mehr als mir zuweilen lieb war. In meinen beruflichen und persönlichen Fragen bin ich auch weitergekommen. Sie sind nicht vollständig beantwortet, aber ich bin auf dem richtigen Weg.

Die vielen Begegnungen mit Menschen aus aller Welt waren sehr bereichernd und eine großartige Erfahrung. Die meisten Pilger sind sehr freundlich und gegenüber Kontakten aufgeschlossen. Ich habe festgestellt, mit anderen unterwegs zu sein, ist eine Quelle der Freude. Reisen bedeutet immer Erinnerungen zu sammeln und diese beziehen sich stark auf die Begegnungen mit Menschen. An dieser Stelle zitiere ich gern noch einmal Alexander von Humboldt: „Und immer sind es die Menschen, denen wir begegnen, die dem Leben seinen Wert geben." Das ist im alltäglichen Leben so und auf dem Jakobsweg noch intensiver und sehr eindrucksvoll zu spüren.

Ein weiterer Punkt ist die Einfachheit des Pilgerlebens, d.h. die Erkenntnis, dass das Leben ohne viel Luxus und ohne großen materiellen Aufwand geführt werden kann. Ich habe es als sehr befreiend empfunden, mit nur ganz wenigen Sachen unterwegs zu sein, d.h. nur mit ein paar Kleidungsstücken und wenigen persönlichen Dingen im Rucksack. Die Frage, was brauche ich eigentlich zum glücklichen Leben, hat sich dadurch in gewisser Weise beantwortet.

Diese Erkenntnis bezieht sich zum Teil auch auf das Essen, das hin und wieder ganz einfach sein kann. Mein Fazit: Das Leben in Glück und Zufriedenheit kann ein bescheidenes sein und besteht darin, sich an den einfachen Dingen des Lebens zu erfreuen, beispielsweise am guten Wetter oder an dem Wiedersehen eines Bekannten.

Die schönen Seiten des Pilgerns sind die Freude über die Natur und am Gehen, das Gegenwärtige bewusst wahrzunehmen, die Freundlichkeit der anderen Pilger und Mitmenschen zu erleben sowie sich selbst zu spüren. So entstehen Gefühle der Glückseligkeit bzw. eine emotionale Aufladung in einer besonderen Dimension wie es Elena sagen würde.

Diese Art der Glückseligkeit ist nach meinem Eindruck in dem uns bekannten Alltag, der oft von Hektik geprägt ist, kaum noch erleb- oder wahrnehmbar. Der Alltag überfordert häufig.

10.2 Stärkung der Schutzfaktoren der Resilienz

Das Pilgern auf dem Camion Francés hat zur Stärkung meines Wohlbefindens und meiner Resilienz beigetragen. Der Jakobsweg ermöglicht wunderbare Gegenerfahrungen zu unserem alltäglichen Leben. Er bringt uns an unsere Belastungsgrenzen und darüber hinaus.

Ich konnte diese Erfahrungen nutzen, um meine innere Widerstandskraft zu stärken, d.h. meine psychologischen Schutzfaktoren wurden durch das Annehmen und Einlassen auf die Herausforderungen und deren Bewältigung trainiert. Darüber hinaus ist meine innere Stärke durch die vielen positiven Erlebnisse gefördert worden.

Die psychologischen Schutzfaktoren im Einzelnen:

Soziale Unterstützung und Netzwerkorientierung

Die Begegnungen auf dem Camino haben mich getragen. Ich habe festgestellt, dass ich soziale Kontakte benötige und ein guter Netzwerker bin. Die soziale Unterstützung ist ein wesentlicher Schutzfaktor meiner Resilienz. Auf dem Jakobsweg habe ich sehr von den Kontakten aus meinem Netzwerk profitiert. Das soziale Netzwerk stärkte in meinem Fall das Durchhaltevermögen und meine innere Widerstandskraft. Durch meine Netzwerkorientierung und die damit verbundene soziale Unterstützung, insbesondere durch den gegenseitigen Austausch und das Verständnis für einander, wurden andere Pilger und ich in die Lage versetzt, das Ziel Santiago de Compostela zu erreichen.

Eigenverantwortung und Achtsamkeit

Ein weiterer Faktor für das Erreichen des Pilgerziels und die Stärkung der Resilienz ist die Achtsamkeit, die in unterschiedlicher Art und Weise gelebt werden kann. Achtsam sein heißt u.a. für sich selbst zu sorgen, so dass die eigenen Bedürfnisse erkannt und erfüllt werden. Zum Beispiel die notwendigen Pausen einzulegen und das Vorliegende genießen zu können, gehören zur Achtsamkeit und Selbstfürsorge und sind wichtige Bausteine für die Stärkung der Resilienz.

Auf dem Camino habe ich gelernt, das nötigte, richtige Maß an Selbstfürsorge zu schaffen. Erholung und Genuss als Ausdruck der Selbstfürsorge führen zur Regeneration und sind notwenige Bausteine im Wechselspiel zwischen Anspannung und Entspannung, um immer wieder in die Balance zu kommen. Dabei ist es sehr wichtig, immer im Fluss – im sog. Flow – dieses Wechselspiels zu bleiben, d.h. Blockaden zu vermeiden, um so die nötigen mentalen wie körperlichen Kräfte für die Resilienz zu sammeln. Ein wichtiger Faktor hierbei ist die Eigenverantwortung, d.h. die Bereitschaft, für sich zu sorgen. Wenn ich auf dem Camino keine Verantwortung für mich übernehme, laufe ich mir zum Beispiel meine Füße kaputt. Wenn ich im Leben keine Verantwortung für mich übernehme, erkranke ich zum Beispiel am Dauerstress und ruiniere mich selbst. Insofern kann das Pilgern die Eigenverantwortung und somit die Resilienz trainieren.

Auf dem Camino habe ich zahlreiche Erfahrungen hinsichtlich der Achtsamkeit gesammelt. An einigen Tagen befand ich mich in einem Zustand der Dankbarkeit, war dadurch achtsam und stärkte meine Resilienz.

In stressigen Situationen habe ich mich achtsam und eigenverantwortlich verhalten, z.B. praktizierte ich das bewusste Atmen. Diese Selbstfürsorge hat meine innere Stärke gefördert, und dadurch konnte ich Belastungen besser Stand halten. Des Weiteren habe ich festgestellt, dass Achtsamkeit in Form von Humor das Wohlbefinden fördert und auch die innere Widerstandfähigkeit stärkt.

Achtsam sein heißt auch „im Hier und Jetzt" zu sein. Die Gegenwärtigkeit, die beim Wandern erlebt wird, schließt die bewusste Wahrnehmung des Augenblicks, der Landschaft und Natur mit ein. So entsteht das Gefühl, sich im Einklang mit der Natur zu befinden.

Zur Eigenverantwortung und Selbstfürsorge gehören außerdem noch die Wahrnehmung der vielen positiven Emotionen, d.h. sich der Freude über die Highlights des Tages bewusst werden sowie die Bewegung an frischer Luft, eine ausgewogene und gesunde Ernährung, ausreichend Schlaf und realistische Planungen, die uns vor dem Scheitern bewahren können und somit vor einem Absturz der Gefühle.

Akzeptanz

Ein weiterer wichtiger Faktor der Resilienz ist die Akzeptanz von unangenehmen und belastenden Situationen, die sich nicht vermeiden lassen bzw. die eintreten, ohne dass wir sie ändern können. Es lässt sich leichter leben, wenn wir diese Situationen schnell annehmen und in die Akzeptanz gehen.

Zum Beispiel in Situationen mit unangenehmen Mitmenschen in einer Gemeinschaftsunterkunft, wie sie auf dem Jakobsweg typisch sind, hilft die Akzeptanz in Form von Toleranz und Anpassungsfähigkeit. Ich habe es selbst mehrmals erlebt, dass unnötiges Aufregen nur eine Verschwendung von Zeit und Energie darstellt.

Auch die eigene Verhaltensweise, weniger Bewertungen vorzunehmen, hilft ungemein, die Widerstandkräfte zu schonen. Weniger Bewertungen der Umwelteinflüsse und Mitmenschen halten den Gefühlshaushalt in der Balance, d.h. weniger Bewertungen führen zu weniger Wut und Ärger. Aber, da ich Mensch bin, darf ich mich auch hin und wieder einmal ärgern und die Luft rauslassen. Das befreit. Nur muss ich dann aufpassen, dass ich meinen Ärger richtig kanalisiere und mich nicht darin verliere. Dies wäre dann aus meiner Sicht ein „kontrolliertes und reflektiertes Aufregen", das nützlich ist.

Zur Akzeptanz gehört aber auch, die eigenen Schwächen annehmen zu können. Auf dem Jakobsweg habe ich erfahren, womit ich gut umgehen kann und womit nicht, was mir leicht und was mir schwer fällt und wie ich im Leben agiere. Dabei spielen die eigenen Gefühle und Bedürfnisse eine große Rolle. Ich habe gelernt, mich weniger über meine eigenen Defizite aufzuregen. Zudem habe ich auch gelernt, mich weniger über äußere Dinge zu ärgern. Letzten Endes geht es mir besser, wenn ich mich an neue und über-raschende Situationen schnell anpasse, mich in Geduld und Gelassenheit übe und das Leben einfach annehme wie es ist und mich einfach akzeptiere wie ich bin.

Aber ich habe auch festgestellt, dass das Akzeptieren und Annehmen von neuen Situationen und eigenen Schwächen ein langwieriger Prozess sein kann. Wir Menschen sind halt nicht immer sehr schnell darin, änderungsbereit und änderungsfähig zu sein. Das braucht hin und wieder viel Zeit. Eine Erklärung hierzu kann uns die Systemtheorie geben, die u.a. besagt, dass Systeme immer den energie-ärmsten Zustand anstreben. Das heißt, Veränderungen und Neuerungen werden häufig abgelehnt, weil sie mit Aufwand verbunden sind. Und so kann es dauern, bis der Mensch Veränderungen und sich selbst akzeptiert.

Realistischer Optimismus

Gerade bei auftretenden Herausforderungen, Schwierig-keiten und Belastungen kommt es darauf an, optimistisch zu bleiben. Eines der schönen Dinge auf dem Jakobsweg ist, dass am nächsten Tag wieder eine neue Etappe beginnt und der Weg immer weitergeht. Das ist eine Quelle für Optimismus. Es geht weiter, auch wenn Hindernisse und Verzögerungen auftreten. Kleine körperliche Beschwerden sind kein Grund zum Aufgeben, sondern bescheren nötigenfalls eine Zwangspause von einem oder mehreren Tagen.

Die Erfahrung auf dem Camino Francés lehrt, dass es mit Optimismus leichter vorangeht und somit auch immer weitergeht. Insbesondere hat mir am Tag der negativen Diagnose bezüglich meiner Achillessehne die optimistische Haltung, d.h. die positive Ergebniserwartung „ich werde es schaffen", sehr geholfen, die großartige, sportliche Tages-wanderleistung von über 30 km zu vollbringen. Mein Durch-haltevermögen wurde durch meine optimistische Sichtweise gestärkt und führte zum Erfolg. Das positive Denken hebt in den meisten Fällen die Stimmung und reduziert in vielen problematischen Situationen die seelischen Belastungen. Der realistische Optimismus hat daher auf dem Jakobsweg wie ein Schutzengel für mich gewirkt.

Selbstwirksamkeit und Selbstwirksamkeitserwartung

Durch das Gehen auf dem Camino wird die Selbstwirksamkeit praktisch erlebbar. Tag für Tag, Woche für Woche. Es macht zufrieden und stolz, am Tag im Durchschnitt Etappen von 23 km zu gehen. Das ist eine großartige Erfahrung. Durch die täglichen Kilometer habe ich mich als sehr selbstwirksam erlebt. Ich wurde meiner selbst bewusst, d.h. darüber, was ich leisten kann.

Nach sechs Tagen hatte ich bereits die erstaunliche Distanz von 138 km zu Fuß zurückgelegt. Wann gehen wir solche Entfernungen schon einmal zu Fuß? Im Alltag nie und im Urlaub selten. Und so hat sich meine Selbstwirksamkeitserwartung nach einer Woche dahingehend ausgebaut, dass ich den Camino mit seinen 800 km schaffen werde. Damit verknüpft ist die Erkenntnis, dass ich auch andere Ziele erreichen kann, wenn ich mich erst einmal auf den Weg mache und den ersten Schritt wage. Auf den ersten Schritt kommt es an. Ohne den ersten Schritt werden weder Projekte umgesetzt, noch Ziele erreicht und schon gar keine Erfolge erzielt. Und für diesen ersten Schritt ist eine positive Selbstwirksamkeitserwartung von großer Bedeutung. Denn sie gibt die notwendige Kraft, Motivation und Zuversicht und stärkt gleichzeitig die Widerstandfähigkeit. Gerade bei den großen körperlichen Belastungen auf dem Camino, z.B. den dauernden Fußschmerzen, wirkt die Selbstwirksamkeitserwartung wie ein Turbo für das Durchhaltevermögen.

Lösungsorientierung

Egal mit welchen Herausforderungen ich auf dem Camino konfrontiert wurde, i.d.R. habe ich mich ihnen konstruktiv gestellt und pragmatische Lösungen angestrebt.

Zum Beispiel bei der Unterbrechung des Jakobsweges mit zwischenzeitlicher Rückreise nach Hause, der Auswahl von Übernachtungsmöglichkeiten, der Anpassung an gastronomische Angebote und der Zwangspause durch körperliche Beschwerden. Immer habe ich nach vorne geschaut auf eine angemessene Lösung und auf meine Fähigkeit vertraut, konstruktive Lösungen zu finden. Dadurch habe ich mich realistisch den Anforderungen gestellt und meine inneren Ressourcen geschont. Ich habe mich nie in Problemanalysen verloren, sondern bin zügig zu einer Lösung gekommen.

Meine Resilienz hat von dieser ausgeprägten Lösungsorientierung und meinem Pragmatismus profitiert, denn ich habe mich nicht an den Herausforderungen und Belastungen zerrieben und habe dadurch nicht aufgeben müssen. Nicht zuletzt gehört die Lösungsorientierung zu den wichtigen, konstruktiven Bewältigungsstrategien des Copings. Diese Strategie ist erfahrungsgemäß sehr erfolgversprechend.

Hoffnung, Ziel- und Zukunftsorientierung

Hoffnung und Zuversicht sind ebenfalls wichtige Schutzfaktoren. Auch diese kommen auf einer Pilgerreise zum Tragen und spielen eine entscheidende Rolle für das Erreichen der Etappenziele. Zuversicht bahnt den Weg, schafft planerisch Realität in der Zukunft, stimmt den Pilger positiv und erleichtert die Zielerreichung.

Durch Ziel- und Zukunftsorientierung fokussiert sich der Pilger auf den Erfolg und sieht primär nicht die Hindernisse und Strapazen. In Verbindung mit Hoffnung und Zuversicht stellt Zielorientierung eine Haltung dar, die die Zweifel deutlich vermindert und damit das Erreichen der Ziele leichter ermöglicht. In diesem Sinne, insbesondere zuversichtlich zu sein, bin ich auf der Pilgerreise morgens in den Tag und auf die Wegstrecke gestartet. Zum einen sind Zuversicht und Zielorientierung von vornherein bei mir vorhanden gewesen und zum anderen wurden diese durch das Erreichen der Etappenziele noch weiter gestärkt. Letzteres ist auf dem Camino sehr leicht erfahrbar und lässt sich auch in unserem Alltag umsetzen.

Persönliches Fazit hinsichtlich der Schutzfaktoren

Wie beschrieben werden die Schutzfaktoren der Resilienz auf dem Jakobsweg nachdrücklich gestärkt, wenn man sich den Herausforderungen im Sinne dieser Schutzfaktoren stellt. Das habe ich getan. In vielfältiger Weise wurden die Faktoren meiner Resilienz auf dem Camino Frances angesprochen und gefordert, so dass sie durch die Bewältigung der Anforderungen und eine ausreichende Erholung im Sinne von Anspannung und Entspannung erweitert wurden. Das Resultat ist die Stärkung meiner seelischen Widerstandkraft. Aber der Ausbau und die Festigung der Resilienz erfordern zusätzlich ein gewisses Maß an Reflexionsfähigkeit, Selbstbewusstsein und Veränderungsbereitschaft.

Erst, wenn wir uns selbst reflektieren und uns mit unseren Gefühlen und Bedürfnissen auseinandersetzen, erkennen wir, wo wir im Mangel sind und Abhilfe schaffen müssen.

Nehmen wir dann die notwendigen Veränderungen vor, so werden wir nicht nur den Mangel ausgleichen und in den Flow kommen, sondern auch noch unsere innere Widerstandskraft ausbauen.

10.3 Der Weg ist das Ziel

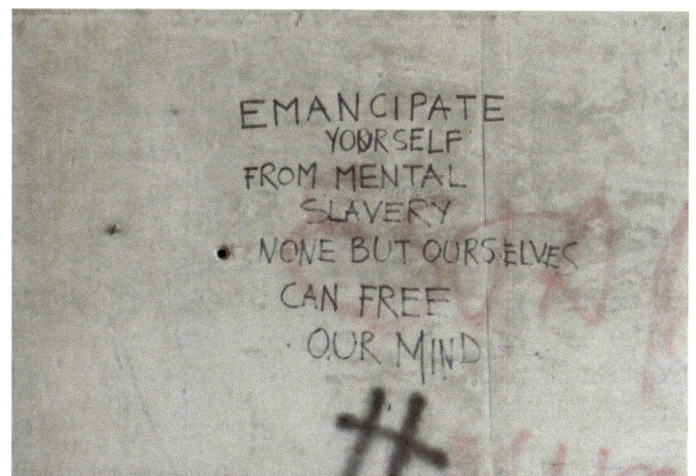

Graffiti hinter Leon: Ein mögliches Ziel des Weges, sich
selbst und unseren Geist zu befreien, um glücklich zu sein.

Auf den Weg achten und von ihm lernen, ermöglicht ans Ziel
zu kommen, meint Paulo Coelho. Dabei spielt es eine
entscheidende Rolle wie wir den Weg gehen. Je intensiver
der Weg erlebt wird, desto beglückender kann er und die
Ankunft sein.

Auf dem Jakobsweg sehen sich die Pilger zahlreichen
Herausforderungen und Bewährungsproben gegenüber-
gestellt. Diese zu bewältigen und die eigene Resilienz
einzusetzen, beinhaltet bereits wesentliche Bedingungen,
um auf der Pilgerreise voran zu kommen. Insofern bedeutet
Pilgern vom Camino zu lernen, d.h. sich selbst kennen zu
lernen und somit die persönlichen (Etappen-) Ziele zu
erreichen. Jede Person, die aufbricht, sollte sich bewusst
sein, auf dem Weg können sehr unterschiedliche

Herausforderungen auftreten, die einen entscheidenden Einfluss auf die Erreichung der persönlichen Ziele haben können.

Der Pilger sollte immer positiv denken, d.h. an das Erreichen seiner Ziele im Sinne einer sich selbst erfüllenden Prophezeiung. Aber ein Nicht-Erreichen der Ziele, z.B. in Santiago de Compostela nicht anzukommen, ist auch möglich. Dies könnte bedauerlicherweise die Folge unglücklicher Umstände sein. Dann ist der persönliche Weg ein anderer und sollte mit dem Schutzfaktor der Akzeptanz begegnet werden. Doch diese Gedanken dürfen wir nicht in den Fokus rücken, denn in der Regel erreichen die weitaus meisten Pilger das Ziel Santiago.

Die Ankunft in Santiago war für mich zunächst nicht spektakulär und von keiner überschwänglichen Freude geprägt. Ich war eher erschöpft und natürlich auch ein wenig stolz. Und ich benötigte eine gewisse Zeit nach dem Ankommen zum Realisieren der Leistung, um glückliche Gefühle empfinden zu können.

Doch schnell wurde mir bewusst, der Weg ist das Ziel. Auf dem Weg habe ich die vielen schönen Erfahrungen gesammelt, meine Resilienz gestärkt und mich frei und glücklich gefühlt. Diese Gefühle hatten mit der Ankunft in Santiago anfangs eher wenig zu tun. Von daher kann ich sagen, der Jakobsweg selbst ist der Trail zu meinem Glück. Was ich dort erlebt und gelernt habe, hat mich nachhaltig geprägt.

Der Camino ist für mich zu einer Lebenseinstellung, zu einer Haltung geworden. Ich achte seitdem viel stärker auf die Wege im Leben, auf das Hier und Jetzt und das Wie im Leben, und trotzdem verliere ich nicht meine Ziele aus den Augen.

Letztendlich habe ich durch den Jakobsweg viele Ziele erreicht. Ich habe es geschafft, über 700 km bis nach Santiago de Compostela zu gehen und darüber hinaus. Der Camino Francés hat mich positiv geprägt und sich damit mehr als gelohnt. Er ist einmalig und unvergleichlich schön. Er hat mein Leben bereichert, meine Resilienz gestärkt und mich in einer besonderen Dimension emotional aufgeladen, d.h. viele glückliche Momente beschert.

Ich habe das Gefühl, nicht mehr von diesem Weg lassen zu können, werde zurückkehren und als Pilger erneut unterwegs sein. Denn der Weg zu sich selbst endet nicht in Santiago de Compostela und die Stärkung der Resilienz ebenfalls nicht. Das Pilgern bedeutet wie im Leben, die Herausforderungen anzunehmen und immer weiter, immer vorwärts zu gehen – „Ultreïa". Immer weiter und immer vorwärts heißt nicht nur den Weg anzunehmen, sondern auch sich selbst zu akzeptieren.

Der Weg und das Gehen führen nicht nur zum Ziel, sondern sind das Ziel, denn das Gehen auf dem Camino beinhaltet ein In-Sich-Gehen. Und dieses In-Sich-Gehen kann als Ziel des Weges verstanden werden. So entsteht das Sinnstiftende des Gehens und Pilgerns. Flankiert wird das Gehen natürlich von den überwältigenden Naturerfahrungen, vielen Kontakten zu interessanten Menschen und dem Kennenlernen der Geschichte des Camino Francés sowie der Kunst und Kultur Nord-Spaniens. Somit werden die Mühen des Weges in vielfacher Hinsicht belohnt, und der Pilger erkennt, der Weg ist das Ziel.

Die vielen täglich erfahrenen positiven Emotionen wie das regelmäßige Wiedersehen meiner Pilgerbrüder und – schwestern, das gute Wetter mit herrlichem Sonnenschein und blauem Himmel, die beindruckenden Kathedralen und

Kirchen auf dem Camino de Santiago sowie die wunderschöne Natur im Frühling mit grünen Landschaften, Mohnblumenwiesen und Schmetterlingen haben meinen Pilgeralltag in besonderer Weise verschönert und mich auf dem Jakobsweg getragen. Dass ich diese Erfahrungen sammeln durfte, hat mir große Freude und Glückseligkeit beschert. Zudem freut es mich, dass ich mehr Ruhe und Gelassenheit entwickeln konnte und viele Dinge jetzt entspannter angehe.

Der Camino Francés hat meine Resilienz außerordentlich gestärkt, ein im Vorhinein nicht geplantes Ziel, einfach dadurch, dass ich mich auf den Weg gemacht und auf ihn eingelassen habe. Das ist mein unerwartetes und glückliches Fazit, wodurch sich das Sprichwort, „der Weg gibt dir nicht immer das, was Du suchst, aber das, was Du brauchst" in beeindruckender Weise bestätigt hat. Diese sprichwörtliche Erfahrung wünsche ich jeder Pilgerin und jedem Pilger und hoffe, dass auch sie sagen können, der Jakobsweg ist ein Trail zum Glück.

Literaturhinweise

Bengel, Jürgen und Lyssenk, Lisa: Resilienz und psychologische Schutzfaktoren im Erwachsenenalter, Stand der Forschung zu psychologischen Schutzfaktoren von Gesundheit im Erwachsenenalter, aus Forschung und Praxis der Gesundheitsförderung, Band 43, Bundeszentrale für gesundheitliche Aufklärung (BZgA), Köln 2012

Coelho, Paulo: Auf dem Jakobsweg. Tagebuch einer Pilgerreise nach Santiago de Compostela, Diogenes Verlag, Zürich 1999

Feldweg, Bettina (Herausgeberin): Losgehen, um anzukommen. Die Faszination des Pilgerns, Piper Verlag, München 2008

Freund, René: Bis ans Ende der Welt. Zu Fuß auf dem Jakobsweg, Picus Verlag, Wien 1999

Fröhlich-Gildhoff, Klaus und Rönnau-Böse, Maike: Resilienz, UTB, Ernst Reinhard Verlag, München 2015

Höllhuber, Dietrich und Schäfke, Werner: Der Spanische Jakobsweg. Landschaft, Geschichte und Kunst auf dem Weg nach Santiago de Compostela, DuMont Reiseverlag, Ostfildern 2006

Joos, Raimund: Spanien: Jakobsweg, Camino Francés. Outdoor Handbuch, Band 23, 22. überarb. Auflage, Conrad Stein Verlag, Welver 2019 sowie 25. überarb. Auflage 2022

Kerkeling, Hape: Ich bin dann mal weg. Meine Reise auf dem Jakobsweg, Piper Verlag, München 2009

Noguera, Jaime Serra und De Miguel Poyard, Dolores: Der Jakobsweg. Ein Reiseführer in Etappen, Ediciones A.M. Studio Editores S.L., Spanien 2012

Prieß, Mirriam: Resilienz. Das Geheimnis innerer Stärke. Widerstandkraft entwickeln und authentisch leben, Südwest Verlag, München 2015

Rohrbach, Carmen: Jakobsweg. Wandern auf dem Himmelsfahrt, Frederking & Thaler Verlag, München 1991

Stock, Christian: Resilienz. Mit Achtsamkeit zu mehr innerer Stärke, Trias im Georg Thieme Verlag, Stuttgart 2019

Wellensiek, Sylvia Kéré: Handbuch Resilienz-Training. Widerstandskraft und Flexibilität für Unternehmen und Mitarbeiter, Beltz Verlag, Weinheim und Basel 2011

Danksagung

Das Pilgern auf dem Camino Francés ist ein großartiges Erleben seiner selbst, der Natur und Kultur Nord-Spaniens. Die Pilgererfahrungen sind einmalig schön und etwas ganz Besonderes. Auf dem Jakobsweg bieten sich Möglichkeiten, außergewöhnliche Erfahrungen zu sammeln, z.B. emotionale Aufladungen in einer besonderen Dimension und spirituelle Momente. Für diese außergewöhnlichen Erlebnisse und das erfahrene Glück bin ich unendlich dankbar.

Ich danke meiner Frau, die mich bei meinen Projekten immer wieder unterstützt. Ein großer Dank geht auch an meine Kinder, von denen ich ebenfalls Zuspruch erhalten habe, obwohl ich eine Zeit lang nicht zu ihrer Verfügung stand. Ein weiterer Dank gilt meinen Freunden für die gemeinsamen Gespräche und ihre Anregungen zum Thema Pilgern.

Außerdem danke ich meinen Pilgerbrüdern und -schwestern, insbesondere durch Austausch, Begleitung und praktische Tipps, so dass mir das Pilgern auf dem Camino Francés erleichtert wurde. Auf dem Jakobsweg ist mir bewusst geworden, wie wichtig ein soziales Netzwerk für mich ist. Durch dieses Netzwerk der Pilger wurde meine Resilienz gestärkt. Deshalb danke ich allen, die ich auf dem Jakobsweg kennenlernen durfte und die mich durch ihre Ideen und Anregungen weitergebracht haben. Außerdem empfinde ich Dankbarkeit und Demut dafür, dass ich den Camino Francés laufen und das Ziel Santiago de Compostela erreichen konnte. Das ist nicht selbstverständlich.

Letztendlich geht auch ein Dank an den heiligen Jakob, ohne den dieser Weg, auf dem ich so viele schöne Erfahrungen sammeln durfte, wohl in dieser Form nicht existieren würde.

Der heilige Jakob
auf der Kathedrale in Santiago de Compostela